KB059178

수다쟁이 미식가를 위한 한국음식 안내서

일러두기

  - 저자의 의도를 오롯이 전달하기 위해 표준어가 아닌 단어라도
   필요한 경우 그대로 실었습니다.

수다쟁이 미식가를 위한

황교익

한국음식 안내서

생일날 미역국에서
장례식 육개장까지

시공사

제2장 ──── 귀하였던
물것들

제2부 　밥을 사 먹는
　　　　시대가 열리다

오래되었고
앞으로도
계속 먹을 음식들

인간은 자연물을 먹는다. 공장에서 만든 가공음식이라도
재료들은 자연에서 온다. 그러니 한 지역의 음식은
그 지역의 자연에 종속되어 있다. 한국인의 음식은
한반도의 자연이다. 적어도 근대화 이후 한반도 밖의
자연물이 대량으로 유입되기 전까지는.

'제1부 오래되었고 앞으로도 계속 먹을 음식들'에서는
한국인이 한반도의 자연물을 먹으면서
그 자연물에 새긴 마음을 들여다볼 것이다.
쌀밥이나 국밥, 비빔밥, 삼겹살 등 한국인의 주요 음식은
안 나온다. 이미 내놓은 내 저작물로 충분하다 생각해서다.
일상 음식 중에 한국인의 마음이
깊이 닿아 있다고 생각하는 것만 추렸다.
한반도의 자연이 급작스레 크게 변하지 않는 한 한반도의
자연물은 여전할 것이며 그 자연물로 만든
음식에 담긴 한민족의 마음도 이어질 것이다.

제1장

그
흔하였던
바닷것들

미역국에 탄생의
고통을 담아내다

지구상 모든 문화마다 생일을 기념하는 음식이 있을 것이다. 인간의 탄생은 인간이 세상에서 겪는 가장 신비로운 경험이며, 탄생의 날을 기리는 것은 인류가 시간의 주기를 알고부터 해온 관습일 것이다. 인류의 생일 음식은 지역에 따라 다양할 터, 나는 그 다양한 생일 음식과 거기에 담긴 의미를 전부 알지는 못한다. 내 인문학적 상상력으로는 한민족의 생일 음식인 미역국의 의미를 파악하는 일만으로도 버겁다.

　한민족은 생일에 미역국을 먹는다. 생일에 미역국을 먹지 않았으면 일신상에 큰 변고가 있는 듯이 여긴다. "생일인데 미역국도 안 먹었단 말야" 하고 걱정한다. 한 인간의 탄생, 즉 아이가 태어날 즈음부터 미역은 새로운 생명 곁에 바짝 붙어 있었다. 산기가 느껴질 시기면 장미역을 마련했다. 꺾지 않고 말린 미역을 장미역이라 하는데, 장미역을 먹어야 산모가 아이를 잘 낳고 태어난 아이도 오래 산다 여겼다. 산모의 방 한편에 상을 놓고 그 위에 장미역과 쌀을 올려두었는데 이를 삼신할미상이라 불렀다. 삼신할미는 출산을 관장하는 신이다. 아이가 태어나면 삼신할미상의 미역과 쌀로 국을 끓이고 밥을 하여 다시 상에 올리고 산모도 이 미역국과 밥을 먹었다. 산모는 이날부터 세이레21일까지 미역국을 먹었다. 삼신할미상은 곧 거두어지지만 아이가 웬만큼 자랄 때까지는, 보통 일곱 살 때까지는 생일에 생일상과 함께 삼신할미상도 차렸다. 물론 그 두 상에 미역국이 올랐다. 이 모든 풍습이 거의 다 사라졌으나 생일에 미역국을 먹는 일만은 지금도 유지되고 있다.

산모가 미역국을 먹는 문화를 과학적으로 접근하는 이들도 있다. 미역이 조혈 작용을 하여 산모의 몸에 좋기 때문에 그런 풍습이 생겼다는 것이다. 삼신할미상을 차려 득남을 기원하였던 옛사람들이 이 같은 과학적 지식을 가지고 있었다고 생각하는 것은 난센스다. 옛사람들이 미역의 영양적 가치를 잘 알고 이를 챙겨 먹인 것은 아니다. 미역이 조혈 작용을 돕는다 하여도 며칠씩 삼시세끼 미역국을 먹으면 요오드 과잉으로 오히려 건강에 좋지 않다는 의학적 조언도 있다.

미역이나 사람이나

미역이 한반도에서 탄생을 기리는 음식이 된 것은 미역의 생산 방법과 관련 있다. 미역을 양식하지 않았던 시절, 자연산 미역일지라도 미역을 수확하려면 사람의 손길이 필요하였다. 바로 '미역바위 씻기'다.

미역은 일년생이다. 봄에 미역 줄기 아래에 미역귀라는 주름진 덩이가 생기는데, 여기에서 유주자遊走子가 방출되고 여름에 들면서 미역은 녹아버린다. 유주자는 무성 세포로 정자와 난자가 되기 전의 상태다. 유주자는 방출 후 배우체가 되어 여름을 나고 가을이면 암수로 나뉘어져 수정을 하는데, 이 수정란이 바위에 붙어 미역으로 자란다. 자연산 미역의 수정란이 바위에 붙을 즈음인 10월 말에서 11월 초에 미역바위 씻기를 한다. 미역이 붙을 바위를 청소하는 것이다. 바닷가에서는 이 미역바위 씻기가 큰일이었다. 이때는 날씨도 춥고 바다도 거친 시기다. 파도가 넘실대는 미끄러운 바위에 올라 이 일을 해야 한다. 또 미역바위 쟁탈전도 치열하였다. 미역바위를 씻은 사람이 그 바위에서 나는 미역의 주인이 되기 때문이다. 깨끗하게 닦은 바위는 겨우내 미역을 올려 이른 봄이면 거둘 만하게 자란다. 아무것도 없는 바위에서 혹독한 겨울을 넘겨 미역이 탄생하는 것이다. 옛사람의 눈에 미역의 탄생과 인간의 탄생은 다르지 않아 보였다. 정성과 고통 속에서 태어난다는 게 똑 닮았다. 삼신할미상과 산모의 밥상, 또 매년 생일상에 미역국을 올리는 까닭이 여기에 있다.

바다에 사는 풀을 해조라 한다. 한글로는 바닷말이다. 바닷말을 먹는 지역은 세계적으로 그리 많지 않다. 한국과 일본, 중국 일부, 하와이 등에서 먹는다. 한반도 주변 바다에는 약 500종의 바닷말이 자라며 한국인은 김, 다시마, 미역, 톳, 파래, 청각 등 50여 종을 먹는다. 이 중에서 미역을 가장 자주 먹는데, 주로 미역국으로 먹는다. 일본의 된장국에 미역이 들어가기도 하나 그 양은 적다. 미역을 주재료로 하는 음식으로 한국의 미역국은 세계적으로 독특하다.

미역국은 간장과 참기름만으로 끓일 수 있다. 불린 미역을 참기름에 달달 덖다가 물을 붓고 간장으로 간을 한다. 옛날 산모가 먹을 미역국은 이런 미역국이어야 했다. 여기에 소고기를 넣는 것이 보통이나, 광어나 우럭 등 흰살 생선과 홍합, 성게알 등 해산물을 넣고 끓이기도 한다. 그 어떤 부재료를 넣든 미역이 지닌 독특한 바닷내를 이기지 못한다. 지구 생명의 탄생은 바다에서 비롯하였으며 인간으로 진화하였다 하여도 여전히 바다와 같은 양수에서 인간이 태어나니 미역의 바닷내는 생명의 냄새라 할 수 있다. 옛 풍습이 어떠하든 이 생명의 냄새 때문에 생일이면 미역국이 강렬히 끌리는지도 모르겠다.

문에 걸린 북어는 왜
두 마리인가

명태를 말리면 북어가 된다. 냉장 운송 시스템이 없었을 때 동해 안 지역 외에서는 명태보다 북어를 더 많이 먹었다. 요즘 북어는 어물전에서보다 식당 문에서 더 자주 만난다. 실타래로 북어를 둘러 문 위에 달아놓는다. 그러면 복이 온다 여긴다. 옛날에는 집집이 다 그랬다.

북어는 쌍으로 건다. 한 마리만 거는 경우도 많지만 대개 쌍 이다. 대문 위 북어가 한 마리였는지 두 마리였는지 관심이 없다 가 어느 날 식당 문 위에 쌍으로 걸린 북어를 보고 "아, 쌍이다" 하고 눈에 확 든 것은, 그 근래에 쌍어문雙魚文을 다룬 다큐멘터리를 본 까닭이었다. 이후 어른들께 여쭈니 예전에는 다 쌍으로 걸었다 하셨다. 1980년대 후반 내가 첫 차를 샀을 때 고사를 지내고 글로브박스 안에 넣었던 북어도 쌍이었던 것으로 기억한다.

두 마리의 물고기가 그려진 문양, 즉 쌍어문은 고대 문명의 이동과 전파를 연구하는 이들에게 신비의 코드다. 쌍어문의 흔적을 쫓아 세계를 헤매는 이들이 제법 있는데, 그들은 한반도 고대 문명에 나타나는 쌍어문이 먼먼 어느 땅에서 전래했으리라 추정한다. 고대 메소포타미아의 별자리 신앙에서, 티베트 원시 불교의 한 상징에서, 인도의 왕가 문양에서 발견한 쌍어문이 마침내 우리 땅의 가락국으로 이어진다고 보고하고 있다.

밥을 먹고 나오다 식당 문 위의 북어 쌍어를 발견하고는 며칠을 이 생각으로 지냈다. 나는 쌍어문이 고대 문명이 이동하며 남긴 흔적인지는 잘 모르겠다. 단지 우리 일상에 그 쌍어가 들어와 있다는 것이 신비로웠다. 그러다 문득 북어 쌍어가 실물이라는 것에 생각이 닿았다. 그림과 조각의 문양으로 상징화하지 않은, 실제의 물고기 두 마리가 걸려 있다는 점이 세계 여느 쌍어문과 다르다.

식당 문 위에 걸린 두 마리의 북어에서 나는 만물의 소생을 알리는 쌍어좌의 생생한 기운도, 눈을 감지 않는 물고기처럼 항상 깨어 있기를 바랐던 수도자의 치열한 정신도, 그 기운과 정신을 섞어 얻어낸 권력의 우아한 상징조작도 읽어낼 수가 없다. 실제의 물고기를 걸었던 것은 이 땅에 살았던 이들의 꿈이 지극히 현실적이었기 때문일 것이다. 오래오래 살 수 있게 먹을거리라도 충분히 달라는 바람, 요즘은, 돈이라도 넉넉하였으면 하는 바람. 북어 쌍어의 퀭한 눈이 이 땅의 고된 삶을 증명하는 것이라 나는 그리 읽었다.

문 위에 걸 쌍어가 꼭 북어여야 하는 이유는 무엇일까. 말린 생선이면 다 괜찮지 않을까. 음식물은 수분이 7% 이하면 썩지 않는다. 굴비도 괜찮고 민어도 괜찮아 보인다. 이 생선들도 미라처럼 바짝 말리면 몇 년을 간다. 그런데 북어와 다른 점이 있다. 이 생선들은 말릴 때 짚으로 몸통 부위를 엮으므로 등이 굽는다. 북어는 등이 굽어 있지 않다. 북어는 몸을 세워서 말린다. 몸통이 빳빳하니 살아 있는 놈 같다. 우리 조상들은 기왕이면 살아 있는 것처럼 보이는 물고기가 쌍어문으로 어울린다고 생각하였을 것이다. 또 하나, 문 위의 쌍어가 북어인 까닭은 북어가 흔하였기 때문이다. 굴비나 민어를 걸어놓았다가는 누구 입에 들어갈지 몰라 불안해서 외려 인간이 두 눈을 부릅뜨고 있어야 할 것이다.

명태의 별칭이 이리 많은 이유

명태만큼 이름이 다양한 물고기는 없다. 이름이 많은 이유가 왜인고 하니 흔하기 때문이다. 지금이야 동해 명태씨가 말랐지만 옛날 동해에는 명태가 넘쳤다.

명태가 명태라 불리기 시작한 시기는 조선 후기 때다. 말린

식당 문 위에 걸린 북어 두 마리이다. 눈을 부릅뜨고 있다. "악귀가 들어오는지 지켜본다"는 민간 속설이 존재한다.

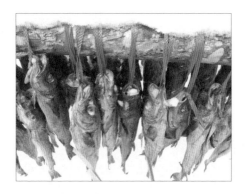

명태는 이름이 많다. 말리면 북어, 얼리면 동태凍太, 겨울에 잡은 것도 한자는 다르지만 동태冬太, 가을에 잡은 것은 추태, 날것은 생태, 낚시로 잡은 것은 낚시태 또는 조태, 그물로 건져 올리면 망태, 원양어선에서 잡은 것은 원양태, 근해에서 잡으면 지방태, 새끼는 노가리, 물기가 약간 있게 꾸들꾸들 말린 것은 코다리, 겨울 찬바람에 노랑노랑하게 말린 것이 황태 또는 노랑태, 기계 건조기에 하얗게 말린 것은 에프태, 덕장에 걸 때 날씨가 따뜻해 물러지면 찐태, 고랑대에서 떨어지면 낙태, 하얗게 마른 것은 백태, 검게 마른 것은 먹태, 딱딱하게 마른 것은 깡태, 대가리를 떼고 말린 것은 무두태, 손상된 것은 파태, 잘 잡히지 않아 값이 비싸면 금태. 사진은 '눈을 먹은 황태'인데, 겨우내 얼었다 녹았다 하며 건조된다.

명태를 북어라 부르기 시작한 시기도 그 즈음이다. 이렇게 별칭이 다양한 생선이 조선 후기 이전에는 이름조차 없었다는 것이 쌍어문의 신비보다 더 신비롭다. 어느 백과사전의 명태 항목을 보면 "명태가 조선 초기의 문헌에 보이지 않고 있는 것에 대해서는, 무명無名의 물고기는 먹어서는 안 된다는 미신 때문에 명태를 먹지도 잡지도 않다가 이름이 붙은 이후부터는 많이 잡았다는 설과, 또 명태를 대구와 동일시하였으리라는 추측도 있다"는 설명이 있다. 어떻든 조선에서는 그렇게 많이 잡지도 않았고 그러니 먹을 일도 없었던 명태였는데, 갑자기 수많은 별칭이 등장하였다는 것은? 그렇다. 내가 방송에서 입버릇처럼 말하는 '일제강점기'에 뭔 일이 있었다는 뜻이다.

일본인은 알, 조선인은 살

조선의 어업은 형편없었다. 큰 배를 짓지 못하였으니 상업적 어업은 생각도 못 하였다. 겨울이면 함경도 앞바다에 명태가 산처럼 모여도 '그림의 떡'이었다. 어쩌다 연안에서 한꺼번에 많이 잡았다 하여도 이를 수레에 싣고 백두대간을 넘기는 일은 꿈도 꾸지 못하였다.

일제강점기에 들자 한반도 바다는 일본 어민들이 차지했다. 큰 배와 첨단 어구로 어자원을 싹쓸이하였다. 명태도 싹쓸이 대상이었다. 그 명태 어획량의 대부분은 일본 어민들이 채운 것이었다.

명태 어획이 최고기록을 세웠던 1940년에 있어서의 어획량은 27만M/T 이상이었다. 이는 당시의 총어획량의 약 16%를 차지하는 것이었다.

_ 한국학중앙연구원 한국민족문화대백과사전 '명태' 항목

일본인은 명태를 안 먹는다. 어묵 재료로나 일부 쓰지 명태의 살로 만드는 음식은 거의 없다. 그럼에도 일본인들이 명태를 열심히 잡았던 것은 명란 때문이다. 동해에 들어온 명태는 알이 꽉꽉 차 있었고 이를 잡아 알을 거두어 적절하게 가공한 뒤 일본으로 가져갔다. 명란이 일본 전통음식으로 굳어지는 데에 한반도의 명태가 한몫했다고 볼 수 있다.

1922년 일제의 조선총독부가 주관한 '조선 식량품 품평회'에 출품돼 상을 받은 음식 중에 명란이 있다. 청주, 소주, 장류, 과자, 소면 등이 출품됐는데, 출품작들은 당시 고가의 인기 상품이었던 걸로 보인다. 그런데 명란을 내어 상을 받은 이가 경성의 안순환이다. 안순환은 한반도 최초의 조선 요릿집인 명월관 주인이다. 안순환은 구한말 궁내부 전선사장典膳司長이라는 관직에 있었다. 궁궐의 대소사에 차리는 음식 따위를 관장하는 관리였다. 관리 대상에 궁중 기생도 있었던 모양인데, 궁중의 숙수와 기생들을 모아다 명월관을 열었다. 안순환은 명월관의 음식을 두고 조선궁중음식이라 하였다. 당시로는 최고급 조선음식을 내는 식당으로 명성이 높았다. 이 명월관의 주인 안순환이

'조선 식량품 품평회'에 다른 음식들을 두고 명란을 내었다는 것은 당시 명란의 이미지가 고가의 맛있는 음식이란 걸 의미한다.

어느 해 겨울에 강원도 속초 아바이마을에서 함경도 출신 할머니들과 그와 관련한 이야기를 나눈 적이 있다. 23세 꽃다운 나이에 피난 와 아바이마을에 정착한 할머니였고 함경도 북청 출신이셨다. 흥미로운 내용이라 여기에 기록해둔다.

"우리 집이 명태잡이를 했어. 목선이 있었지."

"그럼 명태 많이 드셨겠네요."

"발에 밟히는 게 명태였어."

"명란도 드셨어요?"

"명란이야 일본 사람들이 다 가져갔지.

단단하고 좋은 걸로만 골라서."

옆에 있던, 역시 북청 출신 할머니가 거들었다.

"공장이 있었어. 명란만 꺼내 가져가는 공장."

"그냥 명란으로 가져갔어요?"

명태잡이집 할머니가 말하였다.

"아니지. 가공을 했지. 고춧가루로 살짝 굴려서. 일본 사람
들은 매운 것 못 먹잖아. 고춧가루는 아주 조금 넣었어."

다시 또 다른 북청 할머니가 거들었다.

"고춧가루도 썼고, 또 일호라는 게 있어.

그걸로 색깔을 냈어. 분홍색으로 예쁘게."

일호는 '적색 1호'를 말하는 듯하였다. 식용색소는 적색 몇 호, 청색 몇 호 등으로 부르는데 그런 호칭이 일제강점기부터 있던 것인가 싶었다.

알을 뺀 명태. 몸통이 남고, 아가미와 내장이 남고, 이리가 남고…. 우리 민족은 이를 다 먹었다. 탕으로 먹고 조려 먹고 젓갈을 담가 먹었다. 가장 많았던 것은 알을 거두고 난 다음의 명태 몸통이다. 이를 씻어 말렸다. 북어다. 겨울이면 함경도 해안에 대규모 명태 덕장들이 섰다. 그 무렵에 놓인 동해안과 내륙을 연결하는 기차에 실려 북어는 전국으로 퍼졌다. 생태며 동태도 가끔 실려 나갔을 것이다. 수많은 명태 이름이 이때에 생겼을 것이다. 북어 쌍어가 등장한 시기도 이 무렵일 것이다. 가난이 외려 음식을 더 다양하게 만든다. 또 가난이 기복을 다양한 형태로 일상에 스미게 한다.

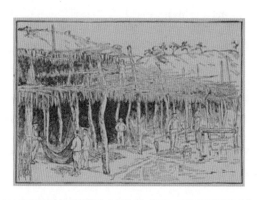

1936년 간행된 《조선어독본》에 실려 있는 함경도 지역의 명태 덕장이다.

등이 굽어
굴비

동해에 북어가 있으면 황해에는 굴비가 있다. 한국인이 많이 먹기로는 굴비가 으뜸이다. 그래서 국민 생선이라고도 부른다. 일상에 늘 있으니 '썰'도 만들어졌다. 이자겸의 굴비 명명 '썰'이다.

이자겸은 고려시대의 인물이다. 고려 왕 인종의 외할아버지이자 장인이었다. 그러니까 인종은 이모와 결혼을 한 셈이다. 뭔 이런 일이 있나 싶지만, 예부터 권력자들의 집단에서는 별별 일들이 다 있다. 이자겸은 왕보다 더한 권세를 누리다가 결국은 왕에게 쫓겨났다. 유배된 곳이 전남 영광이었다. 굴비로 유명한 그 영광이다. 여기서 이자겸의 굴비 명명 '썰'이 등장한다.

영광에서 이자겸이 염장한 조기를 먹고 그 맛에 반해 인종에게 염장 조기를 선물로 보냈다. 권력이 없지 '가오'가 없는 건 아니었다. 염장 조기 꾸러미에 단어 하나를 적은 쪽지를 끼워 넣었다. 屈非굴비. "굴한 것은 아니다." 비록 선물은 보내지만 내가 항복한 것은 아니라는 의미를 담은 단어였다. 그렇게 해서 영광의 염장 조기는 굴비라는 이름을 얻게 됐다.

그럴 듯하게 들리는가. 그러나 이는 어디까지나 민간에 떠도는 이야기일 뿐이지 사실史實이 아니다. 이자겸은 영광에 유배되기 전에 인종 앞에서 무릎을 꿇었다. 이미 굴했는데 나중에 멀리 떨어져 있다고 '굴한 것이 아니다'라고 하는 게 더 비굴해 보인다. 어떻든, 이 이자겸 명명 '썰' 때문에 굴비의 진짜 어원이 묻혔다. 오래전에 내가 밝혀둔 것인데, 아직 크게 번지지 않았다. 반복한다. 이자겸 굴비 명명 '썰'만큼 번져나갔을 때에 이 반복을 멈출 것이다.

굴비의 옛 표기는 '구비'이다. 한자로 '仇非'라고 썼다. 구비는 산굽이, 강굽이처럼 구부러져 있는 모양새를 일컫는 '굽이'이다. 조기를 짚으로 엮어 매달면 등이 구부러지게 되는데 그 모양새를 따서 '구비조기'라고 불렀고, 이게 굴비로 변한 것이다. 따라서 짚으로 생선의 몸통을 엮어 말리면 다 굴비라고 할 수 있다. 부세며 수조기도 굴비가 되고, 민어도 굴비가 될 수 있다. 굴비조기가 가장 흔하고 맛있어 굴비 하면 조기만을 이르게 된 것이다.

그 많았던 조기

조기는 황해를 회유한다. 제주도 서남방과 상해 동쪽의 따뜻한 바다에서 월동을 하고, 3월 하순에서 4월 중순에 영광 법성포를 거쳐 4월 하순에서 5월 중순 사이에 인천 연평도에 닿고 6월 상순에는 압록강 대화도 근처까지 이른다. 1980년대부터 조기의 회유는 추자도 근방에서 머물고 그 위로 올라오는 양은 극히 적다. 조기의 생태가 바뀐 것인데, 전문가들도 그 원인에 대해 정확한 분석을 내놓고 있지 못하고 있다. 대체로 남획의 결과일 것이라 추측하고 있다. 옛날에는 조기가 5년생에 달해야 알을 품었는데 요즘은 2년생의 어린 조기도 알을 배며, 또 현재 산란지도 정확히 예측되지 않는 것으로 보아, 스스로 생존을 위해 '남획의 바다'로 북상하지 않는 것이 아닌가 짐작하고 있다.

굴비 하면 '영광'이라는 지명이 저절로 따라 붙는다. 엄밀하게 보자면 '법성포 굴비'다. 영광 굴비의 대부분이 법성포에서 생산되기 때문이다. 법성포가 굴비로 유명한 것은 조기가 많이 잡혔기 때문이다. 《세종실록지리지》 영광군 기사에 의하면 "석수어조기의 다른 이름는 군 서쪽의 파시波市坪, 지금의 법성포 일대에서 난다. 봄과 여름이 교차하는 때에 여러 곳의 어선이 모두 모여 그물로 잡는다. 관에서는 세금을 거두어 국용으로 쓴다"라고 쓰여 있다.

법성포의 조기 어장은 칠산 바다이다. 일곱 개의 조그만 섬이 있다 하여 칠산 바다 또는 칠뫼 바다라고 부른다. 한때 칠산 바다에 조기가 얼마나 많았는지 배가 지나갈 때 배 위로 뛰어오르는 조기만으로 만선을 이루었다는 말이 전한다. 전라도지방의 옛날 뱃노래에는 "돈 실로 가자 돈 실로 가자 칠산 바다에 돈 실로 가자"는 노랫소리가 있다. 이 돈은 물론 조기를 말한다. 매년 진달래꽃 필 무렵이면 법성포에는 커다란 조기 파시가 형성되어 나라 안의 작부는 다 모이고 강아지도 돈을 물고 다녔다는 말이 전설처럼 전한다.

칠산 바다에 조기가 사라졌지만 법성포에는 굴비가 넘쳐난다. 제주도와 목포 등 남쪽에서 들여온 조기로 말린 것들이다. 법성포 굴비는 더 이상 '법성포의 조기'로 말려지지 않고 있는 것이다. 그럼에도 법성포 굴비의 명성은 여전하다. 아니 오히려 그 명성은 더 높아지는 듯하다.

1980년대 말까지만 하더라도 법성포에는 굴비를 생산하고 판매하는 업체가 28곳밖에 없었는데 현재는 400여 곳에 이른다. 사진은 전남 영광 법성포의 굴비 탑. 굴비인데 등이 굽지 않았다.

조기가 사라지자 굴비가 떴다

법성포 사람들은 이제 칠산 바다에서 조기가 잡히지 않아 타지역 조기로 법성포 굴비를 말린다는 사실이, 법성포 굴비의 명성에 흠집을 내지 않는다고 주장한다. 웬만한 사람들은 이제 칠산바다에 조기씨가 말랐다는 것을 다 알고 있으며, 그래도 여전히 법성포 굴비가 맛있다는 사실을 인정한다는 것이다. 칠산 바다조기나, 제주 바다 조기나, 연평도 바다 조기나 그 맛이 다 같고, 어디서 그 조기를 말리느냐에 따라 굴비 맛이 달라지며 그 맛의차이를 소비자들도 인정하고 있다는 뜻으로 해석할 수 있다. 굴비를 말리는 노하우가 축적된 결과일 것이다.

고온다습한 여름에 상하지 않도록 보리에 묻어두었던 굴비를 보리굴비라고 한다. 사진은 전통적인보리굴비이다.

굴비는 원래 북어처럼 바싹 말린 것을 가리켰다. 또 몹시 짰다. 봄에 조기를 잡으므로 소금을 듬뿍 넣어 바싹 말리지 않으면 쉬 상하기 때문이었다. 조기를 소금에 사나흘 절여 이슬을 피해가며 보름 넘게 말렸다. 이렇게 바싹 말리면 살이 딱딱하게 굳는다. 꼬리 부분을 잡고 찢으면 북어포처럼 일어나야 굴비라고 하였다. 이를 통보리 뒤주속에 넣어 보관하기도 하였는데, 뒤주 안이 서늘한 데다 보리의겉겨가 굴비의 기름을 잡아 오래 보관할 수 있기 때문이다. 이런 굴비를 보리굴비라고 한다. 요즘 굴비는 이렇게 말리지 않는다. 소금 간을 하고 하루 이틀 촉촉하게 말린 것을 굴비라 한다. 예전에는 이를 간조기라 불렀다. 굴비가 이렇게 변한 것은 냉장설비 '덕분'이다. 지금의 굴비는 물기가 많아 상온에 두면 상하기 마련인데 냉장유통을 하고 집에서도 냉장고에 보관하면서 상할 위험이 줄어들었고, 어느 틈엔가 간조기가 굴비라는 이름을 얻게 된 것이다.

근래에 보리굴비가 유행이다. 바짝 말린 굴비이다. 남도음식점, 한정식집, 일식집에서 점심 메뉴로 인기 있다. 이 보리굴비는 부세이다. 부세는 조기보다 몸집이 크다. 그래서 그렇게 큰 보리굴비가 가능하다. 부세도 조기처럼 우리 바다에서 그리 많이 잡히지 않는다. 식당의 보리굴비는 대부분 중국산 양식 부세를 말린 것이다. 중국산이어도, 양식이어도, 부세여도, 몸통 부위를 끈으로 엮어서 말렸으니 등이 굽었고, 그러니 굴비는 맞다. 보리 뒤주에 보관하는지는 알 수가 없다.

눈을 꿰어서
말리지 않는 과메기

과메기의 어원은 관목貫目이다. 조선시대 이규경1788~?이《오주연문장전산고五洲衍文長箋散稿》청어편에 연관목燃貫目이라는 이름을 남겨두었다. "청어는 연기에 그을려 부패를 방지하는데 이를 연관목이라 한다"고 쓰고 있다. 조선의 문헌에는 청어가 숱하게 등장하나 과메기의 어원이라는 관목은 이 책자 외에는 보이지 않는다. 관목은 '눈을 꿰다', '눈을 뚫다'는 뜻이다. 이 때문에 '눈을 꿰어 말린 청어'를 관목이라 하고 이 말이 경상도 사투리인 과메기로 변하였다는 것이 정설로 굳어져 있다.

나는 오랫동안 과메기의 어원이 관목이라는 주장에 수긍

하지 못하였다. 실제 현장에서 눈을 꿰어 말린 청어를 볼 수 없었기 때문이다. 1990년대 중반부터 겨울이면 포항에 가서 과메기 생산 현장을 취재하였는데, 포항의 나이 든 토박이들에게 물어도 눈을 꿴 청어는 보지 못하였다고 하였다. 그래서 뒤집어 생각해볼 수는 없을까, 라고 생각하기도 했다. 애초에 과메기라는 말이 있었고 이를 이규경이 한자로 기록하면서 그 음가가 비슷한 관목이라는 글자를 만들어 썼을 수도 있다고. 그러다가 인터넷에서 청어의 눈을 꿰어 말리는 장면을 확인하게 되었다. 일본과 유럽에서 그렇게 말리고 있었다.

청어는 북반구 지역에서는 반식량이다. 겨울이 되면 산란기에 이른 청어가 뭍 가까이 붙고, 이를 잡아 염장과 건조를 하여 두고두고 먹는다. 초겨울이면 한국인은 이웃에게 "김장 몇 포기 했냐" 묻듯 유럽의 어느 나라에서는 "청어 몇 마리 재웠냐"고 묻는다. 한 번에 많이 잡히는 생선은 어떤 식으로든 저장하여 먹게 되어 있다. 그 저장법 중에 눈을 꿰어 말리는 방법도 있다. 이규경의 연관목도 그런 것인데, 이 저장법이 조선에 있었다면 왜 사라졌는지 정말 궁금한 대목이다. 실물은 사라지고 이름만 남다니.

낯선 이름, 청어신흠

한반도에서도 겨울에 들면 청어를 무지 많이 잡았고 눈을 꿰었든 그러지 않았든 보관을 하였을 것이다. 조선의 사정을 보면,

소금은 귀하였다. 천일염 같은 것은 없었다. 개흙에 바닷물을 부어 소금기를 머금게 하고, 이 개흙을 모아다 바닷물이 드는 곳에 두어 염도가 높은 함수를 얻은 다음에 이를 끓여 소금을 얻었다. 인력과 연료가 많이 들어 소금은 비쌌다. 그러니 염장할 엄두는 나지 않았을 것이다. 가장 쉬운 방법이 건조다. 겨울이니 건조 중에 상할 염려도 적다. 새끼줄로 엮어 바람 잘 부는 곳에 널어 말렸을 것이다. 이렇게 말린 청어는 산지인 동해안에서 한반도 각지로 흩어졌을 것이다.

한반도에서 근대적 어업은 일제강점기에 시작되었다. 어군을 쫓아 대형 그물을 놓는 방식의 어업이 일제에 의해 번창하게 됐는데 이때 청어가 주요 어종으로 떠올랐다. 주요 산지는 경북 포항이었다. 1934년 8월 10일자 〈동아일보〉에 실린 '포항 청어' 기사이다. '3대 어족의 하나'라는 부제가 붙어 있다.

매년 청어 어기漁期12월-3월가 되면 각지로부터 모혀든 다수 어업자들은 출어하는데 각 어촌 부두에는 미명부터 남녀노소가 인산인해가 되어 와자글 떠드는데 그것은 어제밤 출어한 가족들의 입진을 기대하는 것인데 풍어를 꿈꾸면서 환근하는 광경은 도시에서는 볼 수 없는 별다른 정취의 자미있는 세계가 전개되고 청어어선이 풍어입진하면 일시의 경기는 호전되어 번성 절정에 달하고 일반경기를 청어 흉풍을 좌우하는 것이다. (중략) 판로를 본다면 생산의 삼분의 이가 조선 내에서 소비되는 것은 물론이요 일본, 만주 방면에까지 수출되는 것인데 최근 성히 제조하는 청어신 흠靑魚身欠이란 것은 세계적 시장에서까지 호평을 받고 잇다 한다.

_〈동아일보〉 1934년 8월 10일자

1930년대 청어 관련 기사들이다. 당시 청어는 국외로 이출되었는데 머리와 내장을 제거하고 말린 가공품이었다.

과메기니 관목이니 하는 단어는 안 보이고, 우리에게는 낯선 청어신흠靑魚身欠이 등장한다. 신흠身欠이라 쓰기로 하였다. 신흠은 일본어이다. '미가키'라 읽는다. 머리 떼고 내장 제거하여 말끔히 말렸다는 뜻이다. 일본에서는 이렇게 손질한 청어를 미가키 니싱身欠きにしん이라 한다.

일본에서도 청어가 잡힌다. 북해도 인근 바다가 주요 어장이다. 그러니 일본에서도 청어를 예부터 많이 먹었다. 미가키 니싱은 말린 청어이기는 한데 말린 다음에 양념을 가하는 것이 한국의 청어 과메기와 다르다. 간장에 조려서 짜고 달며 감칠맛이 강하다. 보통은 딱딱하게 말려져 있는 상태이며 이를 불려 요리를 한다. 묘한 것이, 이 미가키 니싱은 청어 산지의 특산물이 아니다. 교토의 특산물이다. 교토는 내륙이고 그러니 청어가 없다. 산지에서 말린 청어를 받아다 교토에서 양념 등 후가공을 하여 이 지역의 특산물로 자리를 잡은 것이다. 교토로 여행가면 반드시 맛보아야 하는 음식으로 니싱소바가 있다. 메밀국수 위에 커다란 청어가 올려진다. 교토에서 니싱소바를 먹을 때면 일제강점기 일본에 이출하였던 포항의 청어신흠이 교토로 많이 갔을 것이라는 상상을 하곤 한다.

청어가 사라지자 꽁치가 보였다

광복 즈음 우리나라 근해에 청어가 사라졌다. 1971년 잠시 풍어를 보였을 뿐 현재까지도 청어는 잘 잡히지 않는다. 그러니 청어 말리는 일도 사라졌다. 그러다 갑자기 꽁치 과메기가 등장하였다. 구룡포 사람들은 1960년대부터 꽁치 과메기를 먹었다고 하고, 죽도시장 사람들도 그 즈음일 것이라고만 할 뿐 정확하게 고증하는 이는 없다. 꽁치도 청어만큼 겨울에 포항에서 많이 잡혔던 생선이다. 그러니 1960년대의 발명품으로 볼 것은 아니다. 예부터 말린 청어도 먹고 말린 꽁치도 먹다가 말린 청어가 잘 안 보이게 되자 말린 꽁치가 돋보이게 된 것이라 해석하는 것이 맞다. 그 내력이 어떻든 요즘은 과메기 하면 다들 말린 꽁치로 여긴다. 가끔 청어 과메기가 나오기도 하는데 꽁치 과메기보다 맛없다며 인기가 없다.

과메기(여기서부터는 과메기는 꽁치 과메기만을 뜻한다)는 기온이 영하로 떨어지기 시작하는 11월 중순부터 날씨가 풀리는 설날 전후까지 말리는 것이 '원칙'이다. 과메기의 맛을 보면, 단순히 그냥 건조된 꽁치가 아니다. 보름 정도 밤낮의 일교차에 의해 얼었다 녹았다 반복하면서 말려지는 과정에서 숙성을 한다. 지방이나 단백질은 공기 중에 장기간 두면 산패하는데, 꽁치는 껍질이 막처럼 살을 싸고 있어 산패 없이 숙성을 한다. 잘 숙성된 과메기는 꽁치의 기름내가 맑고 살코기는 씹을수록 고소하다. 약간 물컹한 듯하지만 부드럽게 입 안에서 풀리는 맛이 있다.

꽁치 과메기가 포항의 시장에서 본격적으로 팔리기 시작한 것은 1980년대 들어서다. 그 즈음에 죽도시장과 구룡포, 죽천 등지에 대규모 덕장이 들어섰다. 통나무로 4단 내지 5단의 건조

대를 짓고 한 두름에 20마리씩 묶어서 건다.

1990년대 말부터 '변종' 과메기가 등장하였다. 꽁치를 반으

로 갈라 말린 과메기다. 가로대에 꼬리 부분만 붙인 꽁치를 한 마리씩 건다. 이렇게 말리면 사나흘이면 먹을 수 있다. 다듬기 간편하고 식감이 쫀득하다는 장점이 있어 요즘은 이 변종 과메기가 대세다. 이 두 종류의 과

꽁치 과메기이다. 1990년대까지 통으로 말리다가
요즘은 머리와 내장을 제거하고 반으로 갈라 말린다.

메기를 구별하여 통으로 말린 것을 '통말이', 반으로 갈라 말린 것을 '짜배기' 또는 '배지기'라 부른다. 근래에는 '발과메기'라는 신제품이 등장하였는데 '짜배기'를 발에 넣어서 말린 것을 말한

다. 발과메기는 꽁치에 첨가물을 바를 수 있다는 장점이 있다. 녹차며 복분자, 홍삼 등을 발라 건조한다. 과메기는 전국적으로 크게 유행하여 없어 못 파는 물건이 되었다. 물량이 달리니 건조기에 넣고 하루 만에 말린 과메기가 흔하다.

겨울이면 죽도시장과 구룡포시장엔 '과메기 파시'가 열린

경북 포항 구룡포항에서 본 청어 과메기이다. 청어는 대체로 통으로 말린다.

다. 가게마다 시식용 과메기를 내놓았다. 가게 앞에 진열되어 있는 과메기는 대부분 '짜배기'이며 '통말이'는 뒤에 걸린다. '통말이'는 포항의 과메기 마니아들이나 먹는 음식으로 여겨지면서 뒤로 밀렸다. 청어 과메기도 가끔 보인다. 과메기가 원래는 청어로 만든다는 말이 번지면서 과메기의 '오리진'을 먹으려는 소비자들이 생긴 덕이다.

조선시대에는 자연 숙성 생선회를 먹었다

과메기는 날로 먹는다. 말린 것이기는 하지만 생선회다. 싱싱한 생선의 살만 생선회라고 하니까 과메기를 생선회라고 하면 어색해한다. 우리 조상들에게는 어색한 일이 아니었다. '꾸덕하게' 말린 생선으로 회를 썰어 먹었다. 사실 그렇게 먹을 수밖에 없었다. 그런데, 이게 더 맛있다.

경북 내륙 지방의 민어회

여름이면 복달임으로 민어를 먹는다. 근래에 민어와 관련한 묘한 말이 퍼져 있다. 복날에 상것들은 개고기를, 양반들은 민어를 먹었다는 것이다. 언제부터인지 민어가 서울 양반들의 복달 임이라 소문이 났는데, 그 말이 확장되고 있는 것이 아닌가 싶 다. 근거 없는 말이다.

민어, 옛날에는 흔했다. 서해에서 무지 잡혔다. 지금은 주 로 전남 해안에서 어장이 형성되지만 옛날에는 인천 앞바다에 서도 많이 잡혔다. 민어 파시가 전남의 특정 앞바다에서만 형성 된 듯이 말하는데 인천 앞바다의 민어 파시도 아주 컸다. 민어는 흔하여 가격이 쌌고, 그러니 예부터 서울 사람들은 양반, 상것 가리지 않고 여름이면 민어를 먹었다.

근래 들어 민어가 서울 양반들이나 먹는 것이라는 말이 번 진 데에는 비싼 가격이 한몫했다. 민어 먹는 '양반'들이 많아져 서인지 근래에는 민어를 두고 다소 별스런 일까지 일어나고 있 다. 민어를 수족관에서 살려두었다가 이를 잡는 즉시 회로 먹는 것이다. 이른바 활민어회이다. 이게 과연 맛이 있을까?

1800년대 말에 나온 책인《시의전서》에 민어회 조리법이 나와 있다. "민어를 껍질을 벗겨 살을 얇게 저며서 살결대로 가 늘게 썰어 기름을 발라 접시에 담고 겨자와 고추장을 식성대로 쓴다."《시의전서》는 발견 지역이 경북이며 책 내용에도 경상도 사투리가 나온다. 그러니까 영남 내륙 지방의 사대부 집안의 요 리책이라 추측할 수 있다. 민어는 남부 해안에서도 잡히니 남해 나, 아니면 민어가 많이 나는 서해에서 영남 내륙까지 운송하였 을 것으로 추정할 수 있다. 그 당시 냉장 시설이 있었던 것도 아

민어는 배에 올리면 바로 죽는다. 선어로 회를 먹을 수밖에 없다. 요즘엔 살려서 활어회로 먹기도 한다. 물이 많아 맛있기가 쉽지 않다.

니고, 민어를 살릴 수 있는 시설이 있었던 것도 아니며, 자동차가 있었던 것도 아닌데, 민어를 회쳐서 먹을 만한 상태로 어찌 운송하였을까.

모든 생선이 그렇듯, 민어도 죽으면 금방 썩는다. 무더운 여름 날씨엔 두 시간이면 상한 냄새를 풍기기 시작할 것이다. 썩지 않게 하려면, 피를 빼고 내장과 아가미를 제거해야 한다. 그리고 바닷물로 씻어 말리거나 살짝 소금을 뿌려 그늘지고 바람 좋은 곳에서 말리면 썩지 않는다. 내 짐작에 《시의전서》속 민어는 이렇게 말린 상태의 민어였을 것이다. 그래야만 영남 내륙까지 운반이 가능해지기 때문이다.

이렇게 말린다 하여도 한 보름 정도까지는 민어의 속살이 약간 촉촉한 상태로 유지된다. 이를 회로 쳐서 먹었던 것이다. 《시의전서》의 내용에 "살을 얇게 저며서 살결대로 가늘게 썰어"라는 구절이 있다. 민어는 살이 무른 편인데 얇게 저미고 이를 다시 가늘게 썬다는 것이 특이해 보이지 않는가. 촉촉한 상태를 넘어 꾸덕꾸덕한 살을 발라 먹었던 것으로 추측할 수 있다. 이렇게 말리는 과정에 민어는 숙성이 되었을 것인데, 그러니까 조상들은 '자연 숙성 민어회'를 먹었다고 할 수 있다.

생선은 죽은 후 일정 시간 이상 숙성돼야 감칠맛이 살아나고 조직감도 좋아진다. 덩치가 큰 민어는, 어민들의 말에 의하면, 사흘 정도는 숙성해야 진미가 난다고 한다. 일주일 숙성했을 때 가장 맛있다는 말도 있다. 서울의 일부 양반입네 하는 사람들은 이 민어를 활어로 회를 쳐 먹는다니, 1800년대 말 조선시대의 사람들이 먹던 것보다 못한 민어회를 먹고 있는 것이다.

대구도 말려서 회로 쳤다
내 고향의 겨울을 이야기할 때면 이런 썰을 푼다.

> "겨울이면 말야, 집집이 마당에서 대구 배를 갈라 손질을 해. 알 하고 이리, 내장, 아가미 하나 버릴 것이 없지. 몸통은 씻어서 담벼락에 걸어 말렸지, 주렁주렁."

동해에서 명태를 걸어 말린다는 말은 들어봤을 터지만 대구를 주렁주렁 말렸다는 말에, 사람들은 "설마" 한다. 그 비싼 대구를 집집마다 말렸다는 말에 믿을 수 없다는 표정을 짓는다. 요즘이야 대구가 비싸지만 옛날에는 아니었다. 한때 내 고향 바다에는 대구가 흔했고 쌌다.

대구는 북반구 한류의 바다에 서식한다. 우리나라에서는 동해를 중심으로 여름에는 그 위의 찬 바다로 올라갔다가 겨울이 되면 한류를 따라 남해까지 회유한다. 겨울에 남해의 연안에서 산란을 하며, 그 주요 산란지가 진해만이다. 진해만은 진해와 거제의 앞바다를 두루 이르는 말이다. 서해에서 회유하는 대구도 있는데, 동해와 남해를 회유하는 대구에 비해 그 수가 많지 않으며, 몸집도 작다. 동해 바다는 깊으며 찬 바닷물이 넓게 퍼져 있어 사철 대구가 나오지만 제철이 아니면 특별히 맛있진 않다. 대구는 12월부터 이듬해 2월까지가 산란기이고 이 시기에 잡히는 것이 가장 맛있다. 그래서 진해만의 겨울 대구가 유명하며, 그 진해만에 있는 한 항구 도시가 내 고향이다.

서울 와 살면서 어느 해부터인가 대구가 무지 비싸졌다. 서울의 시장에서 대구 보기도 어려워졌다. 고향을 방문한 서울의 친척 어른이 "먹을 만한 거 한 마리에 20만원 줬다"는 말에 입을 떡 벌렸었다. 남획의 결과일 것이다. 그러다 근래에 다시 대구가 넉넉히 잡힌다는 소식을 듣고 있다. 다행이다.

성어로 취급되는 대구는 부화 후 만 4년을 넘긴 60~70센티미터에 이르는 것들이다. 6년을 넘기면 1미터 가까이 자란다. 진해만에서 잡히는 대구들은 이처럼 성어에 이른 것들이다. 어민들은 자원 보호를 위해 어린 것들은 방류한다. 남획으로 씨가 말랐던 적이 있어 자원을 아낄 줄 알게 된 것이다.

대구는 싱싱한 그대로 탕으로 끓여 먹는 것을 최고로 친다. 그런데, 바닷가에서는 조금 다르다. 알, 생선의 정액인데 흔히 '고니' 내지 '곤'이라고 하는 이리, 내장, 아가미 등을 제거하고 사흘에서 일주일 정도 말린다. 이렇게 말린 대구의 살은 단단하고 맛이 깊다. 반건조 대구라 할 수 있는데 탕도 이렇게 말린 것으로 끓이는 편이 더 맛나다. 바짝 말린 대구는 물에 불려 탕이나 찜을 해먹는다. 알과 내장, 아가미는 소금에 절여 젓갈을 담그는데 특히 아가미젓은 무김치에 더하면 독특한 발효향이 난다.

언제부턴가 대구회가 겨울의 별미처럼 소개되는데 심지어 수족관에 대구를 살려두고 산대구회라고 판다. 대구의 살은 수분이 많고 기름이 거의 없다. 따라서 살아 있는 대구로 회를 뜨면 질기듯 물컹하고 맛은 밍밍할 뿐이다. 그 귀한 대구를 그렇게 맛없게 먹는 일은 악덕이다. 생선은 숙성을 하여야 맛있는데, 대구는 살에 물이 많기 때문에 숙성이 필수다. 숙성도 그냥 숙성이 아니라 건조숙성을 해야 한다. 반건조 대구로 회를 쳐서 먹는 것이 바르다.

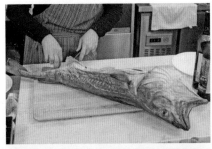

반건조 대구의 살은 약간 불투명하다. 수분이 날아가 탄력이 있고 입 안에서는 부드럽게 풀어진다. 숙성 과정에서 단백질 분해로 아미노산이 풍부해져 감칠맛도 잘 산다. 이 반건조

아가미와 내장을 제거하고 깨끗하게 씻어서 말린 반건조 대구와 그것으로 친 회다. 물기가 촉촉하게 남아 있다.

대구회는 산지에서 그 맛을 아는 사람들이나 먹는다. 산지의 식당이라고 다 내는 것은 아니다. 대구를 말리고 있는 바닷가의 식당이면 이를 회로 달라 하여 맛을 보시라. 겨우내 진해만으로 여행할 일이 있으면 반건조 대구회만은 놓치지 말고 꼭 맛보시라 권하고 싶다.

홍어도 자연 숙성 생선회이다

홍어는 가오리목 생선이다. 홍어 비슷한 가오리목의 생선들은 지구 전역에 살고 있으며, 또 지구인들은 두루 이를 잡아서 먹는다. 그러니 한국인이 홍어를 먹는 게 특이한 일은 아니다. 그런데 먹는 방식은 지구상에서 찾아보기 힘들 만큼 특이하다. 홍어를 삭혀서 먹는다. 심지어 '썩힌다'고도 한다. 자연 숙성을 하는 것이다. 발효취가 워낙 강하여 썩힌다는 말이 틀린 말은 아닌 것처럼 보인다. 홍어의 발효취는 암모니아 냄새다. 화장실 냄새와 비슷하다. 홍어에 대한 기호가 극단으로 갈리는 이유이다. 영혼을 걸 만큼 맛있다는 이들과 도저히 먹을 수 없다는 이들. 한국에 이보다 흥미로운 음식이 있을까.

동물은 몸의 노폐물인 요소를 몸 밖으로 내보내며 살아간다. 인간으로 치면 오줌이다. 홍어는 이를 피부로 내보낸다. 이 피부의 요소가 적절한 온도에서는 암모니아 발효를 한다. 암모니아이니 냄새가 강렬할 수밖에 없다. 보통의 암모니아는 독성이 있는데 홍어의 발효 암모니아는 먹어도 괜찮다.

삭힌 홍어는 전라도 음식으로 치는데 전라도 바다에서 홍어가 많이 잡혀 그런 것은 아니다. 홍어는 황해 전역에서 잡힌다. 자료를 살펴보면 홍어는 한때 한반도에서 조기만큼 중요한 생선이었다. 한반도의 지역 산물을 정리해놓은 조선의 문헌에도, 일제가 식민지 경영을 위해 한반도 해역의 산물을 정리해놓은《조선 수산지》에도 홍어는 주요 어종으로 등장한다. 오늘날 홍어 최대 산지는 인천 앞바다인데, 옛날부터 늘 그랬다.

홍어의 주요 산지가 황해이니 황해도와 서울, 경기, 충남, 전북, 전남 지역의 사람들이 예부터 홍어를 흔히 먹었다. 그러나 이 모든 지역에서 홍어를 강하게 숙성해서 먹진 않았다. 홍어는 그냥 두면 자연히 삭기는 하지만, 한반도에서의 홍어 어획 시기를 보면 강하게 삭은 홍어를 먹는 일은 없었다. 겨울에서 이른 봄 사이에는 싱싱한(덜 삭은 것이니 싱싱하다 하였을 뿐이다) 홍어를, 그 외 계절에는 바싹 말린 홍어를 먹었다. 겨울에 홍어를 바깥에 걸어두면 얼었다 녹았다 하며 마르는데, 이를 물에 불려 찌거나 구워 먹었다. 강원도나 경상북도 내륙 지방의 재래시장에 가면 이렇게 말린 홍어를 지금도 심심치 않게 볼 수 있다.

전라도에서 특별히 강하게 삭힌 홍어를 먹게 된 연유는 날씨다. 전라도, 특히 전라남도 해안 지방은 겨울에도 풀이 자랄 만큼 따뜻하다. 영하로 떨어지는 날이 드물다. 이런 날씨에 홍어를 바깥에 두면 푹 삭는다. 즉 암모니아 발효를 한다. 암모니아 발효는 맛을 변화시키기도 하지만 보존 역할도 한다. 암모니아가 잡균의 증식을 막아 홍어가 썩는 걸 막아준다. 이 사실을 발견한 전라도 사람들은 홍어를 더 오래 잘 보관하기 위해 인위적으로 암모니아 발효를 촉진하는 방법을 강구하였다. 두엄이나 볏짚을 이용하여 더 적극적으로 암모니아 발효를 일으킨 것이다. 사람들은 보통 '기호에 따라 음식이 결정된다'고 생각한다. 바르지 않다. 주어진 음식에 따라 기호가 결정될 뿐이다. 전라도 지역에서는 푹 삭힌 홍어가 자주 주어졌고 그래서 전라도 사람들은 저절로 푹 삭힌 홍어를 좋아하게 되었을 뿐이다.

푹 삭힌 홍어가 남도음식의 상징으로 자리 잡기까지

전라도식의 푹 삭힌 홍어가 여타 지역으로 번지기 시작한 때는 일제강점기였다. 특히 서울이 그 중심 노릇을 하였다. 조선이 망하자 한양의 성곽은 무너졌고 전국에서 사람들이 모여들었다. 전라도에서 온 사람들이 서울의 시장에서 그 흔한 홍어를 사다 고향에서 먹었던 것처럼 삭혀서 먹었을 것이란 추측은 쉽게 할 수 있다. 그러나 이를 식당에서 내놓고 파는 일은 금방 이루어지지 않았다. 전라남도 해안의 따뜻한 지방에서 살던 사람들이 먹는 '특별난 음식'이 서울에서 일정한 수요를 창출하기까지는 꽤 오랜 시간이 필요하였다.

전라도는 한국 산업화의 '혜택'을 받지 못한 지역이다. 정치적인 배제도 작용하였을 것이나, 평야지가 넓은 농업 지역이라는 것이 크게 영향을 끼쳤다. 1960~1970년대 대한민국 전체가 산업화의 길로 질주할 때 전라도는 그 산업화를 뒷받침하는 값싼 식량과 인력을 공급하는 기지로 눌러앉게 됐다. 산업사회에 편입되지 못한 것에 대한 보상이었을까. 그 즈음 전라도에 '전통문화가 살아 있는 지역'이라는 위무의 수식어가 붙었고, 전라도 지역의 전통문화를 남도문화라는 이름으로 널리 소개하였다. 남도민요, 남도소리, 남도굿, 남도놀이 등의 말이 그때 만들어졌다. 1980년대에 들자 남도음식이라는 말도 생겼다. 전라도 음식이 한반도에서 가장 예스럽고 전통적인 듯이 남도음식이라는 이름으로 포장되었다.

호사가들은 남도음식의 특징으로 발효음식을 꼽았다. 개중에 푹 삭힌 홍어는 독보적으로 돋보였다. 한국음식을 알려면 남도음식을 알아야 하고, 마지막에는 푹 삭힌 홍어 맛을 알아야 하는 듯이 떠들었다. 삼합이라는 말도 이때에 만들어졌다. 처음에는 푹 삭힌 홍어, 신 김치, 막걸리 이 셋을 함께 먹는 것을 삼합이라 하였다가 홍어, 김치, 돼지고기 이 셋을 함께 내는 것을 삼합이라 하여 굳어졌다. 홍어회만 달랑 내는 것보다 삼합으로 내면 '요리'처럼 보인다. 1990년대에 들어 한정식집에서는 홍어삼합을 고정 메뉴로 올리기 시작했다.

홍어는, 아니 푹 삭힌 홍어는, 확실히 그 맛이 독특하다. 암모니아 냄새를 견디면 그 미묘한 맛을 즐길 수 있으나, 견디지 못하는 이들도 많다. 암모니아 냄새는 보통 죽음의 냄새로 인식된다. 죽음 너머의 맛이 홍어에 있다 할 것이고, 그래서 그 죽음

의 고비를 한번 넘기기가 어렵지 한번 맛을 들이면 빠져나오기
어렵다.

물론 싱싱한 생선회도 먹었다

1980년대까지 우리나라에서는 바다생선의 회를 두고 사시미라
부르곤 했다. 사시미는 생선회를 뜻하는 일본어. 국어순화운
동 덕에 사시미란 말은 많이 사라졌는데, 생선회를 사시미라 불
렀다는 것은 그 당시 한국인에게 생선회가 일상 음식으로 다가
오지 않았다는 뜻이다.

한반도에서는 오래전부터 바다생선의 회를 먹기는 먹었다.
바닷가가 아니면 꾸덕하게 말린 생선으로 회를 쳐서 먹었다. 그
러나 많이 먹지는 못하였다. 지금처럼 생선을 수조에 살리는 기
술도 없었고 운송수단과 냉장설비가 발달해 있지 않은 옛날에
내륙에서 생선회를 먹기란 쉽지 않은 일이었다. 일제강점기에
들면서 냉장과 운송 기술이 발달하여 내륙에서도 생선회를 먹
기 시작하였고, 생선회를 즐기는 일본인들이 그들 식의 생선회
를 한반도에 이식하면서 사시미라는 이름의 생선회가 한반도에
정착하였던 것이다.

물론 싱싱한 생선을 접할 수 있었던 해안 지역은 옛적에도
내륙과는 사정이 많이 달랐다. 생선회를 일상 음식으로 먹었다.
그러나 지금처럼 생선의 살을 곱게 발라 접시에 가지런히 놓고
는 고추냉이간장이나 초고추장에 찍어먹는 방식은 아니었다.

일본의 생선회가 이식되기 이전이어서 그런 것은 아니었다. 단지, 가난하였기 때문이다.

우리는 가끔 잊는다. 한반도 역사상 온 민족이 굶지 않게 된지가 기껏 40여 년밖에 되지 않았다는 사실을 말이다. 일부 지배계급을 제외하곤 한반도 사람들은 늘 굶주렸다. 논밭이 없는 어촌은 더 가난하였다. 어구가 발달하지 않아 생선을 많이 잡을 수도 없었고, 시장이 형성되어 있지 않아 이를 내다 팔기도 어려웠다. 그러니 생선회를 먹었을망정 맛으로 먹은 것이 아니었다. 끼니로 먹었다.

어부의 부엌에는 시퍼렇게 날이 선 사시미칼이 없었다. 뭉툭한 무쇠칼로 생선살을 발라야 했다. 그러니 뼈째 듬성듬성 썰수밖에 없다. 이를 먹자면 양념이 있어야 하는데 장독에 늘 있던 간장, 된장, 고추장을 상에 꺼내어 놓았다. 날생선을 반찬으로 생각하고 밥 한 끼를 먹는다는 상상을 기반으로 추린 장면인데, 과연 먹을 만하겠는가. 밥 한 숟가락 입에 넣고 날생선 한 토막을 장에 찍어 반찬으로 먹는 일을 상상해보라. 맛있다 할 수 없을 것이다.

한반도의 어부들은 반찬으로서의 날생선을 밥에 올리고 비비는 조리법을 시도하였다. 한국인이 가장 좋아하는 비빔밥 조리법이다. 푸성귀가 있으면 있는 대로 대충 썰어 보태었다. 비비는 음식이니 간장보다 된장이나 고추장이 나았다. 고소한 맛을 더하기 위해 참기름이나 통깨를 뿌렸다. 개운한 맛을 위해 식초도 부었다. 여기까지의 조리법에 따른 음식을 막회라 한다. 근래에 막회가 외식상품으로 변신을 하여 밥이 빠지고 날생선과 푸성귀, 장을 분리해 상에 올리고 있다. 또 일식집에서 이 막회를 회덮밥이란 이름으로 팔고 있는데, 일본에는 이렇게 조리하는 음식이 없다.

이 막회에 물을 부으면 물회이다. 여름에 막회를 시원하게 즐기자는 발상에서 비롯한 음식이다. 또 그 양을 늘리자는 생각도 있었을 것이다. 물로라도 배를 불리자는. 물회는 막회와 달리 끼니로서의 음식이라는 정체성이 강하게 살아남아 늘 밥이나 국수가 물회에 말아진다.

바닷가에서는 생선회가 반찬이었다. 된장과 고추장으로 비벼서 먹었다. 이를 외식 상품화한 것이 막회이다. 막회에 물을 부으면 물회이다. 물회에 맹물 대신에 육수를 쓰는 식당이 늘고 있다.

비슷하나 다른 한국과 일본의 입맛

날생선의 그 여린 맛을 제대로 즐기려면 사실 일본식 생선회 조리법을 따르는 것이 맞다. 두툼하게 생선의 살을 바르고 비린내를 잡아주는 고추냉이에 감칠맛을 더하는 간장을 찍으면 은근

한 날생선의 맛이 입 안에 가득 찬다. 물회가 생선회에 밥을 더한 조합이라면 여기에 해당하는 일본음식으로는 스시가 있는데, 스시의 맛을 즐기는 방식은 사시미와 크게 다르지 않다. 날생선의 맛을 최대한 끌어올리는 방식의 음식이라 할 수 있다.

여기에 비해 물회는 날생선의 맛을 느낄 수가 없다. 강렬한 향의 고추장이나 된장이 물에 듬뿍 풀어져 있는데다 참기름과 식초까지 더해지고, 게다가 양파니 오이니 양배추니 배니 당근이니 푸성귀까지 잘게 썰어져 있으니 날생선의 여린 맛이 버틸 수가 없다. 그러면 물회는 날생선의 맛을 잘 살리지 못하는, 좋은 조리법의 음식이라고 할 수 없는 것일까?

지구상의 음식 전체를 놓고 보자면 한국과 일본의 음식이 가장 비슷하다. 가까이 있으며 서로 영향을 주고받은 까닭이다. 그러나 두 민족이 즐기는 음식을 자세히 들여다보면 차이가 많단 걸 알게 된다. 특히 재료가 가지는 맛의 요소를 제각각 즐기려는 일본인의 미각과 입 안에서 온갖 맛 요소들이 요동을 치게 하여 그 맛의 충돌을 즐기는 한국인의 미각은 확연히 다르다. 한편으로는, 강한 맛과 향의 음식재료들 속에서 언뜻언뜻 입 안을 치는 날생선의 그 여린 맛을 즐기는 한국인이 정말 뛰어난 미각을 지니고 있는 것은 아닌가 하는 생각도 해본다.

참으로 다양하여 헷갈리는
바닷것들

여기까지 읽은 독자들은 문득 이런 의문이 들 것이다. '왜 아직까지 소, 돼지, 닭 음식이 등장하지 않지?' 현재 대한민국 국민은 소, 돼지, 닭을 일상적으로 먹어 우리 조상들도 소, 돼지, 닭을 즐겨 먹었다고 생각하기 때문이다. 고려시대 이전의 상황은 음식 문헌이 별로 없어 잘 모르겠지만, 조선의 사정을 보면 소, 돼지, 닭을 넉넉하게 먹을 형편이 아니었다. 조선은 농업 생산성이 높지 않은 나라였다. 사람 먹을 곡식조차 부족했다.

　소는 제법 키웠다. 산과 들에서 풀을 베어다 먹이면 되기 때문에 적어도 사료 걱정은 하지 않아도 된다. 그러나 고기를 먹으려 키운 건 아니었다. 농업과 운송에 쓰려고 키웠다. 역우, 즉 일소였다. 그래서 조선의 왕은 수시로 우금령을 내려 소 잡는 걸 금지했다. 돼지와 닭은 사람이 먹는 걸 먹여야 한다. 사람 먹을 것도 부족했던지라 돼지와 닭을 치기가 어려웠다.

물론 조선의 문헌에 소, 돼지, 닭 음식이 등장한다. 여기서 문헌이란 것의 성격을 파악하는 게 중요하다. 조선에서 문헌을 작성할 수 있는 사람들은 극소수였다. 왕족이나 양반 계급이 아니면 힘들었다. 조선 말기의 문맹률이 90%가 넘었다. 따라서 조선의 문헌은 지배계급인 왕족과 양반 계급의 삶을 보여줄 뿐이다. 그들에겐 소, 돼지, 닭을 먹는 일이 흔하였을지 몰라도 민중은 그러지 못하였다.

그러면 우리 조상들은 단백질을 아예 못 먹었느냐 하면, 그렇지는 않다. 한반도의 자연이 도왔다. 한반도의 삼면이 바다다. 농지는 척박해도 바다는 넉넉하였다. 바다는 계절마다 맛있는 먹을거리를 내주었고, 이를 반찬으로 삼아 끼니를 때웠다. 그러니 바닷것들에 대한 이야기를 더 해야 한다.

소설《남한산성》의 밴댕이는 어류분류학상 반지이다
병자호란이 일어나고 조선의 왕은 남한산성으로 도망쳤다. 강화로 가려 하였는데 급작스레 닥친 청나라 군사에 밀려 남한산성으로 피신하였다. 급하게 몸을 옮기느라 먹을거리를 충분히 확보하지 못하였다. 김훈이 소설《남한산성》에서 그때의 비루

한 사정을 풀어내었다.

> 전하, 빙고를 정리하다가 밴댕이젓 한 독을 찾아냈사온데,
> 씨알이 굵고 삼삼하게 삭아 있사옵니다. 마리 수가 넉넉하
> 지 못하오니 어명으로 분부하여주소서.
>
> _《남한산성》, 김훈, 학고재

먹을거리가 부족하니 산성을 뒤졌던 모양이다. 그렇게 하
여 찾아낸 것이 밴댕이젓 한 독. 그걸 그냥 나누면 될 것을 굳이
왕에게 묻고 있다. 왕은 얼마나 비참하였을까. 설마 왕에게 저
런 걸 물었을까 싶지만, 소설이니 허구이겠지 싶지만, 역사적
사실이다.《승정원일기》에 소설 속의 내용이 그대로 실려 있다.
인조 15년 1월 21일의 기록이다.

> 景曾曰, 蘇魚有餘存者, 而其數不多, 不過一尾分給, 請姑令頒
> 給, 何如? 上曰, 姑徐之, 待減料之時給之, 可也。溫嬪及王子
> 王孫, 皆苦無饌云, 亦爲分送, 可也。景曾曰, 然則當分送先王
> 後宮及諸王子乎? 上曰, 大臣處, 亦爲分送。景曾曰, 其數不
> 多, 當以其餘者分送乎? 上曰, 依爲之。退出。

> "이경증이 아뢰기를, '밴댕이[蘇魚]가 남아 있는 것이 있는
> 데, 그 수효가 많지 않아서 한 마리씩밖에는 나누어 줄 수

없습니다. 우선 나누어 주게 하는 것이 어떻겠습니까?' 하니, 상이 이르기를, '우선 보류하였다가 요미料米를 줄여야할 때에 주도록 하라. 온빈溫嬪 및 왕자王子와 왕손王孫이 모두 반찬이 없다고 괴로워하니, 또한 나누어 보내도록 하라' 하였다. 이경증이 아뢰기를, '그렇다면 선왕先王의 후궁後宮과 여러 왕자들에게도 나누어 보냅니까?' 하니, 상이 이르기를, '대신大臣에게도 나누어 보내도록 하라' 하였다. 이경증이 아뢰기를, '그 수효가 많지 않으니, 그 나머지를 가지고 나누어 보냅니까?' 하니, 상이 이르기를, '그대로 하라' 하였다. 물러 나갔다.

_ 출처: 한국고전번역원

김훈이 밴댕이라 한 생선은 《승정원일기》 원문에는 '蘇魚', 즉 '소어'로 등장한다. 한국고전번역원의 한국고전종합DB에서도 밴댕이라고 번역하였다. 이 소어가 밴댕이가 맞을까.

밴댕이 하면 다들 강화도부터 떠올린다. 강화도에서 많이 잡히기 때문이다. 강화도에서 밴댕이라고 하는 생선은 어류분류학상으로 '반지'이다. 청어목 멸치과의 생선이다. 밴댕이란 말은 강화도 사투리다. 그런데, 밴댕이가 정식 명칭인 어류가 따로 있다. 청어목 청어과의 생선이다. 이를 흔히 사투리로 디포리라 부른다. 멸치 대신 국물 내는 용으로 쓰는 그 생선이다. 반지는 군산 전북 지역에서도 제법 잡히는데, 여기서는 반지라고 바르게 부른다.

혼란을 줄이기 위해 요약을 해보았다.

반지: 청어목 멸치과. 강화도에서는 밴댕이라는 사투리로
부른다. 주로 황해 연안에서 봄부터 여름 사이에 잡힌다.
회와 젓갈로 먹으며 말리지 않는다. 몸 전체가 은색이다.
한자로는 蘇魚[소어]라고 쓴다.

밴댕이: 청어목 청어과. 디포리라는 사투리로 널리 알려져
있다. 주로 남해안에서 가을에 잡힌다. 회와 젓갈로 쓰지
않으며 말려서 국물 내는 데 사용한다. 전체적으로는 은색
이고 등 쪽이 푸른데, 그래서 '디포리(뒤가 파랗다)'이다.

그러면 김훈이 《승정원일기》의 소어를 밴댕이로 번역한 것
이 틀렸냐 하면, 꼭 그렇지도 않다. 한국의 어류학자들이 물고기
이름을 붙이면서 발생한 혼란을 감안하면 김훈의 번역이 맞다
할 수도 있다. 조선의 문헌에는 소어가 곳곳에 등장한다. 그 산
지와 용도 등을 보면 현재 어류분류상의 반지로 보인다. 그런데
《열하일기》 등에는 이 소어의 다른 이름으로 반당盤當이 등장한
다. 밴댕이의 어원이다. 어류학자들이 현재 반지라고 이름 붙인
소어를 밴댕이라고 하는 것이 더 타당하지 않을까 싶다. 반지는
밴댕이의 사투리로 두고, 현재 어류분류학상의 반지를 디포리

로 하였으면 지금과 같은 혼란은 없었을 것이다.

한 발짝 더 나아가, 조선 문헌에 등장하는 소어가 강화도에서 밴댕이라고 부르는 그 생선이 맞는지, 그러니까 어류분류학상의 밴댕이가 맞는지 확인해볼 필요가 있다. 조선의 문헌에 소어蘇魚所가 등장한다. 사옹원 산하 기관인데 소어를 잡아 저장하는 곳이다. 소어소 위치가 경기도 안산이다. 안산은 도시로 개발되기 전에 갯벌이 잘 발달한 지역이었다. 소어, 즉 강화도에서 밴댕이라고 불리는 이 생선은 봄이면 갯벌 지역으로 접근하여 산란을 한다. 어류분류학상의 밴댕이는 주로 남해안에서 가을에 잡힌다. 《승정원일기》에 등장하는 남한산성의 소어는 안산의 소어소에서 가져왔을 것이고, 이 소어는 조선의 문헌에 등장하는 반당이며, 현재 어류분류학상 사투리로 되어 있는 강화도의 밴댕이라고 볼 수 있다.

사실 이렇게 자세하게 풀어놓아도 독자 여러분들은 글만 읽어선 명확하게 분별되지 않을 것이다. 물고기를 눈앞에 두고 설명하여도 뒤돌아서면 금방 잊고 또 헷갈려 할 것이다. 어찌하겠는가. 바닷것의 세계가 워낙 복잡하여 일어나는 일인 것을.

참고로, 위어에 대해서도 잠깐 언급한다. 조선은 사옹원 산하에 위어소葦漁所를 두었다. 인조 때의 기록을 보면 고양高陽, 교하交河, 김포金浦, 통진通津, 양천陽川에 위어소가 있었다. 위어는 웅어이다. 바다에 살다가 봄이 되면 강으로 올라와 수초에 산란을 한다. 이때 이를 잡아서 저장하는 곳이 위어소이다. 겸재 정선이

경기도 김포에서 관직 생활을 할 때에 김포 쪽에서 행주산성을 바라본 풍경을 〈행호관어杏湖觀漁〉라는 그림으로 남겼다. 1741년의 일이다. 이 그림에 위어잡이 배가 등장한다.

위쪽부터 순서대로 디포리로 불리는 밴댕이와 밴댕이로 불리는 반지, 그리고 웅어. 반지와 웅어는 생태와 맛이 유사하고, 밴댕이는 반지, 웅어와는 거리가 멀다.

〈행호관어〉, 겸재 정선, 간송미술관 소장

겸재 정선의 〈행호관어〉. '행호'는 행주산성 구역의 한강을 이르는 말이다. 행주
산성을 둘러싼 수양버들이 막 물을 올리고 있는 것으로 보아 봄이 분명하다. 화
제에서 '관어', 즉 '물고기 잡는 것을 본다'고 하였으니 그림 속 한강 위에 떠 있
는 배가 잡아들이는 물고기는 웅어인 것이 확실하다. 지금도 행주산성 근처 식
당에서는 봄이 되면 웅어회와 웅어탕 등을 판다. 한강의 웅어는 아니고, 강화도
와 금강 유역에서 가져오는 웅어이다.

밴댕이소갈딱지 덕에 밴댕이회가 맛있다

밴댕이(여기서는 강화도 사투리의 밴댕이, 어류분류학상 반지)는 7월 중순에 산란을 한다. 알에서 깬 어린 밴댕이는 여름내 연안에 붙어 있다가 찬바람이 불면 깊은 바다로 들어간다. 5월에 들어 바닷물이 따뜻해지면 어미가 그랬던 것처럼 연안으로 몰려든다. 이때부터 밴댕이는 산란을 준비하느라 먹이 활동을 왕성히 하고 몸에 살과 기름을 올린다. 어부들은 이때를 맞추어 조업을 하고 산란에 들어가는 7월 중순이면 어자원 보호를 위해 밴댕이 잡이를 멈춘다. 그러니까 5월부터 7월초까지 맛있는 밴댕이를 먹을 수 있다. "강화도에 가면 가을이나 겨울에도 밴댕이가 있던데" 하는 독자들이 있을 것인데, 그 밴댕이는 냉동해둔 것이다. 냉동이 잘된 생선의 경우 맛이 떨어지는 건 아니나 아무래도 생물만 하겠는가.

　밴댕이는 성질이 급하다. 그물에 걸려 배 위에 오르자마자 죽는다. 얼마나 빨리 죽는지 어부들도 살아 있는 밴댕이 꼴을 보기가 어렵다. '밴댕이소갈딱지'라는 말이 괜히 나온 게 아니다. 그러니 밴댕이는 활어회가 없다. 나는 오히려 밴댕이가 빨리 죽어 다행이라 여긴다. 밴댕이를 수조에 살려 활어회로 판다면 그 맛이 떨어질 것이기 때문이다. 밴댕이는, 아니다, 거의 모든 생선은, 죽은 후 일정 시간 숙성을 해야 맛있다. 생선살 속의 효소에 의해 단백질이 아미노산으로 분해되어 감칠맛이 더해지고 살의 조직감도 연해지기 때문이다. 밴댕이는 적어도 냉장고에서 하루 이상 숙성해야 맛있다.

밴댕이는 작은 생선치고는 비늘이 억센 편이다. 살이 연해 칼로 비늘을 긁으면 상할 수 있으므로 물에 씻어 털어낸다. 큰 놈은 한 마리로 두 점, 작은 놈은 한 점의 회를 발라낸다. 회로 먹을 것은 10센티미터 정도의 작은 것이 좋으며, 구울 것은 큼직할수록 살이 깊어 맛있다. 밴댕이회 맛은 고소하고 연하다는 특징이 있다. 가을 전어처럼 고소함이 너무 강해 거친 느낌을 주지 않으며, 꽁치나 웅어처럼 힘없이 입 안에서 허물어지지도 않는다. 적당히 고소하고 적당히 부드럽다. 보통은 상추에다 밴댕이회를 올리고 초장 또는 된장, 마늘, 풋고추를 올려 먹는데 밴댕이의 연한 조직을 고려한다면 좋은 방법이 아니다. 상추와 마늘, 풋고추 등을 씹기 위해 턱에 다소 강한 힘을 주게 되고, 그러면서 그 안에 있는 밴댕이의 연한 살이 뭉그러지는 듯한 느낌을 줄 수 있기 때문이다. 고추냉이간장도 밴댕이의 기름내와 부딪혀 좋지 않으며 된장도 밴댕이의 맛을 살리지 못하는 듯하다. 최소한의 초고추장에 찍은 밴댕이회에 입가심용 생강초절임 또는 소주 한잔이면 더없이 맛있다.

밴댕이구이는 회를 다 먹고 나서 먹는 것이 바른 순서이다. '꼬순내'가 워낙 강하여 밴댕이구이 먹고 난 다음에는 어떤 음식도 즐기기 힘들기 때문이다. 굵은소금을 뿌려 구우면 따로 양념장을 찍을 필요가 없다. 기름내와 비린내를 줄이자면 레몬즙이 좋을 것이나 음식점에서 이를 요구한다는 것은 무리이고, 식탁에 으레 오르는 고추냉이간장에 식초를 첨가해 찍어 먹으면 잘 어울린다.

봄날 밴댕이를 먹을 때마다 이런 생각을 한다, 이 연하고 고소한 밴댕이로 초밥을 해보면 어떨까 하는. 초밥을 하기에는 너무 허접한 생선이 아니냐고? 아직 절정의 맛을 내는 밴댕이를 만나보지 못했다면 그리 생각할 수도 있을 것이다. 사철 변함없는 재료의 초밥을 내는 요리사이면 뭔 소리인가 할 것이고.

사라진 뱅어 자리를 대신하는 실치

도시락 반찬으로 많이 먹었던 뱅어포를 기억하는가. 기억한다면 나처럼 구세대에 속하는 사람일 것이다. 30대 아래면 모를 확률이 크다. 혹시 실치라고 하면 제법 알 수도 있으려나. 매년 봄이면 충남 당진 장고항에서 축제까지 여는 물고기다. 날로 국수 먹듯이 먹는 생선인데 뱅어포의 뱅어가 실치다.

실치는 어류분류학상의 정식 명칭이 아니다. 베도라치 치어를 가리키는 이름이다. 새끼 상태의 고기를 우리가 먹는다. 베도라치는 바닷물이 얕은 연안에 사는데 한반도 바다에서 흔히 볼 수 있으며, 바위틈이나 해초에 숨어 지낸다. 낚시로 곧잘 잡히는데, 등지느러미에 잔가시가 돋아 있어 이를 잡다가 손을 다치는 일이 많다. 10~20센티미터 짜리가 보통이고 큰 것은 30센티미터에 이르기도 한다.

겨울에 들면 베도라치는 해초에 알을 낳아 붙인다. 이 알이 부화하여 치어가 바닷물에 떠돌 때 그물로 잡는데, 이 베도라치의 치어를 실치라고 부르는 것은 생김새가 실처럼 가늘고 길기 때문일 것이다. 실치잡이는 충남 당진, 보령, 태안 등의 앞바다에서 주로 하며, 특히 당진 장고항이 실치로 유명하다.

실제 뱅어라는 물고기는 따로 있다. 베도라치는 농어목에 들고 뱅어는 바다빙어목에 드니 분류학상으로 아주 멀리 떨어져 있다. 베도라치의 치어가 뱅어라는 이름으로 잘못 알려진 연유는 뱅어가 한반도에서 거의 사라졌기 때문이다. 이 두 생선의 이름이 얽히게 된 사연이 무척 흥미롭다.

위 사진은 진짜 '뱅어'이다. 경남 통영에서 찍었다. 통영에서는 '병아리'라고 부른다. 아래 사진은 베도라치 치어인 실치이다.

뱅어는 살이 투명한 생선이다. 그래서 한자로 白魚백어라 썼고, 이 백어가 뱅어로 변한 것이다. 뱅어는 다 자라봤자 10센티미터 남짓이다. 다 자라도 살은 여전히 투명하다. 바다와 접하는 하구에 주로 산다. 봄에 알을 낳는데 그보다 조금 이른 시기에 강으로 올라간다.

조선의 문헌에 뱅어에 대한 기록이 많다. 《세종실록지리지》와 《동국여지승람》에도 뱅어의 여러 산지가 기록되어 있다. 한반도의 강에서 뱅어가 많이 잡혔다는 뜻인데 한강, 금강, 낙동강, 압록강, 대동강, 영산강 등지에서 뱅어가 났다. 허균은 《도문대작》에서 "얼음이 언 때 한강에서 잡은 것이 가장 좋다. 임한林韓·임피臨陂 지방에서는 1~2월에 잡는데 국수처럼 희고 가늘어 맛이 매우 좋다"라고 기록한다. 1956년 1월 18일자 〈동아일보〉에 이런 기사가 올라 있다.

　　어름의 한강은 요즘 밤마다 어름을 뚫어놓고 고기를 낚는 태공망들의 어화로서 뒤덮여 철 아닌 풍교야박을 연상. 왕상의 빙리로 좋읍니다마는 그보다는 요즘 이곳 특산인 백어회가 구미를 당기고 있습니다.
　　　　　　　　　　　　　_ 〈동아일보〉 1956년 1월 18일자

　　겨울에 한강에서 얼음낚시로 뱅어를 잡는 강태공들이 무수히 많았단 걸 알 수 있다. 이렇게 흔했던 뱅어가 갑자기 사라졌다. 1960년대 신문에 공해로 인해 뱅어가 전멸하고 있다는 기사가 있는 것으로 보아, 산업화로 인한 강의 오염이 뱅어를 다 죽였을 것이다.
　　뱅어는 회로도 먹었지만 말린 포로도 먹었다. 한 마리씩 배를 가르고 말렸다. 일본의 강에서는 아직 뱅어가 제법 잡힌다.

뱅어초밥, 뱅어포, 뱅어젓갈 등으로 먹는다. 한반도에서는 강물 오염으로 뱅어가 사라지자 대체물로 베도라치의 치어가 눈에 띄었던 것이다. 당진 장고항 사람들은 1960년대 말부터 실치잡이가 있었다고 전하는데, 그 당시부터 뱅어라 불렀는지는 알 수 없다. 더불어 뱅어를 두고 실치라 했는지도 확인할 길이 없다. 1970년대 초 장고항에서 실치잡이가 본격화할 때에 다들 실치포를 말렸다는 증언으로 짐작하건대, 뱅어포 생산 또는 유통업자가 뱅어를 구하지 못하자 그 대용품으로 실치포를 '기획'하였고, 이미 뱅어포라는 이름이 널리 쓰이고 있으니 그 이름을 굳이 바로잡지 않아 지금에 이른 것으로 보인다.

뱅어라는 물고기가 따로 있고, 또 지금은 사라졌지만 한반도 음식문화에서 꽤 중요한 위치에 있는 생선이므로 베도라치 치어를 뱅어라 부르는 것은 바른 일이 아니다. 실치가 뱅어의 다른 이름으로 쓰였는지는 알 수 없으나 사투리로 취급할 수 있으므로 베도라치의 치어를 실치라 부르는 것은 적절한 일이다.

뱅어가 한반도에서 완전히 사라진 건 아니다. 봄이면 경남 통영의 어시장에서 뱅어를 볼 수 있다. 여기서는 '병아리'라고 부른다. 고무 대야에 두고 살아 있는 상태로 판다. 통영에서는 날로 먹거나 국에 넣어 먹는다. 통영의 어민들은 병아리가 조선의 그 백어인 줄은 모른다. 한반도에서는 귀하디귀한 별미이니 봄에 통영에 가게 되면 꼭 맛보기를 권한다.

실치는 봄 바다에서 낭장망으로 잡는다. 낭장망은 긴 자루

실치는 베도라치의 치어이다. 실치가 다 자라면 이 모양이다.

실치는 낭장망으로 잡는다. 그물코가 아주 작은데, 실뱀장어가 함께 잡히기도 한다

모양의 그물인데, 그물의 입구는 양쪽으로 기둥을 세워 수면 위로 약간 떠 있게 고정을 하고, 물고기가 들어와 모이는 그물의 한쪽 끝은 바닷물 속에 내려져 있는 구조이다. 낭장망은 물살이 센 바다에 맞는 어구이다. 실치가 적게 나올 때는 하루에 한 번 정도 그물을 올리고, 많이 날 때는 수시로 그물을 털어 실치를 거둔다. 3~4월에 잡는 작은 실치는 연하여 회로 먹는다. 회로 팔다 남은 것이 있으면 실치포로 만든다. 멸치처럼 데쳐서 말린다. 5월에 들면 실치의 뼈가 억세어져 회로는 먹을 수가 없고 전부 실치포로 만든다. 실치회는 겨우 한 달 정도 아주 잠시 맛볼 수 있는 음식이다.

우럭은 말려야 맛이 난다

한국인이 가장 자주 먹는 생선회는 광어일 것이고 다음으로 우럭이 순위권에 들 것이다. 광어 옆에는 늘 우럭이 따른다. 그래서 우럭에 대해 잘 안다고 생각하기 쉬운데 꼭 그렇지도 않다. 일단 우리가 먹는 우럭은 우럭이 아니다. 가짜 생선회? 아니다.

이름이 잘못되었다. 우리가 보통 우럭이라고 부르는 생선은 사실 조피볼락이 바른 이름이다. 그런데 우럭볼락이라는 물고기가 또 있다. 몸집이 작고 갈색을 띄는 생선인데, 흔히 볼락이라 하지만 바른 이름은 우럭볼락이다.

이즈음에서 독자들은 슬슬 짜증이 날 수 있다. 내가 먹었던 우럭이 우럭인지 우럭볼락인지 조피볼락인지, 또 언젠가 먹었던 볼락은 또 우럭인지 조피볼락인지, 헷갈릴 것이다. 복잡하게 생각할 필요 없다. '어류분류학'상으로 봤을 때 우리가 우럭이라 부르는 게 조피볼락이고 볼락이라 부르는 건 우럭볼락이라는 것인데, 이건 우리가 알 바가 아니고 이렇게 생각하면 된다. 우리가 흔히 부르던 대로 우럭은 우럭이고 볼락은 볼락이라 생각하면 된다.

한국 어류학자들이 일반인들을 헷갈리게 만드는 악취미를 가지고 있는 게 아닐까 싶을 때가 많다. 현실에서 어부들이 쓰는 말과도 다르게 생선 이름을 정한 사례가 한둘이 아니다. 우럭을 두고 "이건 조피볼락이야" 하면 어느 바다에서나 다들 어리둥절한다. 어류학자는 대체 어느 바다에 가서 저 말을 얻어왔는지 궁금하다. 옛 자료를 보아도 우럭이라는 말은 흔히 등장한다. 조피볼락은 1970년대 이후 보이기 시작하는데 그 뒤에 괄호를 두고 우럭이라 적고 있다. 지금도 사정은 크게 다르지 않다. 학계 따로 민중 따로 놀자는 것이 아니면 이런 명칭부터 바로잡아야 할 것이다.

우럭은, 조선 후기 서유구가 지은 《임원경제지》에 울억어鬱抑魚로 나온다. 우리말 우럭을 한자로 '鬱抑'이라 쓰고 물고기이니 그 뒤에 '魚'를 붙여 표기하였을 것으로 추측할 수 있다. 정약전의 《자산어보》에는 검어黔魚, 검처귀黔處歸라고 기록되어 있다. 때깔이 검어 이런 이름이 붙었을 것이다.

우럭은 황해에서 잡히는 양이 상당하다. 그럼에도 양식을 많이 한다. 한반도의 양식 생선 중에 30% 정도를 차지한다. 자연에서 대량으로 잡히는 생선임에도 양식이 흔한 것은 생선회 때문이다. 1990년대 들어 한국 외식시장에서 생선회가 주요 아이템으로 급부상을 하였는데, 주된 어종이 광어와 우럭이다. 한국인은 쫄깃한 조직감의 생선회를 좋아하며, 광어와 우럭이 한국인의 기호에 적합하여 주요 양식 어종이 된 것이다.

우럭은 살이 탄탄하여 '씹는 맛'을 충족시키기에 더없이 좋다. 또 한국인은 활어회를 특히 좋아하는데, 우럭은 숙성시키지 않아도 감칠맛이 웬만큼 살아 활어회로 내놓기 적당한 생선이란 점도 우럭 양식을 늘리는 데 큰 노릇을 하였다. 생선회 다음에 매운탕을 먹는 한국인의 식습관도 우럭의 '번창'에 한몫했다. 회로 뜨고 난 다음 남는 머리와 뼈로 매운탕을 끓여 맛을 낼 만한 생선으로 우럭만 한 게 없다.

우럭 생선회와 매운탕은 도시 소비자의 이야기고, 우럭이 많이 잡히는 황해를 끼고 있는 도시, 즉 서산, 태안, 보령 등지에서는 우럭 먹는 법이 다르다. 물론 회를 칠 때는 살아 있는 우럭

물고기는 한꺼번에 많이 잡힌다. 냉장 시설이 없던 시절, 이를 두고 먹으려면 내장을 제거하고 소금에 절이거나 말려야 했다. 우럭도 그렇게 먹었다. 우럭에 소금간이 배면 씻어서 말린다.

충남 서산, 태안 지역에서 흔히 먹는 우럭젓국이다. 우럭포에 새우젓으로 간을 하므로 우럭젓국이라 한다.

을 쓰겠지만 다른 여러 우럭 요리를 할 때는 말린 우럭을 활용한다. 이 지역들의 재래시장에 가면 살아 있는 우럭, 싱싱한 우럭은 거의 없다. 배를 따고 꾸덕하게 말린 우럭만 좌판에 잔뜩 놓여 있다. 이 지역에서는 이를 우럭포라고 한다.

우럭포는 우럭을 반으로 갈라 말린다. 비늘 치고 내장 빼고 물로 깨끗하게 씻은 후 소금에 절였다가 다시 물로 씻어 꾸덕하게 말린다. 이렇게 말려두면 몇 달을 두어도 상하지 않는다. 우럭포는 찌거나 굽거나 국을 끓여 먹는다. 반찬으로도 안주로도 그만이다. 두툼하면서 또각또각 입 안에서 깨지는 살의 조직감은 우럭이니까 가능하다. 말리는 중에 살은 숙성이 되어 감칠맛도 풍부하다. 이 우럭포 음식의 역사는 아주 오래되었을 것이다. 우럭은 봄가을에 왕창 잡히는데 어떻게든 장기간 보관을 해야 하였고 적합한 형태가 우럭포였다.

우럭포로 흔히 하는 요리는 우럭젓국이다. 호박, 대파 등의 채소를 넣은 맑은 탕이다. 간은 새우젓으로 맞춘다. 우럭포의 깊은 살맛을 느끼기에는 우럭젓국이 제일이다. 그런데 아쉽게도 이 맛있는 우럭젓국 내는 식당이 태안에도, 서산에도, 보령에도 별로 없다. 다들 집에서 해 먹으니 외식시장에 나오지 않는 것이다. 그래도 뒤지면 있다. 서산에 많다.

도다리가 맛없을 때 도다리쑥국을 먹는다

광어랑 비슷한데 우리와 친숙한 생선으로 도다리가 있다. 나는 도다리를 먹어본 기억이 없다. 사진으로는 봤다. 바닷가, 그것도 도다리 천국이었을 경남 마산 출신이 도다리를? 그렇다!

우리가 도다리라 부르는 생선의 어류분류학상 명칭은 '문치가자미'다. 도다리라는 생선은 따로 있는데, 바다 깊은 곳에서 사는 생선이다. 도감을 보면 몸통이 둥글고 등에 범 무늬가 촘촘하게 있다. 귀한 생선이다. 도다리의 제철은 봄이다. 봄에 맛있다는 말이다. 그러면 '봄 도다리'에서 말하는 도다리는 어류분류학상의 도다리에서 온 것일까 싶지만, 문치가자미를 다들 도다리라 부르고 또 도다리라고 불리는 문치가자미가 봄에 많이 잡히니 문치가자미를 두고 '봄 도다리'라는 말이 만들어졌을 수도 있다. 헷갈리는가. 나도 헷갈린다. 아무튼 지금부터는 이 글에서 도다리라 지칭하는 생선은 어류분류학상으론 문치가자미로 분류되는 생선을 말한다.

도다리는 1~2월이 산란기이고 이때에 연안에 붙는다. 생선은 산란기 때 맛있는데 도다리도 마찬가지다. 그런데 그 기간은 어족 자원을 보호하기 위한 금어기다. 봄 도다리는 산란 직후의 도다리인 셈이다. 생선은 대체로 산란 후에는 맛이 떨어진다. 그래서 바다를 아는 사람들은 '가을 도다리'라 해야 한다고 말한다. 그때가 기름지고 맛있기 때문이다. 그런데 어떡하나… 다들 봄 도다리 봄 도다리 하니 말이다.

도다리(물론 문치가자미를 말한다)는 어려서 고향 마산에 살 때 참 많이 먹었다. 낚시로도 잡았다. 주로 가포 앞바다에서였다. 가포는 옛날에 해수욕장으로 썼을 만큼 바다 바닥에 모래가 많다. 그래서 도다리가 많이 살았다. 큰형은 일찌감치 서울 유학을 가서 늘 작은형과 놀았는데, 작은형과 작은 배를 빌려 낚시를 하곤 했다. 뒤에서 노를 젓는 배인데 신기하게도 작은형은 이런 배도 몰았다. 가포에서 마산항 쪽으로 난 곳 자리가 도다리 포인트였다. 닻을 내리고 거기서 줄낚시를 하였다. 바늘 네 개를 달았고 미끼는 갯지렁이였다. 바늘 네 개에 네 마리의 도다리가 한꺼번에 물고 올라왔다. 도다리 양식장도 이 정도는 아니었을 것이다. 낚시꾼은 뻥이 심하다 하는데, 이건 사실이다. 미끼 끼우고 도다리 떼어내고를 무수히 반복하였다. 낚시꾼이 아니라 어부 수준의 작업을 해야 했다. 그러니 나중에는 재미도 없었다. "응아, 그만 가자" 하였으나 타고난 낚시꾼인 작은형은 해질 때까지 그러고 있었다. 봄볕에 얼굴을 까맣게 태우며.

문치가자미는 도다리 말고 또 다른 이름이 있다. 경남에서는 '납시미'라 부른다. 작은 것은 뼈째 썰어 회로 먹으나 그렇게 맛있는 생선회로 여기지 않았다. '감생이감성돔'와 '뽈라구볼락' 정도는 돼야 생선회 축에 들었다. 도다리는 대체로 말렸다. 내장을 빼서 채반에 늘어놓으면 하루 만에 꾸덕꾸덕 마른다. 말린 도다리는 다양하게 조리해 먹을 수 있다. 굽고 지지고 졸이고 튀기고 … 어떤 식으로 조리하든 맛있었다. 살의 맛이 원래 흐릿한 생선이라 하여도 건조하는 과정에서 감칠맛이 풍부해지는 까닭이다. 또 건조 도다리라야 살이 또각또각 일어 먹기에도 편하다.

어느 해부터 봄이면 도다리쑥국을 먹어야 한다는 말이 돌았다. 내 고향 근처 도시인 통영의 향토음식으로 유명해지면서다. 통영의 바다도 내 고향 바다와 비슷하기에 봄이면 도다리가 참 많이 잡힐 것이다. 사실 '봄 도다리'라는 말도 봄에 많이 잡혀생긴 것이라 할 수 있다. 그런데 '봄 도다리쑥국'은 조금 의외였다. 이 말을 듣고 처음 든 생각은 "맛있는 조합일까?"였다.

서울과 수도권에선 생선탕이라 하면 매운탕으로 많이 해먹지만 남쪽 바닷가에서는 맑은탕이 기본이다. 생선은 어떤 것이든 가리지 않는다. 싱싱한 생선을 토막 내 무나 파를 넣고 맑게 끓인다. 시원한 맛으로 먹는 국이다. 미역국도 이렇게 끓인다. 냄비에 참기름과 집간장 붓고 불을 올린 다음 광어나 도미따위의 생선토막을 넣고 다글다글 익힌 다음 미역을 마저 넣어다시 다글다글 지지고 육수를 부어 끓인다. 이런 맑은탕에 쑥을넣을 수도 있다. 쑥이 들었으니 된장을 조금 풀어도 된다. 그 정도의 변형은 수없이 많다.

봄만 되면 하도 도다리쑥국 도다리쑥국 하니 통영과 서울에서 여러 차례 맛을 보았다. 도다리가 약간의 감칠맛을 더하기는 하지만 생선탕으로서는 살의 맛이 약하다. 쑥이야 워낙 향이 도드라지는 나물이니 쑥만으로도 맛있다. 달면서 쓴, 기묘한 쑥과 어울리지 않을 것이 있겠는가. 어떤 부재료를 넣든 쑥국은 따뜻한 흰밥과 천상의 궁합을 이룬다. 굳이 다른 찬을 내겠다면 지난겨울에 담가둔 무짠지 정도면 족하다. 처음엔 밥과 국을 따로 먹다가 밥이 식을 즈음에 쑥국에 말아 훌훌훌 한입에 쑥향을 탁 털어 넣는 것이다. 이런 식으로 먹기에는 도다리쑥국이라도 그렇게 모자란 것은 아니다. 도다리가 들었든 말든 쑥국 그 자체만으로도 봄의 기운을 만끽할 수 있는 음식이라 할 수 있다.

어느 봄에 통영에 가서 또 도다리쑥국을 먹을 때였다. 기왕이면 도다리회도 한 접시 먹을까 싶어 주문을 하였다. 마침 옆자리에 있던 통영의 어르신들이 말을 붙이셨다. "도다리회는 아직 멀었어. 지금은 쑥국으로 먹고 조금 더 있다가 도다리가 기름이 올랐을 때에 회로 먹어야 해." 그때서야 통영에서 도다리쑥국을 즐기는 까닭을 알게 되었다. 아직 도다리가 맛을 올리지 못한 이른 봄에 먹는 게 도다리쑥국이다. 오히려 쑥이 맛있을 때에 먹는 게 도다리쑥국인 셈이다.

도다리는 1~2월에 산란을 하니 이른 봄이면 아직 그 몸에 맛을 채우지 못하였다. 늦봄이어야 맛있어진다. 그런데, 도다리는 이른 봄부터 많이 잡힌다. 마침 쑥이 맛있을 때이다. 쑥은 이른 봄에 갓 나왔을 때가 가장 맛있다. 통영이니 해풍을 맞으며 자란 쑥이다. 연하고 향이 깊다. 맛이 덜 찬 도다리에 맛있는 쑥이 만나 만들어낸 음식이 도다리쑥국이다. 그래서 봄이 깊어 쑥이 억세어지면 통영 사람들은 도다리쑥국 먹는 일을 멈춘다. 다음 차례는 도다리회이다. 도다리쑥국은 도다리가 아니라 쑥에 방점이 찍혀야 하는 음식임을 알게 되면서 도다리 제철보다는 쑥의 제철에 더 관심이 가게 되었고, 도다리쑥국을 먹을 때이면 도다리쑥국이 아니라 쑥도다리국이라 불러야 하는 것은 아닌가 엉뚱한 생각을 하기도 한다.

도루묵은 왜 도루묵이 되었나

1700년대 말 강원도 어느 바닷가에 미국의 함선이 좌초하였다. 미국 독립 기념의 물자를 싣고 프랑스로 향하던 배였다. 배에는 일본과 중국에 체류를 하여 한자에 밝은 선원이 있었다. 그 선원이 나서 바닷가 사람들과 의사소통을 하였다. 선원은 관아에 신고하지 않는 조건으로 프랑스로 가져갈 물자를 나누어주며 환심을 샀다. 바닷가 사람들은 그 물건들을 받고 관아에 신고를 하지 않았을 뿐 아니라 배를 고치는 일도 도왔다.

배가 고쳐질 동안 심심하였던 선원들은 모래밭에서 야구를 하였다. 이를 신기하게 보던 바닷가의 한 소년에게 미국인들이 야구를 가르치며 함께 놀았다. 그 소년의 이름은 '묵'이었다. 한자를 잘 아는 미국인 선원은 야구 용어를 한자로 번역하여 '묵'을 가르쳤다. 소년은 도루에 천부적인 소질을 보였다. 그래서 도루묵이란 별명을 얻었다.

어느 날 소년은 미국인 선원들 먹으라고 생선을 잔뜩 가져왔다. 부드러운 살에 알이 톡톡 터지는 맛있는 생선이었다. 미국인이 소년에게 생선의 이름을 물으니 모른다고 하였다. 이후 미국인들은 이 생선에 소년의 별명을 붙여 도루묵이라 불렀다. 얼마 후 미국 함선은 떠났고, 이 일화와 함께 도루묵은 동해안에서 유명한 생선이 되었다.

그럴 듯하게 들리는가? 내가 지어낸 이야기다. 도루묵 어원에 대한 허구가 사실인 듯 떠돌고 있다. 허구를 사실처럼 말하는 사람들에게 일종의 각성 작용을 하게끔 또 다른 허구를 만들어봤다. 다들 잘 알다시피 임진왜란 때 선조가 먹었던 생선에 대한 에피소드가 도루묵의 어원이라는 이야기가 있는데, 이는 허구다. 이야기는 다음과 같다. 선조가 임진왜란 중 피난길에 '묵'이라는 생선을 먹고 맛있어 '은어'라는 이름을 하사하였다. 난이 끝난 후 궁궐에 돌아갔는데 문득 피난 시절의 그 '은어'를 맛보고 싶었다. 그래서 그 '은어'를 올려라 하였는데, 선조 입에 예전 그 맛이 아니었다. 그래서 속이 상한 선조가 원래 이름으로 다시 부르라고, "도로 묵이라 부르라" 했다고, 그래서 '도루-묵'이 되었다는 것이다.

이 이야기가 사실일 리가 없다. 일단 선조는 동해 쪽으로 피난을 간 적이 없으니 동해의 생선인 도루묵을 먹었을 리가 없다. 허구의 순기능은 있다. 도루묵을 먹을 때에 이 얘기를 하면서 입맛을 돋울 수 있기 때문이다. 역기능도 있다. 도루묵의 진짜 어원이 숨겨진다. 도루묵은 돌에 붙어 산란을 하여 붙은 이름이다. 돌묵, 돌메기, 돌목어 등으로 불리기도 한다. 돌묵을 도루묵으로 강원도 사람들이 발음을 하면서 도루묵이 된 것이다.

도루묵, 즉 돌묵이라는 생선 이름은 도루묵의 생태를 알 수 있게 해줌과 동시에 도루묵이 강원도 해안 지방의 겨우내 '반식

도루묵과 양미리는 거의 같은 시기에 잡힌다. 굵은 소금을 뿌려서 구우면 맛있다. 도루묵은 알 맛이라고 하지만 시기가 지나면 플라스틱 씹는 느낌이 난다. 맛있는 도루묵 만나는 것이 쉽지 않다.

량'이었을 수 있음을 알게 해준다. 도루묵도 냉수성 어종이다. 여름에는 동해 깊은 바다에 서식을 하다가 겨울철 산란기에 이르면 연안으로 몰려들고, 이때에 잡는다. 요즘은 어선들이 그물로 잡지만 그런 배가 없었던 아주아주 옛날에도 도루묵은 쉽게 잡을 수 있었다. 산란을 시작한 놈들은 연안에 바짝 붙는데, 눈으로도 보인다. 뜰채로도 잡을 수 있다. 통발을 넣어놓으면 한두 시간 만에 가득 찬다.

　요즘이야 냉장 보관과 운송이 용이하여 싱싱한 도루묵을 먹지만 옛날에는 그러지 못하였다. 장독에 소금과 함께 차곡차곡 넣어 염장을 하였다. 몇 동이를 그렇게 하였다. 동해안 바닷가의 김장인 셈이다. 날씨가 추우니 젓갈로 발효되지는 않는다. 한겨울 눈이 팔팔 날릴 때 소금에 절인 도루묵을 꺼내 하룻밤 물에 담가 짠맛을 빼고는 김장김치 더하여 찌개를 끓였다. 이런식의 전통 도루묵찌개를 나는 강원도 토박이들에게서 말로만 들어봤지 맛본 적이 없다. 사라진 것이다.

성게 생식소 명칭에 대한 고찰

한반도 바다에서 잡히는 성게는 보라성게, 둥근성게, 말똥성게, 북쪽말똥성게 등이 있다. 동해에 특히 많이 살고 그중 둥근성게가 흔하다. 우리가 먹는 대부분이 둥근성게이다. 그런데 이를 둥근성게라 하는 이들은 적다. 대부분 보라성게라 한다. 보라성게와 구별하기 어렵기 때문이다. 두 성게 모두 보라색인 데다 생김새도 비슷하다. 자세히 보면 보라성게는 가시가 더 길다. 보라성게는 남해에서 자라고, 둥근성게는 동해에서 자란다고 기억해두면 쉽다. 맛 차이는 정확히 알 수 없으나 비슷하지 않을까 싶다. 동해에는 또 말똥성게와 북쪽말똥성게도 산다. 말똥성게는 얕은 바다에 살고 껍데기가 갈색에 약간 푸른색도 끼여 있으며, 북쪽말똥성게는 다소 깊은 바다에 살며 옅은 갈색을 띈다.

성게에서 우리가 먹는 부분은 생식소이다. 성게는 암수딴몸이며 따라서 이 생식소는 암수에 따라 각각 난소(알을 만드는 장소)와 정소(정자를 만드는 장소)로 나뉜다. 성게의 난소와 정소는 색깔만 약간 다를 뿐 같은 맛이다. 따라서 흔히 쓰는 '성게알'이란 말은 바른말이 아니다. 우리말로 적당한 이름이 아직 없다. 일식집에서는 흔히 우니라고 하는데 한자 표기로 雲丹운단이다. 한반도 바닷가 사람들도 흔히 우니, 운단, 은단 등으로 말하곤 한다. 일제강점기에 일본인의 영향을 받은 것이다.

우리 바다의 성게가 경제적 가치를 인정받은 것은 일제강점기였다. 성게 안에 있는 그 조그만 생식소로는 배를 불리지 못하니 조선에서는 눈길을 주지 않았다. 일본인은 달랐다. 고급 식재료로 여겼다. 식민지 동해 어민들에게 성게를 거두고 까서 생식소를 발라내게 하여 이를 일본으로 가져갔다. 그때에 일본인들이 우니, 우니 하니 그 말이 굳어졌다.

광복 후 동해의 성게 다듬는 어민들은 여전한데 소비처가 없었다. 한반도에서의 소비처가 필요하였다. 놀랍게도 신문광고까지 등장한다. '우니'라는 일본어를 올리기가 멋쩍으니 한자로 운단이라 하였다. 한일관계가 나아지자 성게의 생식소는 일본으로 넘겨졌다. 자본주의 사회에서 어떤 음식을 먹을 것인가는 돈이 결정한다.

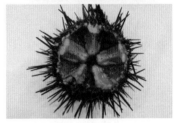

우리가 흔히 성게알이라고 부르지만 알은 아니다. 성게소라고 하면 어떨까 싶다.

성게는 주요 산지가 따로 있진 않고 동해 전역에서 잡힌다. 초여름에 들면 조그만 어항마다 성게소를 숟가락으로 파내고 있는 여자들을 볼 수 있다. 성게소는 바닷물에 살짝 헹구어 물을 뺀 후 가지런히 채반에 올려 중간 수집 상인에게 넘긴다. 수집 상인은 이를 다시 위판장에서 경매에 붙이거나 일본 수출업체에 보낸다. 예전 성게소는 거의가 일본으로 수출되었으나 요즘은 국내 수요가 많다. 횟집에서는 조그만 나무 상자 모양의 그

룻에 이 성게소를 낸다. 이를 성게알젓이라고도 부르는데 소금과 맛술 등을 넣고 숙성을 하기도 하지만 본격적인 발효로 보기는 어려우니 젓이라 하기는 어색하다.

성게의 생식소를 식품으로 이르는 우리말은 아직 없는 셈인데, '성게소'라는 단어를 만들어 써봄직하다. 만두소, 송편소처럼 "안을 채우고 있는 내용물"을 뜻하는 '-소'를 성게에 붙여보자는 것이다.

어리어리하여 어리굴젓인 것은 아니다

그냥 굴젓이라고 하면 될 것을 왜 어리굴젓이라고 할까. '어리'라는 접두어는 왜 붙었을까.

> 근세에 고추가 들어오면서 김치라는 위대한 창조를 했듯
> 이 굴젓에도 고춧가루를 배합시켜 그 맛을 어리하게 한 어
> 리굴젓을 창조해낸 것이다.

기자 이규태 씨가 한 말로 이규태 씨의 명망 덕에 이 말이 크게 번졌는데 잘못된 설명이다. 어리한 맛? 문맥으로 보아 고춧가루의 매운맛을 뜻하는 듯하다. 이럴 땐 쓰는 말은 '어리한 맛'이 아니라 '얼얼한 맛'이다. '어리하다'가 혹 '얼얼하다'의 방언이 아닐까 하지만 전국 어디에서든 맵다는 뜻으로 어리하다고 말하지 않는다. 고춧가루로 인해 혀끝이 아릿한 맛을 표현하자면 '어릿

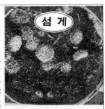

食品카르테 79　劉太鍾

단백질·비타민豊富
貧血症에 좋은食品

섬게

明川海岸雲丹

國民保健에朗報
超高級營養副食物
SEA URCHIN
海膽（雲丹우니）
瓶조림　逐販開　賣始
店募集　地方販賣

營養％比率表

韓國雲丹加工組合　代表者　高龍雨

성게는 일제강점기와 해방 이후에 운단, 우니 등으로 불리다가 1970년대에 섬게로 불리었다. 신문 기사에서 보듯 국내 소비량은 많지 않았다.

하다'라는 말을 쓸 수도 있다. '아릿하다'보다 느낌이 큰 말이다.
그러면 고춧가루를 섞어 혀끝이 어릿한 굴젓이므로 어릿굴젓이
라 이름이 붙었다가 'ㅅ'이 탈락하는 음운현상이 일어나 어리굴
젓이 되지 않았을까 상상해볼 수도 있겠다. 그러나 한글이 단어

어리굴젓은 자잘하고 단단한 굴로 담가야
맛있다. 간월도의 굴밭이 이같은 굴을 낸
다. 얼간의 굴젓이라 어리굴젓이다. 어리굴
젓 한 점에 밥 한 술. 밥도둑이다.

를 만들어내는 규칙에 동사나 형용
사의 어간만 떼어다 뒤의 명사에 붙
여 쓰는 일은 흔하지 않다. 그 동사
나 형용사에 관형격 어미가 붙거나
명사화해 뒤의 명사와 붙여 쓴다.

그러면 '어리'라는 말은 어디에
서 온 말일까. '덜된', '모자란'의 뜻
을 지닌 '얼'에서 온 말이다. 짜지 않
게 간을 하는 것을 얼간이라고 하
며, 얼간으로 담근 젓을 어리젓이
라 한다. 따라서 어리굴젓은 짜지
않게 담근 굴젓이란 뜻이다.

어리굴젓의 어원을 자세히 따져보는 건, 어리굴젓 맛의 비
결이 바로 얼간에 있기 때문이다. 젓갈을 담글 때 소금은 대체로
젓갈 재료와 같은 양이나 적어도 20% 이상 넣는다. 소금이 너
무 적으면 상하고 많으면 짜기 때문에 적당한 소금 배합이 젓갈
맛의 생명이다. 어리굴젓은 일반적인 젓갈보다 훨씬 소금을 적
게 넣는다. 짜지 않으니 굴향이 잘 산다. 그 굴의 향으로 먹는 젓

갈인 것이다.

어리굴젓 중에서 충남 서산 간월도 어리굴젓이 유명하다. 간월도 어리굴젓은 소금 함량이 7%이다. 보통의 굴은 조직이 연하기 때문에 이 정도의 소금을 넣으면 물러지나 간월도의 굴은 단단해 이 정도의 얼간으로도 굴의 원래 형태를 고스란히 간직한 채 발효된다. 간월도 굴이 단단한 것은 간월도의 자연 덕이다. 간월도의 굴밭은 조수간만의 차가 크고 그 거친 바다에서 버티자니 굴이 단단해졌다. 대신에 간월도 굴은 크게 자라지 못하고 잘다. 잔 것이 장점이다. 한 숟갈의 밥 위에 딱 한 점의 어리굴젓을 올려 먹을 수 있다. 너무 커서 굴을 잘라야 한다면, 그건 어리굴젓으로서의 가치를 잃은 것이다.

제2장

귀하였던
뭍것들

왜 개고기를
먹지 않나요

1997년 고군산군도의 무녀도에 취재 여행을 간 적이 있다. 지금은 새만금간척사업으로 뭍과 가까운 섬이지만 당시만 해도 참 먼 섬이었다. 민박집에서 저녁을 먹는데 고기가 몇 점 들어 있는 김치찌개가 나왔다. 아주머니가 먼발치에서 이렇게 말하였다. "개고기는 혀지? 안 혀면 내놓고." 김치찌개에 든 것은 개고기였다.

무녀도는 논밭이 적다. 소, 돼지, 닭을 키울 만한 형편이 안 됐다. 그래도 고기를 먹고 싶다는 욕구는 어쩌지 못한다. 무녀도 사람들이 선택한 것은 개였다. 무녀도에서는 집집이 개를 키웠다. 먹이를 잘 챙겨주지는 않았다. 개들은 섬을 돌아다니며

갯바위에 숨은 게 같은 바닷것을 잡아먹었다. 무녀도 사람들이 일상에서 말하는 "고기"는 개고기를 뜻했다.

두어 해 후 백령도에 가게 됐다. 백령도 농협 직원이 뭍에서 귀한 손님이 왔다고 귀한 음식을 준비했다고 했다. 나는 맛있는 생선회를 먹을 줄 알았는데, 아니었다. 개고기였다. "백령도 개는 약개입니다. 섬을 돌아다니며 좋은 거 많이 먹어서 맛있어요." 개고기무침과 탕을 먹으며 백령도의 사정을 들었는데, 무녀도와 크게 다르지 않았다. 소, 돼지, 닭은 치기가 어려우니 개고기로 고기 음식을 해 먹었다.

무녀도와 백령도의 일을 한반도로 확장하여 생각하면 한민족의 개고기 식용 역사를 쉽게 이해할 수가 있다. 소, 돼지, 닭을 먹기 힘드니 개고기를 먹을 수밖에 없었던 우리 조상들의 삶을 이해할 수 있게 된다. 어릴 때 나는 개고기를 먹는 어른들을 이해할 수 없었다. 집에서 스피츠, 진돗개, 도사견 등을 키워서 개는 내 친구였기 때문이다. 직장생활을 하면서 개고기를 처음 먹었다. 복날에 전체 직원이 교외 농원으로 회식을 갔는데 그때 처음으로 개고기를 먹었다. 남자이면 개고기를 먹을 줄 알아야 하지 않겠냐는 강박 같은 게 있었다. 이후에도 가끔씩 개고기를 먹었다. 스스로 찾아 먹진 않았는데 누군가 개고기를 먹으러 가자고 하면 마다하지 않았다. 최근 10년 사이에 개고기를 먹은 적은 없다. 주변에서 먹자는 사람이 없으니 안 먹게 된 것이다. 시절이 확 바뀌었다.

한국에서 개고기 식용은 '미개'를 뜻한다. 정부가 이 일에 적극적으로 동조하였다. 개고기, 개장국, 구장 등의 말을 쓰지 못하게 하였다. 대신에 등장한 것이 보신탕과 사철탕이었다. 길가에는 개고기집을 두지도 못하게 하였다. 아시안 게임이나 올림픽 등 국제적 행사가 있을 때이면 개고기 논란이 항시 발생하였다. 부끄럽고 창피하니 이를 금지시켜야 한다는 주장이 거세었다.

2010년대 이후 개고기 식용은 자취를 감추는 추세다. 개고기 식용 금지 주장에 일리가 있어 이렇게 된 것은 아니다. 반려견이 늘면서 개는 식용으로 하기에는 적합하지 않다는 인식이 크게 번진 것일 뿐이다. 개고기 외에도 고기가 넉넉하게 주어지는데 굳이 친구 같은 개를 잡아먹을 필요가 없다는 생각이 확산되고 있는 것이다. 그럼에도 여름이면 반드시 개고기 논쟁이 등장한다. 많은 언론이 내가 이 논쟁에 끼이기를 바라고 섭외 문의를 한다. 개고기 식용이 문화니 야만이니 하는 논쟁이다. 이 논쟁 자체가 얼마나 허황한가 하는 점만 말을 하고 직접적으로 논쟁에 참여하지는 않는다. 이유는, 개고기에 대해 어떤 식으로 말하든 그 반대편 사람들이 감정적으로 대응하기 때문이다. 겨우 '욕설 싸움'에 끼일 필요는 없다는 게 내 판단이다.

논쟁에 끼이지 않아도 내 머리는 늘 개고기를 주제로 하는 사색의 길을 걷고 있었다. 내게도 정리할 무엇이 있었던 것인데, "왜 우리는 개고기를 먹지?"라는 것이 화두였다. 그러던 어느 날 입장을 바꿔보았다. "왜 그들은 개고기를 안 먹지?"라는 질문으로 뒤집어 생각해보기 시작한 것이다. 생각하기 편하게 '그들'에 해당하는 인간으로 개고기를 먹지 않는 서구인을 상정하였다. 그렇게 하여 흥미로운 해답(?)을 얻었다. 대충 정리하면 이렇다.

인간은 수백만 년 동안 온갖 짐승과 물고기, 벌레 등을 먹고 살았다. 먹고 탈이 나거나 죽지 않으면 무엇이든 먹었다. 그러다 어느 특별한 지점에서 특정한 환경에 놓인 인간들이 몇몇 짐승과 물고기, 벌레 따위를 먹는 것을 금기시하기 시작하였다. 먹어도 탈이 나거나 죽지 않는 것이 분명한데 이를 먹지 않게 됐단 건 무척 흥미로운 일이다. 풀어 말하면, 탈이 나거나 죽지 않는 온갖 짐승과 물고기, 벌레 따위를 먹는 것은 인간이라는 동물의 생리상 지극히 정상적인 일이라 할 수 있고, 오히려 특정 짐승과 물고기, 벌레 따위의 식용을 금지한 일은 인문학적 관심의 대상이다. 한국에서 개고기 식용에 대해 논란이 이는 것 자체가 개고기 식용을 비정상으로 상정하고 있는 사람들의 시각을 반영한 것이라 할 수 있는데, 오히려 그 역의 설정이 보다 바른 인문학적 접근을 가능하게 할 것이다. 개고기를 먹는 우리들에게 "왜 개고기를 먹나요?" 하고 질문을 할 것이 아니라 '그들'에게 "왜 개고기를 먹지 않나요?" 하고 질문하는 편이 이 문제에 보다 논리적으로 접근할 수 있을 것이다.

언론계 종사자분들에게 부탁할 것이 있다. 해마다 여름이면 또 개고기 식용 논란을 다룰 것이 빤하다. 그때에는 입장 바꾸기를 시도해보시라. 한국인이 프랑스에 가서 그들의 개고기 식용 금기 문화를 취재하는 것이다. 프랑스의 여러 문화인사와 시민들에게 카메라를 들이대고 이렇게 물으면 좋겠다. "왜 개고기를 안 먹나요?" "프랑스인은 언제부터 개고기를 안 먹게 되었을까요?" "왜 개고기를 안 먹게 되었을까요?" "앞으로도 계속 개고기를 안 먹을 것인가요?" 그럴 자신 없으면 우리에게도 "왜 개고기를 먹나요?" 하고 묻지 마시라. 그 물음 자체가 야만적이다.

먹을 것 없던 날의
보리

보리를 흔히 한자로 맥麥이라 이르는데 고려시대부터 보리를 대맥大麥, 밀을 소맥小麥이라 분류하였다. 보리와 밀의 전파 경로, 재배 시기, 모양새 등이 비슷하여 이런 분류가 생겼을 것이다.

보리는 대체로 가을에 벼를 거두고 난 다음 그 땅에 파종을 하여 이듬해 초여름에 수확한다. 이 재배 시기는 밀과 같다. 보리 대신 밀을 심을 수도 있는 것이다. 그런데 한반도의 조상들은 밀보다 보리를 더 많이 심었다. 보리는 기장, 조, 콩, 쌀과 함께 오곡에 들지만 밀은 여기서 빠진다. 그 까닭은, 한반도 사람들이 빵이 아니라 밥을 주식으로 삼았기 때문이다. 밥은 알곡 그

보리는 인류가 농경문화를 열면서 재배하기 시작한 작물이다. 야생종 보리를
채집해서 먹다가 그 씨앗이 떨어져 싹이 돋고 알곡을 맺는 것을 보고 재배를 시
도하였을 것이다. 한반도에서도 먼 선사시대 유적에서 보리의 흔적이 발견된
다. 학자들은 보리의 기원지를 중앙아시아 일대로 보고 있으므로 중국 대륙을
거쳐 한반도에 전파되었을 것이다.

자체를 삶거나 쪄서 먹는 음식인데, 알곡으로 밥을 해 먹기에 밀보다 보리가 여러 모로 편하였다. 보리는 세계 여러 지역에서 재배를 하는데 한반도에서처럼 밥을 지어 먹는 경우는 드물다. 한국인과 음식 습관이 비슷한 일본에서도 보리밥을 발견하기가 쉽지 않다.

우리 밀 살리기 운동이 진행되고 있다. 한반도 음식 역사에서 밀과 보리의 중요도를 비교하면 '살리기 운동'의 대상은 보리가 되는 게 맞았을 것이다. 1970년대 이후 한반도에서 쌀 자급의 역사가 열리자 대체 알곡인 보리의 재배 면적이 급격히 줄어들었는데, 한반도의 주식이 밥에서 빵으로 바뀔 것이 아니면 밥맛의 다양화를 위해서라도 보리를 살릴 필요가 있다. 보리는 겨울에 자라므로 병충해가 붙지 않아 농약에 안전하고, 쌀에 부족한 여러 영양성분을 보충해줄 수 있는 식품이다. 또 쌀과 함께 밥을 하면 다소 밋밋한 밥맛에 강조점을 둘 수 있다. 더더욱, 제분을 하여 빵을 만들 수 있으며, 보리빵은 밀빵에 비해 맛도 모자람이 없다. 보리국수도 가능하다.

보리는 크게 겉보리와 쌀보리로 나뉜다. 껍질이 종실에 달라붙어 분리되지 않는 것을 겉보리, 껍질이 종실에서 쉽게 분리되는 것을 쌀보리라고 한다. 또, 보리는 아밀로스 함량에 따라 찰기가 달라지는데 찰기가 많은 보리는 찰보리, 찰기가 적은 보리는 메보리라 한다. 그런데 겉보리에도 찰보리와 메보리가 있으며, 쌀보리에도 찰보리와 메보리가 있다. 보통 쌀에 섞어서 밥을 하는 보리는 찰보리인데 찰겉보리와 찰쌀보리 이 두 종류의 보리라고 보면 된다. 시중에서는 찰겉보리는 그냥 찰보리라 하고 찰쌀보리는 그 이름대로 찰쌀보리라고 부른다. 최근에 흰 찰쌀보리라는 품종이 인기이다. 이름에 '흰-'이라 붙어 있지만 약간 노란색을 띈다. 그래서 일부 지역에서는 노랑찰보리, 노랑 보리라고도 한다.

보리는 찰보리 계통의 것이 재배 면적의 70~80%를 차지한다. 메보리는 보리차 같은 가공용으로 일부 재배되고 맥주 가공용의 맥주보리도 남부 지역에서 재배되고 있다. 찰보리는 밥에 섞어 먹는 용도 외에도 최근에는 보리빵 용으로도 수요가 커지고 있다. 메보리로는 보리부침개, 보리국수 등의 음식이 가능하다. 일본에서는 보리국수가 오래전부터 지역의 전통음식으로 자리 잡고 있다.

아껴아껴 먹었던 보리개떡

나는 1962년생이다. 5,000년 한민족 역사에서 처음으로 절대적 궁핍의 시대를 막 벗어나려는 딱 그 시점에 나는 태어났다. 그래서 어린 시절 보리밥을 꽤나 먹었다. 보통은 어린 시절 먹었던 음식의 경우 기호도가 강하기 마련인데 보리밥은 그렇지 않다. 가난을 상징하는 음식이라는 이미지도 있겠지만 미끌미끌하고 거칠거칠한 촉감이 무엇보다도 싫었다. 그런데, 사람이란 참 묘하다. 요즘은 보리밥이 당긴다. 그 까끌거리는 촉감조차 좋다.

할머니, 할아버지들이 유독 보리밥을 즐기는 것을 보면, 나도 나이를 먹고 있는 게 분명하다.

> 그만큼 행복한 날이
> 다시는 없으리
> 싸리빗자루 둘러메고
> 살금살금 잠자리 쫓다가
> 얼굴이 발갛게 익어 들어오던 날
> 여기저기 찾아보아도
> 먹을 것 없던 날
>
> 　　　　　　　- 《하늘밥도둑》, 심호택, 창비

이 시의 제목은 '그만큼 행복한 날이'로 1992년에 나온 심호택의 시집 《하늘밥도둑》에 실려 있다. 그때 이 시집을 받아들고 읽다가 필이 팍 꽂혀 인터뷰를 핑계로 그를 만났었다. 광화문 한복판의 어느 카페에 앉아 서로 배고팠던 시절을 '자랑'하였다. 우리 동네에서는 이걸 먹었니 저걸 먹었니 하는 식이었다. 그는 1947년생이니 나보다 10여 년 앞서 살았는데, 시에 나오는 '행복한 그날'이 내게도 친숙했다. 전쟁 후 빈곤의 시대를 심호택은 오롯이 살았고 나는 그 빈곤의 마지막 시기를 잠시 겪었던 것이다.

심호택 시인 앞에서 나는 그의 시를 읽으며 여름날의 내 고향집 마당을 떠올렸다고 말했었다. 여름이었고, 나는 바닷가에서 실컷 놀았을 터였다. 심호택처럼 얼굴이 발갛게 익어 들어왔을 것이다. 신나게 놀았으니 배가 고팠고 여기저기 먹을 것을 찾아다닌 것도 똑같았다. 다음의 내 기억은 심호택의 시와 다른데, 내게는 보리개떡이 있었다. 학교 들어가기도 전이었던 그때의 그 어린 기억이 이 시로 인하여 어찌 그리 선명하게 떠오르는지 뒷골이 섬뜩하였다고 시인에게 고백하였다. 내 나이 즈음인 독자들이면 다들 보리개떡에 관한 추억이 있을 것이다. 여름날 오후 부엌문이나 창에 걸린 보리밥 소쿠리에서 발견하는 보리개떡 말이다. 이런 추억들일 것이다.

잠자리 나는 여름, 해가 서쪽으로 슬쩍 기울 즈음, 점심에 먹은 보리밥은 방귀 몇 번으로 다 소화되고 배속에선 꼴꼴꼴 물 흐르는 소리가 들린다. 식구들은 논일 밭일 나가 집이 텅 비었다. 대청에 앉아 먹을거리가 있을 만한 장소를 생각해본다. 가을이 아직 멀었으니 광에 가보았자 배고픈 쥐나 볼 것이다. 부엌을 탐색하러 나선다. 가마솥도 열어보고 찬장도 뒤적인다. 마침내 부엌문 높은 곳에 매달린 보리밥 소쿠리를 발견한다. 저 속에 보리밥 외에 무엇이 있을 거란 예감이 든다. 한데, 손이 닿질 않는다. 양동이를 엎어 그걸 밟고 선다. 소쿠리 뚜껑을 열어 손을 넣으면 동그란 보리개떡이 잡힌다. 세어본다. 둘, 셋…. 형의 노여움과 동생의 징징거림이 눈앞을 스친다. 하나 이상 꺼내지 못한다. 대청에 앉아 보리개떡을 먹는다. 가장자리부터 둥글게 돌려가며 야금야금 아껴아껴 먹는다.

심호택 시인은 2010년에 교통사고로 돌아가셨다. 시는 남고 내 추억도 남았다. 먹을 것 없던 그 시절을 행복한 나날로 추억하게 해준 시인을 나는 늘 그린다. 시장이나 떡집에서 보리개떡만 보면 심호택 시인을 떠올리고, 그래서 그 보리개떡을 산다. 입맛이 변하여 몇 입 먹지도 못하면서도, 버리는 한이 있어도, 일단은 산다. 먹을 것이 없어 행복하였던 날들의 보리개떡이지 않은가.

보리밥을 맛있게 먹는 법이 따로 있다

보리밥은 쌀밥 먹듯이 밥 먹고 반찬 먹고 하는 식으로 먹으면 그 특유의 촉감과 냄새 때문에 반 공기도 먹기 어렵다. 보리밥은 비벼야 한다. 무조건 비벼야 한다. 고추장도 좋고 강된장이나 청국장도 좋다. 여기에 여러 나물들을 섞을 수 있는데 나물 가짓수가 많을수록 더 맛있어지는 것은 아니다. 잘 익은 열무김치나 콩나물, 고사리 등 기본적인 나물만 있어도 충분히 맛이 난다. 또 하나 빠지지 말아야 할 것이 참기름이다.

햅쌀이 맛있듯 보리도 햇보리가 맛있다. 보리맛이 그게 그것일 것 같지만 햇것과 묵은 것은 맛이 아주 다르다. 햇보리에는 신선한 곡물이 풍기는 구수한 향이 있다. 묵으면 퀴퀴한 냄새를 풍긴다. 이건 정말 맛이 없다. 보리를 거두고 바로 장마와 더위가 이어지니 신선한 보리로 버티는 시간이 길지 않다. 보리밥 제대로 먹자면 여름이 제격이다.

보리밥이 비벼졌으면 한 숟갈 크게 떠서 입 안에 가득 채워 씹어야 한다. 우걱우걱. 눈물이 찔끔 날 정도로. 미끌하고 거친 촉감은 나물로 인해 감춰지고 특유의 냄새는 고추장이나 된장, 청국장 또는 참기름 향에 묻혀 구수한 맛으로 입 안을 가득 메우게 된다. 입 안의 보리밥을 다 넘겼으면 쉬지 말고 곧장 다시 한 숟갈 밀어 넣어 중간에 쉬는 틈이 없어야 한다. 입 안에서 쉼 없이 벌어지는 맛의 충돌을 즐기는 것이다. 마지막으로 시원한 숭늉 한 사발 들이키면서 빵빵해진 배를 확인하는 재미, 이게 보리밥의 진짜 맛이다.

보리의 거친 질감을 싫어하는 사람들이 많다. 그러면 찰쌀보리를 섞어 밥을 지으면 된다. 보리가 들었나 싶을 정도로 부드럽고 찰기가 있다. 그러나 보리 특유의 구수한 맛은 기대하기 어렵다. 그 옛날 구수한 보리밥을 먹으려면 겉보리로 밥을 지어야 한다. 약간 미끄덩하고 거칠게 느껴져도 곡물의 향은 확실히 강하다. 그 시절의 보리차를 마시려 하더라도 이 겉보리를 써야 한다.

1980년대 이후 출생자들은 보리밥 맛을 잘 모른다. 쌀밥만 먹고 자란 탓이다. 그래서 집에서 보리밥을 해 먹자고 하면 이들의 반대가 심하여 세대 갈등만 키운다. 어쩔 수 없다. 보리밥 세대가 이 정도는 양보해줘야 한다. 따가운 햇살이나 소나기가 '와아' 쏟아지는 초여름 날 교외로 나가 보리밥 한 그릇 뚝딱 해치우고는 '이만큼 행복한 날이 다시는 없지' 하며 불뚝 나온 배를 툭툭 치며, 돌아오는 길에 보리개떡도 한 봉지 사 온다면 사치를 부리는 걸까.

남미에서 온
옥수수의 변신

옥수수는 남아메리카의 작물이다. 유럽인의 이른바 신대륙 발견 이후 전 세계로 번졌다. 우리 땅에는 조선시대 때 전래되었는데 중국을 통해 들어왔다. 남아메리카의 고산지대 작물이어서인지 한반도의 북녘에서 주로 키웠다. 지대가 높은 선선한 땅에서 잘 자라고, 강원도 옥수수가 유명한 이유이다.

옥수수는 단위면적당 생산량이 높다. 땅에 거름기가 적어도 잘 자라는 편이다. 한반도 북쪽의 거친 땅에 키우기 적합한 작물인 것이다. 그렇게 하여 옥수수는 급격하게 재배 면적을 넓혀나갔다. 그런데, 옥수수를 어떻게 먹느냐가 숙제로 남게 되었다. 풋옥수일 때에는 그냥 쪄서 먹어도 되지만 다 익으면 그렇게 먹을 수가 없다.

원산지인 남아메리카의 경우 딱딱한 옥수수를 갈아서 반죽을 만든 다음에 구웠다. 수프를 쑤기도 하였다. 옥수수 유입 초기에 조선인들은 그런 방식의 조리법이 있다는 것을 몰랐을 것이며, 또 알았다 하여도 조선의 음식 관습과 맞지 않아 받아들이지 못하였을 것이다.

한반도 최초의 옥수수 음식은 아마 옥수수밥이었을 것이다. 우리는 어떤 곡식이든 밥을 지어 먹었고 여기에 반찬과 국을 곁들였다. 다 익은 옥수수 알갱이의 껍질을 벗겨 밥을 지으면, 식으면 많이 딱딱해지기는 하나 먹을 만하다. 이 밥을 옥밥이라 했고 밥을 지어 먹을 수 있도록 껍질을 벗긴 옥수수 알맹이를 옥쌀이라 하였다. 쌀이 넉넉해지면서 옥밥이 사라졌는데 북한에서는 아직까지 끼니로 먹는다고 한다.

옥수수죽도 옥밥만큼 흔했을 것이다. 말린 옥수수 알갱이를 맷돌에 갈아 가마솥에 넣고 나물을 더하고 된장으로 간을 하여 먹는 음식이다. 나이 많이 드신 강원도 토박이분들 중에는 옥수수죽을 기억하는 분들이 많다. 특히 춘궁기에 이 옥수수죽을 많이 먹었다고 한다. 20여 년 전에 강원도 산골 화전민의 집에서 먹어본 적이 있는데, 맛이 기묘하였다. 죽에서 여물 냄새가 났다.

밥과 죽 다음으로 주로 해서 먹었던 음식이 국수다. 옥수수

국수는 밥이나 죽에 비해 손이 많이 간다. 그러니 특별한 날에나 먹을 수 있었다. 밥과 죽은 일상식이었고 국수는 별식이었던 것이다. 별식이니 지금까지 재래시장에서 팔리는 게 아닌가 싶은데, 하여간 옥수수로 한 음식 중에는 밥이나 죽보다 국수 쪽이 맛에서 우등하다.

올챙이도 아니고 국수도 아니고

강원도 재래시장에 가면 간혹 올챙이국수 간판을 볼 수 있다. 크면 개구리가 되는 올챙이로 만드는 국수를 말하는 건 아니다. 옥수수로 만든 국수다. 우선 옥수수를 맷돌에 갈아 가루를 내고, 여기에 물을 더하여 가마솥에서 대여섯 시간 고아 '죽'을 만든다. 그리고 이를 체에 밭아 내린 국수이다. 점성이 부족한 죽은 체에서 뚝뚝 끊어지며 빠져나오는데 그 모양이 올챙이 같다 하여 올챙이국수라 한다.

올챙이란 이름은 그렇다 치고 '이걸 국수라 할 수 있는가' 의문을 가져볼 필요가 있다. 국수란 밀, 메밀 등의 곡물 가루로 반죽을 하여 늘이거나, 평평하게 만들어 썰거나, 틀에다 넣고 눌러 뽑는다. 더운 물에 반죽을 하는 경우는 있어도 올챙이국수처럼 솥에서 푹 끓여서 '죽'을 만드는 일은 없다. 전분질의 곡물 가루를 솥에서 푹 끓인 후 식혀 만드는 식품은 묵이다. 도토리묵, 청포묵, 메밀묵 등을 다 이렇게 만든다. 올챙이국수는 체에 흘려 내려 국수발 비슷하게 만든다 하여도 제조법을 보면 묵에 가깝다. 그래서 가끔은 올챙이묵이라 적힌 간판을 볼 때도 있다.

그렇다고 올챙이국수를 올챙이묵이나 옥수수묵으로 불러야 한다고 고집할 필요는 없다. 그 제조법이 어떻든 곡물로 가늘고 길게 뽑아 먹는 음식을 두고 두루 국수라고 부르는 관습을 지구인들이 가지고 있기 때문이다. 쌀국수도 묵 제조법의 국수이다. 여기에 올챙이국수의 제조법과 그 이름의 편차를 밝혀두는 것은 올챙이국수를 먹을 때에 이 말을 함으로써 올챙이국수가 더 맛있어지길 바라는 마음에서이다. 말이 맛을 만든다.

옥수수 음식 중에 국수가 밥이나 죽보다 맛있다곤 하나, 면만으로는 향도 없고 밋밋하다. 그래서 갖은양념에 비벼 먹는다. 비빔 양념을 보면 도토리묵 양념과 비슷하다. 국수 모양의 묵이니 양념도 잘 어울리는 것이다. 그렇다고 옥수수 국수만의 매력이 아예 없는 것은 아니다. 미끈한 겉면이 입술을 기분 좋게 자극한다. 짧은 국수발이 입 안을 휘저으면서 내는 촉감은 여느 국수에서 얻지 못하는 것이다. 이 촉감을 최대한 즐기려고 올챙이국수를 입 안에 머금고 혀로 놀리면 된다.

근래에 올챙이국수 모양에 변화가 생겼다. 굵은 우동 면발처럼 길게 뽑아낸다. 체에 내리는 것이 아니라 제면기에 넣고 눌러서 뽑는다. 그렇다고 맛이 '올챙이 시절'보다 나아진 것은 아니다. 모양만 바뀌었을 뿐이다. 올챙이도 아니니 이건 진짜로 옥수수국수라 불러야 한다. 아, 아니다. '국수 모양 옥수수묵'이라 해야 하나 어쩌나.

여하튼 올챙이국수에 쓰이는 옥수수는 노란색의 메옥수수인데 찰옥수수로 하면 너무 퍼져서 국수가 되지 않아서다. 올챙이국수 식당 주인도 그렇고 옥수수 시험장의 연구원들도 찰옥수수로는 올챙이국수가 안 되는 이유를 정확하게 설명하지 못하고 있다. 그렇다고 아쉬워할 것은 없다. 찰옥수수는 그냥 쪄서 먹는 게 더 맛있으니까.

우리는
도토리도 먹는다

지중해 지역을 여행할 때였다. 곳곳에 도토리나무가 있었고 땅
바닥에 지천으로 도토리가 깔려 있었다. 나는 왜 사람들이 도토
리를 안 주워 가는지 물었다. 도토리를 안 먹는단다. 세상에, 돼
지나 먹는단다. 세상에! 그 자리에서 인터넷으로 검색해보니 도
토리를 먹는 지역이 세계적으로 한반도와 일본 일부 지역밖에
없었다. 근래에는 중국에서 건강식으로 도토리를 먹는다는 보도
가 있었다. 세세하게 찾으면 도토리 식용 지역이 더 나타날 수 있
을 것이다. 그러나 한국처럼 도토리를 일상에서 흔히 먹는 지역
은 없다. 그들이 도토리묵 맛을 모르는 것에 대한 안타까움은 잠

시였고 우리 땅이 참 척박한 것이 맞구나 싶어 우울하였다.

도토리묵은 등산길 옆 주점에서 가장 많이 팔리는 음식이다. 시골스런 식당에서 차려 내는 밥상에도, 도심의 막걸릿집에도 도토리묵은 반드시 있다. 한국인이 도토리묵에 강한 향수를 느끼고 있다는 증거다. 도토리묵을 먹을 때면 그 자리에 있는 모든 사람들이 도토리묵에 대해 한마디씩 한다. 나이가 쉰 이상이고 농촌에서 살았으면, 산에서 도토리를 직접 주워온 도토리로 할머니나 어머니가 쑤어준 '수제' 도토리묵을 먹어봤을 가능성이 매우 높다. 대체로 이들이 대화를 주도한다. 그런데 도토리묵 맛에 대한 기억은 다들 제각각이다. "씁쓸한 맛이 나는 게, 옛날에 먹던 그 도토리묵이 아니야. 도토리묵은 구수해야 하는데." "아냐. 도토리묵은 원래 씁쓰레한 맛이 있어." 도토리묵의 조직감까지 따지고 드는 이가 있으면 토론은 더욱 복잡해진다. 무엇이 진짜 도토리묵인지 답을 찾을 길이 없다. 여기에 도토리묵을 직접 쑤었다고 주장하는 식당 주인까지 나서면 그 자리는 거의 '100분 토론' 수준이 되어버린다.

도토리는 상수리나무, 졸참나무, 떡갈나무, 갈참나무, 너도밤나무 등의 열매 모두를 이르는 말이다. 이 열매들이 다 도토리묵의 재료다. 도토리는 나무마다 맛이 다 다르다. 가령 상수리나무의 도토리로 묵을 쑤면 쓰고 떫기만 할 뿐 구수한 맛은 미미하다. 졸참나무의 도토리는 속껍질을 까고 그냥 먹어도 될 만큼 달아 졸참나무 도토리로 묵을 쑤면 쓰고 떫은맛이 적고 달고

상수리나무, 졸참나무, 떡갈나무, 갈참나무, 너도밤나무 등의 열매 모두 도토리라 이른다. 나무마다 도토리 맛이 다 다르다. 상수리나무 도토리는 떫기만 할 뿐 구수한 맛은 미미하고 졸참나무 도토리는 속껍질을 까고 그냥 먹어도 될 만큼 달아 묵을 쑤면 달고 구수하다. 한반도 어디서도 잘 자라는 도토리나무는 흉년에 목숨을 버티게 해주는 귀한 식량이었다.

구수한 맛이 난다. 이런 식으로 각각의 도토리마다 각각의 맛이 난다. 도토리묵 토론에서 진짜 도토리묵 맛에 대한 주장이 제각각인 까닭은 여기에 있다. 그들의 고향 뒷산에는 여러 도토리나무 군락이 있었을 것인데, 수종에 따라 각기 다른 도토리묵을 먹고 자라 도토리묵 맛에 대한 기준이 다른 것이다.

도토리나무는 한반도 어디서든 자란다. 도토리는 다람쥐, 멧돼지 등 산짐승뿐만 아니라 사람에게도 귀중한 음식이었다. 농경시대 이전 오랜 옛날부터 우리 조상들은 이 도토리를 먹었다. 요즘처럼 기호음식으로 먹었던 것은 아니다. 식량이었다. 그것도 흉년에 목숨을 버티게 해주는 귀한 식량이었다.

고려 말 윤여형이 지은 '상률가橡栗家'라는 시가가 있다. 상橡은 도토리나무고 률栗은 밤나무다. 윤여형이 말하는 상률은 도토리나무와 밤나무, 또는 도토리와 밤이 아니다. '도토리밤'이다. 도토리를 밤처럼 여겨 붙인 이름이다. 함경도 사투리에 도톨밤이란 말이 있는데, 상률은 도톨밤으로 번역하는 것이 적당해 보인다. '상률가' 앞부분을 옮긴다.

도톨밤 도톨밤 밤이 밤 아니거늘 / 누가 도톨밤이라 이름 지었는고 / 맛은 씀바귀보다 쓰며 색은 숯보다 검으나 / 요기하는 데는 황정 못지않다 / 촌 늙은이 마른 밥 싸가지고 / 새벽에 수탉소리 들으며 주우러 가네 / 천길만길 높은 저 위태로운 산에 올라 / 가시넝쿨 휘어잡고 원숭이와 싸우면서 / 하루가 다 가도록 도토리를 줍건만 / 도토리는 광주리에 차지 않고 / 다리만 나무처럼 굳고 / 주린 창자가 소리쳐 운다...

윤여형이 살았던 굶주림의 시대는 1960년대까지 한반도에 남아 있었다. 산에 올라 도토리를 주워 와도 묵을 쑬 생각은 못하였다. 껍질 까고 물에 담가 떫은맛을 우려낸 후 밥을 지었다. 도토리밥이다. 도토리묵은 도토리를 갈아 비지를 빼고 전분만 내려 쑤므로 그 양이 퍽 주니 그 시대에는 호사로운 음식이었다. 그 야들한 식감의 도토리묵은 특별난 날에나 먹었다.

요즘은 산에 올라 도토리를 주울 수 없다. 국립공원에서는 도토리를 줍지 못하게 법으로 금지하고 있고, 그 외 지역에서도 도토리를 주우면 눈총을 받는다. 다람쥐의 식량을 빼앗는 야박한 인간으로 취급받기 때문이다. 우리가 먹는 도토리묵은 대부분 중국에서 가져온 도토리 또는 도토리 전분으로 쑨 것이다. 그러니 주점에서 도토리묵 한 사발 놓고 벌이는 고향의 도토리묵 맛 타령, 어머니 도토리묵 맛 타령은 허망한 일이 되고 말았다.

나무의 순도
먹는다

화살나무, 조팝나무, 싸리나무, 오이순나무, 참죽나무, 두릅나무, 음나무, 옻나무, 뽕나무. 어린 순을 먹을 수 있는 나무들을 기억나는 대로 대충 적은 것이다. 실제로 먹을 수 있는 나무순은 훨씬 더 많을 것이다. 이 나무들은 먼먼 산속에 있지 않다. 대부분 생활하는 공간에 있다는 것이 특징이다. 먹을 것 없는 봄이 오면 담장의 나무에서, 대문의 나무에서, 앞마당의 나무에서 새순을 뜯어서 먹었다. 1970년대 이후 먹을 것이 풍부해지면서 나무순은 거의 먹지 않게 되었는데, 그래도 꾸준히 먹고 있는 두 종류의 나무순을 여기에 기록해둔다.

울타리 가시나무의 순

두릅은 두릅나무의 새순이다. 두릅나무는 한반도의 산야에서 흔히 자라는 나무이다. 옛날에는 생활공간 주변에 두릅나무가 많았다. 집 둘레에 울타리 삼아 심었다. 가시가 있으니 도둑을 막기에 적당하다. 두릅나무처럼 가시가 있는 음나무와 오갈피나무도 심었다. 음나무는 가시가 특히 크고 단단한데 그 때문인지 이 나무가 잡귀를 쫓아낸다고 믿었다. 울타리로 쓰지 않더라도 집 앞에 음나무를 몇 그루 심어놓기도 하였다. 나무를 심기 어려우면 음나무 가지를 대문에 매달아두었다. 집 주변에 두릅나무, 음나무 등이 늘 있었으니 우리 조상들은 봄이면 두릅이나 개두릅을 으레 먹었다.

요즘은 시골에서도 생활공간 주변에서 두릅나무를 찾기가 쉽지 않다. 울타리를 시멘트로 바꾼 탓이다. 대문 앞에 으레 있던 두릅나무, 음나무, 오갈피나무도 보기 어렵다. 미신이라고 베었을 가능성이 있다. 크리스마스면 대문에 장식으로 다는 호랑가시나무는 멋스럽다 여기면서 왜 우리의 것은 눈에 차지 않는다고 여긴 것일까.

시골의 빈집에서 두릅나무를 흔히 본다. 울타리로 심어졌거나 마당에 있던 것인데, 주인을 잃어 순 따는 일이 없으니 키가 훤칠하고 곁가지도 무성하다. 여기에 가시가 돋아 있으니 기괴하다는 느낌을 준다. 시골 빈집의 두릅나무를 볼 때마다 가슴 한편이 싸해진다. 주인을 잃어가는 한국의 농촌을 닮았기 때문이다.

두릅나뭇과의 식물로는 두릅나무 외에 음나무, 오갈피나무, 인삼, 땅두릅, 땃두릅, 독활 등이 있다. 두릅나뭇과에 드는 식물들이 다 약재와 식용으로 귀하게 쓰인다는 점이 독특하다. 어린 순을 먹는 나무로는 두릅나무 외에 음나무, 오갈피나무, 땅두릅, 땃두릅, 독활이 있다. 음나무의 어린 순은 특히 개두릅이라 하여 그 독특한 맛으로 최근에 두릅만큼 인기를 끌고 있다.

재배 두릅이 일반화하면서 두릅과 땅두릅, 땃두릅, 독활이 혼동을 불러일으키고 있다. 이 네 종의 식물은 다 제각각의 식물이며 생태가 다르다. 우리가 흔히 먹는 것은 자연산이든 재배든 두릅이 대부분이다. 일부 땅두릅이 재배되고 있지만 땅에 묻혀 어린 순을 올리는 것이라 하여도 두릅이 대부분이다. 특히 자연 상태에서는 땅두릅, 땃두릅, 독활은 귀하다. 재배 두릅이 흔해지면서 자연 상태에서 자라는 두릅을 구별하기 위해 나무두릅 또는 참두릅이라고도 부른다.

두릅나무는 키가 3~4미터에 이른다. 햇볕이 드는 자리를 좋아한다. 또 물기가 많은 질흙을 싫어하고 얕은 토심의 마사토에서 잘 자란다. 그러니 숲이 울창한 곳에는 두릅나무가 없고 나무가 듬성듬성 있는 바위산에 두릅나무가 많다. 강원도의 산들이 대체로 이렇다. 산이 높지 않고 바위가 많으며 숲이 울창하지 않다. 두릅나무들이 자연 상태로 잘 자랄 수 있는 환경인 것이다. 강원도는 농가 주변에서도 아직까지 두릅나무를 흔히 볼 수 있다. 마당이며 텃밭 여기저기에 두릅나무가 심어져 있다. 산과 농가 주변의 두릅은 보통 할머니들이 따서 시장에 내놓는다. 봄날에 강원도 오일장에 가면 자연산 두릅을 살 수 있다. 재배 두릅도 강원도에 흔하다. 두릅 키우기에 적당한 환경이기 때문이다. 노지 재배 두릅은 자연산과 그리 다르지 않다. 개두릅도 그렇다.

두릅나무와 음나무의 새순은 가지의 끝에서 올라온다. 이 새순을 따면 나무가 위로 자라지 못하므로 자연스럽게 가지치기를 하는 셈이다. 가지 중간에서도 새순이 올라오는데 이것으로 나무는 그 생명을 유지한다. 그래도 나무는 해가 갈수록 키가 커지게 마련인데, 키가 너무 큰 나무는 새순을 따기 힘들므로 밑동에서 잘라버린다.

특히 두릅나무는 번식력이 좋아 주변에서 새 나무들이 줄기차게 올라오므로 키 큰 나무를 잘라도 쉬 군락을 이룬다. 빽빽하게 군락을 이룬 두릅나무 밭에서 두릅을 따기 위해서는 가시에 찔리거나 긁히는 것을 감수해야 한다. 쓰리지만 덧나는 일은 없다. 산뜻한 두릅의 맛을 생각한다면 가시 정도는 별것도 아니다.

두릅은 도톰하여 씹는 맛이 있다. 잘 데치면 달콤하다. 상큼한 피톤치드의 향에 달콤함이 겹치니 봄이 입 안에서 춤을 춘다. 개두릅은 도톰하지 않아 식감은 떨어진다. 대신에 쌉쓰레한 향이 기묘하다. 두릅 좀 먹어봤다는 사람들은 나중에는 이 개두릅에 빠진다. 두릅이든 개두릅이든, 여기에 딱 어울리는 음식은 돼지수육이다. 그리고 막걸리. 봄은 이것만으로 충분히 아름답다.

시집가면 참죽나무부터 심는다

남부지방에서는 여자가 시집을 가면 집 주변에 참죽나무부터 심는다는 말이 전한다. 찬거리 마련은 며느리 몫이었고 그 일을 덜기 위해서 참죽나무가 필요했던 것이다. 참죽나무는 봄에 어린잎을 따서 잘 저장하면 한 해 내내 반찬으로 먹을 수 있다. 일종의 반찬나무다.

참죽은 어린잎을 따서 장아찌나 부각 등을 만들어 먹는다. 이를 덖어 차로 우려 마시기도 하고 나물로도 먹는다. 그런데 중부지방 위로는 참죽을 잘 모른다. 참죽나무는 따뜻한 기후에서 자라 중부지방 위로는 키울 수 없기 때문이다. 경상도 등 일부 지역에서는 참죽을 가죽 또는 까죽, 까중이라 부른다. 그래서 참죽나무와 비슷하게 생긴 가죽나무와 헷갈릴 수 있다. 참죽나무는 멀구슬나뭇과 식물이고, 가죽나무는 소태나뭇과 식물이다. 가죽나무의 잎은 식용으로 쓰지 못하고 뿌리의 속껍질은 한약재로 쓴다.

참죽나무는 중국이 원산지이다. 중국에서는 참죽나무는 향춘수香椿樹, 잎은 향춘香椿 또는 향춘엽香椿葉이라 한다. 가죽나무는 취춘수臭椿樹라 한다. 일본에서는 참죽의 나무와 잎을 두루 향춘이라 한다. 참죽은 중국과 대만, 일본에서도 먹는다. 두부요리에 흔히 쓰며 만두에도 넣는다. 참죽나무가 우리 땅에 들어온 시기는 고려 때로 알려져 있다.

남부지방에서는 참죽나무를 마당이나 담장 밖에 주로 심었다. 경상남도와 전라남도에서는 민가 주변에서는 쉽게 볼 수 있다. 흥미로운 것이, 야산에서는 발견되지 않는다. 재배종으로만 정착한 것이다. '식용 재배 나무'라는 독특한 영역의 식물이다. 스님들이 즐겨 먹었다는 말이 전하지만 의외로 사찰 주변에서는 참죽나무를 찾아보기 힘들다. 참중나무, 가중나무라고도 불리면서 그 '중'이 스님을 뜻하는 것이 아닌가 생각해 이런 말이 번진 듯하다.

참죽나무는 키가 20미터까지 자라는 큰 나무다. 참죽나무가 많이 심어져 있는 지역은 경상남도 김해, 밀양, 진주, 함양과 전라남도 무안, 함평, 그리고 충청도와 경기도 일부이다. 이 여러 지역에서도 참죽나무는 대체로 평지 마을에 심어져 있다. 추운 겨울을 버티지 못하니 같은 위도상의 지역이라도 산간 마을에서는 보기 어렵다. 참죽나무가 많이 심어져 있는 동네에는 마당에 감나무 심어놓듯이 집집이 참죽나무가 한두 그루씩 있다. 일부 지역에서는 여자가 시집을 가 새살림을 날 때면 반드시 참죽나무를 한 그루 새로 심었다는 말도 전한다.

참죽나무에서 먹을 수 있는 부위는 잎이다. 4월 중순에 빨간 새순이 돋으면 이를 뜯어다 데쳐서 무침을 해 먹기도 하고 전을 부치기도 한다. 어린 순으로 하는 것은 장아찌가 더 흔하다. 순을 살짝 데치거나 소금에 절여 씻은 후 말렸다가 고추장에 박아 놓으면 서너 달 후부터 먹을 수 있다. 쌉싸름한 향과 매콤한 맛이 잘 어우러진다. 잎줄기가 30센티미터 정도 자랐을 때는 이

참죽나무는 야산보다 민가 주변에서 쉽게 볼 수 있는 '식용 재배 나무'이다.

를 잘라 부각으로 만든다. 잎자루째 끓는 물에 3분 정도 데친 후 양념한 찹쌀풀을 발라 말린다. 제법 큰 나뭇잎이라 억셀 것 같지만 전혀 그렇지 않다. 야들야들하다. 5월 중순까지는 그 부드러움을 잃지 않는다.

김해와 밀양의 농민들이 참죽 가공식품을 만들고 있으나 잘 안 팔린다. 어린 시절에 참죽을 먹어온 사람들이나 찾지 젊은 이들은 이 맛을 어색해한다. 남도의 젊은이들도 잘 먹어내지 못한다. 도시화로 집 마당에 참죽나무를 심을 수가 없으니 참죽나무 자체를 아예 모른다.

참죽나무는 봄마다 어린잎을 따니 나무의 모양이 묘하게 일그러진다. 어둔 밤에 담장 옆의 참죽나무를 보면 얼핏 사람처럼도 보인다. 도깨비인가도 싶다. 요즘엔 어린잎을 따는 사람이 없으니 참죽나무가 곧게 자란다. 원래의 모양일 것인데, 이게 내 눈에는 어색하다. 반찬나무로서의 참죽나무는 머잖아 우리 곁에서 사라질 것이다. 그때가 되면 참죽나무가 야생화할까, 어떨까.

흙도
먹었다

조선의 민중은 절망적일 만큼 배가 고팠다. 우리는 이 사실을 마주하지 않고 슬쩍 눈을 돌린다. 불편하기 때문이다. 조상이 잘 먹고 잘살았다는 흔적만 남기고 싶은 마음은 인지상정이다. 조상이 못 먹고 못살았다 하면 왠지 조상을 욕보인다는 느낌이 든다. 이는 한국인만의 심정은 아닐 것이다. 그러니 자국인이 기록한 외국 음식문화도 살짝 접어서 보아야 한다. 나는 일단 있는 대로 기록하기로 하였다. 조선에 살았던 우리 조상은 흙도 먹었다. 먹을 게 없어서 먹었다.

임금이 황해도에 흉년이 들어 인민들이 모두 흙을 파서 먹
는다는 말을 듣고, 지인知印 박사분朴思賁을 보내어 가서 알
아보게 하였더니, 이때에 와서 사분이 회계回啓하기를, '해
주 인민들이 흙을 파서 먹는 자가 무릇 30여 인이나 되었
으며, 장연현長淵縣에서는 두 사람이 흙을 파서 먹다가 흙이
무너져 깔려 죽었다 하오나, 그렇게 대단한 기근은 아니었
습니다' 하였다.

_ 출처: 한국고전번역원

《세종실록》에 등장하는 세종 26년 1444년 4월 24일자의
기록이다. 해주 사람들이 배가 고파 흙을 파서 먹었다고 전한다.
흙을 파다가 두 사람이 흙에 깔려 죽었는데, 관리가 임금에게는
"대단한 기근이 아니"라고 토를 단다. 대한민국에서 이랬으면
보고한 공무원은 파면되고, 자칫하면 대통령까지 탄핵될 수 있
을 터이다. 이익의《성호사설》에도 흙을 먹었다는 기록이 있다.

정산定山 지방 어느 골짜기에 이상한 흙이 있는데, 토인들이
그 흙을 파다가 음식을 만들되, 쌀가루 한 말에 흙 다섯 되
씩을 섞어서 떡을 만든다 한다. 어떤 이가 가져와서 나에게
보이는데, 복령茯苓처럼 하얗고 매우 진기가 있었다. 씹어
보니, 조금 흙냄새는 났지만 음식을 만들 만한 것이었다.

_ 출처: 한국고전번역원

이익은 이 일에 대해 무덤덤하다. 흙을 먹어도 괜찮은 듯이 쓰고 있다. 이어지는 글은 이렇다.

《문헌통고文獻通考》에 상고하니, '당唐 나라 수공垂拱 3년에 무위군武威郡에서 돌이 변해 밀가루가 되매, 가난한 자들이 가져다 먹었다' 하고 또, '당 나라 정원貞元 시대와 송宋 나라 원풍元豐 시대에도 모두 이런 이상한 일이 있었다' 했다. 그리고 《고려사》에, '신라 무열왕 4년에 북쪽 바위가 무너져 깨져서 쌀이 되었는데, 먹으니 묵은 창고의 쌀과 같았다' 하였다. 모두 돌이 변한 것들이었다. 돌도 이미 이와 같았으니, 먹을 만한 흙이 있다는 것은 족히 괴이하게 여길 게 없다.

　　　　　　　　　　　　　　　　_ 출처 : 한국고전번역원

　민중이 배고파 흙을 파서 먹는데 이를 "괴이하게 여길 게 없다"고 툭 던진다. 조선의 사대부야 흙을 먹을 일은 없었을 것이다. 한 입 조금 먹어보고 먹을 만한 것이니 알아서들 하라고 눈을 돌리고 있다.

　흙을 먹는 일은 일제강점기에도 지속된다. 1922년 10월 6일자 〈동아일보〉는 당시 조선의 농촌 문제를 다룬 기사에서 흙을 먹는 민중에 대해 다소 자세하게 기록한다.

그리고 그 혼합용의 곡물도 진하고 나면 드디여 흙을 취하여 먹는다. 흙을 먹는다 하면 얼마나 거짓말 갓지마는 실로 거짓말 갓은 말이다. 그러나 나는 전라북도 이리이라는 농촌에서 조선 소작인이 가져온 흙을 보았다. 또 연구의 자료로서 그 한 덩어리를 휴지하여 도라왔다. 손가락으로 따서 보면 빠득빠득하야 맛치 '메리겐' 가루와 갓흔 점토이였다. 다갈색인데 일본의 갑이 나즌 '비스겟트'에 혼합한다는 점토와 갓흔 것이러라. 그것이 의학상으로 격별히 해가 되는 것은 없다 하나 따라서 자양분이 업는 것이라 한다. 이것을 초근목피와 함게 삶아서 뱃가운데로 드러가라고 미러넛는다.

_〈동아일보〉 1922년 10월 6일자

전라북도 이리, 지금의 익산에서 일어난 일이다. 초근목피로 연명하는 것보다 못하였던 삶을 기록한 이 글에는 안타까움이 묻어난다. 1927년 6월 8일자 〈동아일보〉는 흙을 먹는 일에 대해 또 한 번 기사를 쓴다. 이번엔 경기도 양평이다. 당시 경찰은 이 흙을 연구원에게 넘겨 시험을 하게 하였고, 그 결과를 기사로 알리고 있다. 먹으면 안 된다고.

경긔도 양평군 양동면 계명리는 빈한한 농촌으로 춘궁을 당하야 초근목피까지 먹어버리고 먹을 것이 업서서 뒷산에서 나는 흰 진흙백점토을 파서 거기다 좁쌀가루를 너허 떡을 만드러 먹는다는 소문을 양평경찰서에서 탐지하고 그 흙을 구해다가 륙일 오후에 경긔도 경찰부 위생과로 보냇음으로 위생과에서는 산협山脇 기사로 하여금 그 흙을 시험케 하엿더라.

시험을 맛튼 산협 기사는 '백념토는 양평에만 나는 것이 아니라 전라도와 함경도에서 생산하는 것으로 규산알메니움이 포함된 것임으로 먹에서 해는 업지마는 영양에는 아모 효과가 업습니다. 거저 먹으면 배가 부를 뿐이겟지요. 그러나 계속하여 두고 먹으면 위장에 큰 해가 잇슬 것이며 아모리 쌀가루를 석거 먹는다더래도 맛이 업서 오래 먹지는 못할 것입니다. 일본에는 북해도에서 붉은 흙이 나는데 양평 촌민이 먹는다는 것은 엇절 수 업시 먹는 것이겟지요. 이러한 관계로 사내寺內 총독 당시에는 해가 된다고 아모리 흉년이 들어도 먹지를 못하게 금지하엿든 것입니다, 그러니 시험해도 그 성분을 알 수 잇지오' 하더라.

_〈동아일보〉 1927년 6월 8일자

흙떡에 대한 '아픈 추억'

1990년대 중반이었다. 당시 나는 전국을 돌며 향토음식을 취재하고 있었다. 먹는 흙에 대한 여러 기록들을 찾아내면서 나는 과연 조선 민중의 삶, 더 가까이는 일제강점기 민중의 삶을 얼마나

1927년 〈동아일보〉에 먹는 흙에 대해 보도한 기록이 있다.

잘 알고 있다고 할 수 있는지 회의가 일었다. 당시에 극소수일 수밖에 없는 지배계급의 기록에 의존하여서는 한반도의 음식문화를 온전히 그려내지 못할 것이라는 염려가 생긴 것이다. 그래서 혹시나 하고 현재도 먹는 흙의 존재를 확인할 수 있을까 싶어 여기저기 수소문을 해보았다.

〈동아일보〉에 나온 지역 중 경기도 양평군의 노인들은 흙을 먹었다는 사실조차 몰랐다. 이 지역에서는 고령토가 채취되는데, 아마 고운 고령토를 먹지 않았을까 추측할 뿐이었다. 강원 영월군 사자산 아랫마을 사람들도 흙을 먹었다 하였다. 사자산 어느 골짜기에 전단토라는 흰 흙이 나는데, 이를 물에 풀어 내려서 묵처럼 해 먹었다고 증언해주는 노인이 있었다. 전단토가 나는 자리를 광산 개발을 한다고 뒤집어놓아 그 흙을 구할 수가 없었다. 그렇게 수소문하다 마침내 찾기는 찾았다. 전북 장수군 계북면 백암마을 주민들은 대부분 먹는 흙에 대해 잘 알고 있었다. 광복 이후에도 '흙떡'을 먹었다고 했다.

"일제시대 석면 광산 자리에서 먹는 흙이 나왔습니다. 땅을 파면 석면과 석면 사이에 흰 흙이 나오는데 찰기가 있어 감자와 쑥을 넣고 쪄서 먹었습니다. 흙떡을 먹으면 변비에 걸리는데 먹을 것이 없던 터라 그런 것 따질 형편이 아니 었지요. 제 기억으로는 50년대 중반까지 먹었습니다."

이 마을의 노인들은 하나같이 흙떡에 대한 '추억'을 가지고 있었다. 맛이 아니라 뒷간에서 고통을 겪었던 '아픈 추억'이었다. 마을 사람들과 석면 광산 자리에 가보았다. 오랜 세월 탓에 광산 흔적은 어디에도 없었다. 근처 땅을 헤집어보니 석면만 나왔다.

이 마을 집들의 벽에서 먹는 흙의 실체를 확인할 수 있었다. 1970년대 초 새마을 운동이 한창일 때 흙벽이 보기 흉하다고 석회칠을 하라는 관의 명령이 떨어졌는데, 워낙 빈궁한 마을이라 석회 살 돈이 부담이었다. 그래서 예전에 먹었던 그 흙을 파다가 집집이 벽에 발랐다. 그때는 먹는 흙으로 벽을 바른 집이 몇 채 남아 있었는데, 지금도 있는지는 알 수 없다.

저절로 자라고
늙는 호박

농가의 텃밭은 도시의 슈퍼마켓이다. 봄부터 가을까지 텃밭에서 온갖 먹을거리를 얻을 수 있다. 오이, 가지, 상추, 토마토, 감자, 고구마, 옥수수 등을 심는다. 텃밭이어도 손은 많이 간다. 본잎이 올라오면 순을 질러야 하고 지주도 세워주어야 한다. 장마가 지면 두둑을 올려야 한다. 열매를 실하게 하려면 꽃도 솎아야 한다. 이 중에 대충 키워도 가장 무난한 작물이 호박이다.

호박은 아무렇게나 내버려둬도 잘 자란다. 봄에 담장 아래에 구덩이를 파서 호박씨 두어 개와 그 곁에 한 움큼의 두엄을 넣어 묻으면 호박농사는 끝이다. 여름에 들면 우렁우렁 덩굴이

뻗고 노란 꽃을 시시때때로 피우는데, 틈틈이 널따란 호박잎 아래 애호박이 달려 있는지 확인하여 늙기 전에 따는 일만 남는다. 장마 무렵이면 아침에 땄는데 저녁에 또 달려 있을 정도로, 조금 과장해서 하나 따고 뒤돌아보면 또 달려 있을 정도로 열매를 부지런히 맺는다.

그러니 늙은호박은 부러 키우는 것이 아니다. 채 발견되지 못한 애호박이 늙어버리는 것이다. 애호박은 딸 시기를 조금만 놓쳐도 맛이 묘해지는데, 애매하게 수확할 바에 그냥 늙게 두고 가을을 기다린다. 물론 한두 개 정도는 부러 늙게 내버려두기도 한다. 늙은호박으로 먹기 위한 것이라기보다 이듬해 심을 씨앗을 얻기 위한 목적이 더 크다.

늙은호박은 국어사전에 등재되어 있지 않다. '늙은 호박'이라고 띄어 써야 한다. '늙은 호박'을 이르는 표준어는 청둥호박이다. 청둥호박은 낯설다. 다들 늙은호박, 늙은호박 하니 여기서는 표준어 규칙을 어기고 그냥 늙은호박이라 쓴다. 그래야 글이 맛있다. 호박 익은 것을 두고 늙었다 하는 것인데, 이를 늙었다 하게 된 것은 어린 호박, 즉 애호박이 있기 때문이다. 애호박, 즉 아이호박에 대응하는 말로는 늙은호박이 딱 맞다.

아이호박도 있고 늙은호박도 있으니 청년호박도 있을 만한데 그런 말은 없다. 또 늙어가는 중간에 있는 호박은 먹지도 않는다. 약간 떫은맛이 있고 달지 않으며 이상야릇한 풀내를 내기도 한다. 호박은 아주 어리거나 아니면 아주 늙었을 때에나 먹는 것이다.

이렇게 애호박과 늙은호박으로 먹는 호박은 동양계 호박
이다. 조선호박이라고도 한다. 시장에서는 흔히 동글동글한 애
호박을 두고 조선호박이라 하는데, 약간 길쭉하게 생긴 애호박
도 동양계 호박인 것은 같다. 모양만 개량한 것이지 같은 근원의
호박이다. 늙은호박과 거의 같은 맛을 내는 호박이 있다. 단호
박이다. 이건 서양계 호박이다. 서양계 호박은 애호박으로 먹지
못한다.

요즘 조금 멋을 부린다 싶은 한식당에 가면 호박죽이 꼭 나
온다. 노란 색깔에 달콤한 향이 옛날 시골에서 먹던 호박죽과 비
슷하나 늙은호박죽은 아니다. 단호박죽이다. 단호박이 싸고 또
그 가공품이 많아 다들 이것으로 호박죽을 쑨다.

단호박은 예전에는 왜호박이라 하였다. 작아서 왜호박이라
하였을 수도 있으나 일본인들이 많이 먹어 왜호박이라 하였다
는 말이 있다. 호박은 아메리카 대륙에서 번진 것인데, 특이하
게도 한반도에는 동양계 호박이, 일본에서는 서양계 호박이 번
성하였다. 그래서 일본에는 애호박 음식이 없다. 일제강점기에
일본인이 서양계 호박을 이 땅에 가져와 심었다. 이를 본 조선인
들이 서양계 호박이라 생각지 않고 일본인이 먹는 호박이니 왜
호박이라 부른 것이다. 동양계 호박을 조선호박이라 부르게 된
것은 이 왜호박이라는 이름에 빗대어 붙인 것이라 할 수 있다.
간혹 일본 음식에서 애호박처럼 생긴 것을 발견할 수 있을텐데

이 경우 대부분 주키니다. 주키니는 페포계 호박이다.

1980년대 들어 수출용 왜호박을 심는 농가가 제법 있었으나 국내 시장은 형성되지 않았다. 왜호박이라는 이름 탓이 컸다. '왜'라는 말에는 민족감정이 포함되어 있기도 하며 '맛없고 못생겼다'는 이미지까지 묻어 있다. 1990년대에 들어 누군가 왜호박에다 밤호박, 단호박 등의 이름을 붙이기 시작하였다. 1990년대 말에 들자 단호박으로 완전히 굳어졌다. 그러면서 단호박 수요는 급증하기 시작하였다. 더불어 늙은호박이 시장을 잃어갔다. 단호박이 늙은호박을 대체한 것이다.

내 외가는 마산 시내에 있었다. 시내라지만 기와를 얹었고 대청마루가 있고 앞마당이 있고 뒤뜰에는 깊은 우물이 있는 집이었다. 앞마당에는 장독대와 닭장이 있었고 장독대에는 늘 시골에서 가져온 호박고지, 도토리, 마른 고추 따위가 채반 위에서 해바라기를 하고 있었다. 외가의 시골은 양촌이라는 동네인데, 마산에서 진주 가는 길목에 있다. 숲이 아름다운 동네였다.

외할머니는 가을이면 호박죽이며 호박범벅을 하였다. 양촌에서 가져온 늙은호박으로 만들었을 것이다. 외할머니의 음식은 아주 투박하였다. 호박죽을 해도 호박 덩어리가 씹혔었다. 맛을 내기 위해 기교를 부리는 일 없이 그냥 재료 맛이 나게 조리했다. 그래서인지 어린 내 입에는 맛이 없었다. 단맛을 더한 것도 아니니 늙은호박의 향이 진하게 올라왔었다. 묵힌 것이면 자개농 서랍에서 나는 듯 한 독특한 발효취가 더해졌다. 두어 입 먹다가 투정을 부리곤 하였다.

　요즘 식당에서 달기만 하고 향은 없는 단호박죽을 먹으니 그때 외할머니의 호박죽 향이 더욱 분명해졌다. 이제 와 그 향이 그립다. 왜 그 향그러운 호박죽을 맛없다 하였는지 늙은 나는 어린 나를 이해할 수가 없다. 애호박에서는 늙은호박의 맛을 도저히 짐작할 수 없는 것과 같은 이치일 것이다.

겨우살이의
김장

"김장은 몇 포기나 하셨나요?" 요즘은 듣기 힘든 말인데, 본디 겨울에 들면 우리나라 사람들은 이런 인사말을 주고받았었다. 겨울이면 푸성귀가 말라 죽는다. 그 전에 푸성귀를 거두어 김치를 담그는 일을 두고 김장이라 한다. 그러니까 겨우내 먹을 김치를 한목에 담그는 일이 김장이고, 그래서 김장을 얼마나 담갔느냐 하는 말은 "겨우살이 준비는 하셨나요" 하는 계절 인사인 것이다.

김장이 한국인만의 독특한 풍습인 건 아니다. 겨울이 있는 지역에서는 대부분 푸성귀 장기 보관 방법을 전통으로 가지고 있다. 일본의 쓰케모노, 중국의 파오차이, 서양의 피클 같은 것도 김장과 비슷한 발상에서 나온 음식이다. 각 지역에 주어진 음식재료와 자연환경에 따라 푸성귀를 절이는 방법이 다르게 발전한 것이라 할 수 있다.

김장의 역사를 두고 문헌을 따져 삼국시대니 고려시대니 하는 말들이 있으나, 겨울은 그 이전부터 늘 있었으니 기록되지 않았을 뿐 김장은 먼먼 선사시대부터 있었을 것이다. 지금의 김치처럼 갖은 양념을 더할 수는 없었을 것이고, 푸성귀를 바닷물에 절여 보관하는 것이 최초의 김장이었을 것이다.

현재 대한민국에서는 김장이라 하면 배추김치, 무김치 담그는 일 정도만을 뜻하지만, 조선시대만 하더라도 김장 품목은 다양하였을 것이다. 배추와 무가 상업적 목적으로 대량 생산되기 시작한 시기가 근대 이후라는 것이 이런 추측을 가능하게 한다. 가을에 거둘 수 있는 푸성귀 중에 말려 보관할 만한 것 외에는 어떤 식으로든 절였으며, 절임의 방법도 소금 외에 쌀겨, 된장과 간장, 술지게미, 식초 등등이 이용되었다. 이 다양한 김장 품목은 조선의 문헌에도 종종 등장하는데, 현대의 한국음식에서는 김치와 장아찌만 그 명맥을 잇고 있다. 아쉽다.

다양하기로는 장아찌

김치를 짠지라고 부르는 지역이 꽤 많다. 짠지는 '소금에 절인 채소류'라는 뜻이다. 넓게 보면 김치도 짠지에 포함된다. 이 짠지를 또 장아찌라고도 하는데, 장아찌가 짠지 안에 포함되는 것으로 보는 것이 타당하다. 그러나 짠지, 김치, 장아찌의 집합 관계는 지역마다 조금씩 다르므로 단정적으로 말하기는 어렵다.

장아찌는 대체로 채소를 간장, 고추장, 된장, 소금, 식초, 술지게미, 젓갈 등에 장기간 저장하여 두고 먹는 절임류를 말한다. 한자로는 장과醬瓜 또는 장저醬葅라 한다. 동양, 특히 한중일의 채소 절임은 비슷한 조리법을 오랫동안 공유해 왔었다. 소금을 이용하는 가장 기본적인 절임 외에도 식초, 된장, 간장, 술지게미, 곡물 등을 이용한 절임을 동양 삼국의 사람들은 일상의 음식으로 먹었다.

6세기 중국 땅에서 간행되어 동양에서 널리 활용된 농서인 《제민요술齊民要術》에 이미 소금, 식초, 장류, 술지게미, 곡물 등을 이용한 다양한 채소 절임 방법이 나온다. 905년 일본 헤이안 시대의 문서인 《연희식延喜式》에 절임류의 일종인 수수보리지須須保利漬가 나오는데, 일본 《고사기古事記》에는 수수보리를 "백제에서 건너와 술 담그는 법을 가르쳐준 사람"으로 기록하고 있다. 장구한 세월 동양인들은 두루 장아찌를 먹었을 것으로 짐작할 수 있다.

현재 한국에서 장아찌라 하면 흔히 간장, 된장, 고추장에 절인 채소류를 말한다. 소금 절임은 짠지나 김치로 분류되었고, 쌀겨나 술지게미를 이용한 장아찌는 옛 문헌에만 남았고 잘 만들지 않는다. 간장, 된장, 고추장 중에서도 간장이 가장 대중적이다. 까닭은 간장 장아찌가 채소의 조직감과 향을 가장 잘 보듬기 때문이다. 된장과 고추장에 채소를 박으려면 수분 빼기 작업을 따로 하여야 한다. 보통은 소금에 절이거나 말려서 된장 또는 고추장에 넣는다. 이 과정에서 채소의 아삭한 조직감은 많이 손상되며 향도 잃는다. 이에 반해 간장을 이용한 장아찌는 조직의 손상이 덜하고 향을 즐길 수 있다. 간장의 염도를 줄이거나 과일의 향을 더하는 등 맛의 다양성도 꾀할 수 있다. 산업사회 이후에도 가정에서 간장 장아찌를 흔히 담그는 이유이다.

배추김치만 남은 김장

조선시대까지 한반도는 농민의 나라였다. 푸성귀 정도는 직접 재배해 먹었다. 김장용 푸성귀는 늦여름에 심어 서리가 내릴 즈음에 거두었다. 서리가 내릴 즈음이 입동立冬인데, 입동을 전후한 기간을 김장철이라 하였다. 입동이 음력으로 9월에 들면 입동 이후에, 10월에 들면 입동 전에 김장을 담그는 것이 풍습이었다.

근대 이후 도시가 발달하면서 김장 풍습이 바뀌었다. 밭이 없는 도시의 노동자는 푸성귀를 사서 김장을 담가야 하기 때문이다. 농촌에는 김장용 푸성귀를 대규모로 재배하는 농민이 등장하였고, 도시에서는 김장 시장이 형성되었다. 김장용 푸성귀 가격은 풍흉에 따라 하늘을 찌르기도, 바닥을 치기도 하였다. 1920년대 신문에 등장하기 시작한 김장용 푸성귀 시세 동향은 지금도 주요 기삿거리가 되고 있다.

현재 한국인들은 대부분 김장으로 배추김치를 담근다. 안에서부터 배춧잎이 겹겹이 겹쳐져 있는 결구배추를 쓴다. 한반도에서의 결구배추 재배 역사는 길지 않다. 1800년대 중반 중국의 산동 지역에서 온 배추이다. 그 이전의 한반도 배추는 불결구배추이다. 봄동배추처럼, 배춧잎이 벌어지는 배추이다. 불결구배추는 김장 김치로는 적당하지 않다. 그래서 옛날에는 김장 김치로 주로 무김치를 담갔다. 무는 조직이 단단하여 오래 두고 먹을 수 있기 때문이다. 또, 무와 배추를 함께 넣어 담그는 섞박지도 흔하였다.

중국 산동 지역에서 들어온 결구배추가 아주 짧은 시간만에 김장 김치의 대표 재료가 된 것은 한반도의 김장철에 딱 맞추어 최상의 맛을 내기 때문이다. 김장 배추는 보통 9월 중순에 모종을 내어 11월 중순부터 거둔다. 배추를 거둘 때면 서리가 내리고 기온이 영하로 떨어진다. 이때 배추는 얼지 않으려고 스스로 수분을 날리고 당분을 올린다. 배추가 맛있어지는 것이다. 1970년대 이후 고랭지 배추니 하우스 배추니 하여 제철이 아닌 배추가 재배되는데, 이런 배추는 김장 배추 맛을 따라올 수가 없다. 김장 배추김치가 맛있는 이유가 다 있는 것이다.

근대 이후 도시의 김장 시장은 초겨울 볼거리 중 하나였다. 산더미같이 쌓인 배추와 무가 장관을 이루었다. 2000년대 들어 그 '산더미'가 점점 왜소해지고 있다. 공장 김치가 사철 공급되고 있어 겨울을 나기 위해 김장을 따로 할 필요가 없어졌기 때문이다. 김장을 한다고 해도 예전처럼 온 가족이 모여 100포기, 200포기씩 하는 일은 없다. 댓 포기 사다 김장하였다는 기분만 낼 뿐이다. 그러니 "김장은 몇 포기나 하셨나요?" 하는 계절 인사도 이제 어색해졌다. "김치는 몇 포기나 사셨나요?" 할 수는 없는 노릇이니 말이다.

김장하는 날의 추억

중국 산동 지역에서 들어온 결구배추가 아주 짧은 시간에 김장 김치의 대표 재료가 된 것은 한반도의 김장철에 딱 맞추어 최상의 맛을 내기 때문이다.

김장은 집안의 대사였다. 리어카로는 어림도 없어 짐차로 배추를 실어 날랐다. 마당 가득 산더미처럼 쌓인 배추는 어마어마했다. 어머니는 '아고 아고' 비명을 뱉었다. 다 아버지 탓이었다.

아버지는 마산에서 작은 공장을 운영하였다. 젊어서 일본에서 기술을 배웠고 해방 후 노동자로 일을 하다 자그만 공장의 사장이 되었다. 처음에는 공장과 집이 따로 있었다. 아버지는 출퇴근을 하였고 그때까지 어머니는 식구들 끼니만 챙기면

됐다. 내가 국민학교 3학년 다닐 무렵 아버지의 공장이 확장 이전을 하였는데 그 공장과 잇대어 살림집을 마련하였다. 공장-사무실-살림집 이런 배열이었다. 이때부터 어머니는 바빠졌다. 공장 일꾼들의 끼니를 챙기는 일까지 맡아야 했기 때문이었다. 점심은 일꾼들이 도시락을 싸 왔으나 잔업을 하게 되면 저녁밥은 어머니가 마련하였다. 식당 음식을 배달시키는 것보다 싸게 먹히고 일꾼들도 든든하게 밥을 먹을 수 있어 두루 이익이라 생각했던 것이다. 그러나 이건 아버지와 일꾼들의 입장이고, 어머니 앞에는 고생길이 환히 열렸다.

가족 여섯 명에 더해 일꾼들이 스물에서 서른 명쯤 되었다. 게다가 일꾼은 젊은 남자들이었다. 힘 쓰는 일이니 먹성도 좋았다. 이들이 겨우내 먹을 김장이라 그 양이 엄청날 수밖에 없었다. 김장을 하려면 두어 달 전부터 날을 잡아야 했다. 외가가 마산에 있어 외할머니, 외숙모들과 날짜를 맞추었다. 동네의 이웃 아주머니들 도움도 필요했다. 남자들? 아버지를 포함해 공장의 일꾼 남자들? 있어 봤자 배추 나르는 데나 써먹지 김장의 '본 게임'에는 뒷짐을 지었다. 그때만 하더라도 남자는 '그런 일' 하는 것이 아니라 여기던 시대였다.

김장을 담글 때면 묘하게도 때맞춰 추위가 닥쳤다. 배추를 마당에 쌓으면 그다음 날 살얼음이 어는 식이었다. 배추를 반으로 가르고 소금에 절이는 어머니와 외할머니, 외숙모들, 동네 아주머니들은 연신 콧물을 훌쩍였다. 나도 일을 도왔는데 대야가 부족하던가 하면 이웃집에 달려가 빌려 오는 일 같은 것이었다. 그렇게 하루를 복작거리다 해 질 무렵 내일을 기약하며 일을 마감하였다. 배추는 소금이 뿌려져 대야에 수북이 쌓여 여기저기 놓였고, 우거지를 거두어 가려는 이웃들이 가끔 대문을 열고 들어왔었다.

김장 개시 후 사흘째. 외할머니가 항상 일등이었다. 꼭두새벽부터 마당에서 물소리가 들렸었다. 내가 잠을 자서 그렇지 밤새 일하셨을 수도 있다. 배추 절이는 일은 시간이 중요하니 대야마다 언제 절였는지 일일이 기억을 해두었다가 밤새 배추를 씻으셨을 수도 있다. 햇살이 퍼지면 외숙모들과 이웃 아주머니들이 마당에 다시 모였다. 배추를 마저 씻고 나면 양념을 버무릴 차례였다. 이 일을 할 때면 항상 입씨름이 한바탕 일었다. 양념 배합 비율을 놓고 제 입맛 따라 이러쿵저러쿵 말을 보태었다. 최종 결정은 어머니가 하였는데, 어머니가 김장의 주인이었기 때문일 것이다.

배추에서 물이 빠지고 양념 준비가 되면 이제 치댈 차례이다. 두어 명씩 조를 이루어 퍼질러 앉아 배추에 양념을 치대었다. 이때 또 한바탕 입씨름이 붙는다. 양념이 많니 적니 하는 다툼이었다. 누군가 '기준'을 보여준다 하여도 사람마다 감각이 다르니 김치마다 양념양이 제각각이었다. 그래서 김치를 꺼내 먹을 때면 어머니는 늘 이런 말을 하셨다. "이거 양념 많고 짠 거 보니까 앞집네 솜씨다." 한 집안의 김치인데 배추마다 맛이 제각각이었다.

배추에 양념 치대는 일이 중반을 넘어가면 누군가 꼭 돼지고기를 사왔다. 아버지였을 수도 있고, 사무실에서 아버지 일을 돕고 있었던 큰외삼촌이었을 수도 있다. 여자들은 바빠 그런 일에 신경 쓸 수 없었다. 돼지고기 삶는 일은 외할머니가 맡으셨다. 그러고 보니 외할머니는 잔칫날에도 돼지고기 삶는 일을 맡으셨는데 요리 솜씨가 좋아 그랬을 수 있겠다 싶다.

돼지고기가 삶아지면 이때부터는 잔치였다. 남자들이 사왔을 것이 분명한 막걸리에다 갓 치댄 김치와 돼지고기가 소반에 차려졌다. 한 상은 마당으로, 또 한 상은 사무실로, 그리고 아주 큰 상은 공장으로 갔다. 공장에서는 웅웅거리는 기계 소리가 뚝 멎고 왁자하게 웃고 떠드는 소리가 우렁우렁하였다. 마당에서도 막걸리잔이 돌고, 올해 김치가 짜겠지 달겠지 또 한번 입씨름이 벌어졌다. 딱 잔칫집이었다.

김장을 마치고 외할머니와 외숙모들과 이웃 아주머니들이 다 돌아가고 난 다음에, 내가 할 일이 있었다. 어머니가 양푼에 김치를 담아주면 이웃에 돌리는 심부름을 내가 하였다. 돼지고기를 담은 접시도 함께였다. '배달' 간 집에서도 마침 김장을 한 날이면 그 양푼에다 그 집의 김치를 담아서 돌아왔었다. 어머니는 어느 집에는 무지 많은 양의 김치를 보냈다. "그 집은 김장도 못 할끼라" 하며, 그랬다.

"김치가 기무치를 이겼습니다"

2013년 어느 날 저녁이었다. "김치가 기무치를 이겼습니다." 뉴스를 전하는 앵커가 흥분하고 있었다. 홍수환이 카라스키야를 상대로 4전 5기의 승리를 거두었을 때 딱 이랬다. 김치가 세계 요리대회에 나가 결승에서 기무치를 상대로 극적인 역전승이라도 거머쥔 것인가 싶었다. 이어지는 멘트는 "김치가 드디어 유네스코 인류무형문화유산에 등재될 예정입니다"였다. 경쟁에서의 승리가 아니었다. 우리끼리 축하하면 될 일에 괜히 기무치를 끌어들여 흥분을 유도하였던 것이다.

일단 '김치'라고 한 뉴스 자체가 오보였다. 유네스코 인류무형문화유산에 등재된 것은 '김장'이었다. 겨우살이 준비를 하는 과정에서의 문화가 등재된 것이다. 그런데 그때 일본에도 희소식이 있었다. 와쇼쿠和食, 즉 일본 음식문화 전체가 유네스코 인류무형문화유산에 등재되었기 때문이다. 이 일을 두고 일본에서 "일식이 한식을 이겼습니다"라고 기사를 내보내지 않았다. 물론 "안타깝게도, 기무치가 김치에 졌습니다" 같은 것도 없었다.

"김치가 기무치를 이겼습니다"는 말은 2001년에 이미 들었었다. 그 무렵 김치가 일본인의 일상 음식으로 정착하고 있었다. 일본의 쓰케모노 업자들도 김치를 본격적으로 만들어 팔기 시작하였다. 그들은 일본인의 입맛에 맞추어 젓갈을 빼고 고춧가루와 마늘의 양을 줄여 들척지근한 맛이 나게 하였다. 한국 언론은 일본에 김치 붐이 일고 있다는 소식을 전하면서 일본식 김치에 비해 한국식 김치가 더 인기가 있다는 말을 덧붙였다.

2001년에 김치의 국제식품규격CODEX이 정해졌다. 이 규격을 정하자고 먼저 나선 것은 일본이었는데, 그 명칭을 그들의 발음대로 기무치Kimuchi라 하였고 여기에 한국이 대응을 하면서 김치Kimchi라 해야 한다고 주장하여 결국 'Kimchi'로 결정되었다. 김치의 발상지가 한국이니 당연한 일이었다. 이 뉴스에 한국의 언론들은 "김치가 기무치를 이겼다"는 제목을 달았다. 김치의 규격에 젖산, 초산, 구연산 등 첨가물 허용의 조항을 넣음으로써 '순수 자연발효식품'인 김치의 전통적 가치가 훼손된 일에는 관심을 두지 않았다. 이름만이라도 지킨 것을 두고 용하다고 해야 하는지 나는 참으로 찜찜하였다.

기무치와 단무지

국제식품규격에 의하면 김치의 국제적 명칭은 'Kimchi'다. 그러나 일본에서 팔리는 김치의 포장지에는 'Kimchi'라고 적혀 있지 않다. 내국인끼리 사고파는 시장에서는 굳이 영어를 쓸 필요가 없다. 대부분 'キムチ'라고 인쇄되어 있다. キムチ의 발음은 '기무치'이다. Kimchi라 써놓는다 하여도 일본인은 '기무치'라고 발음할 수밖에 없다. 일본인은 받침을 잘 발음하지 못하기 때문이다. 김치를 가져다 자신들 음식이라고 주장하기 위해 기무치라 하는 것이 아니라 그냥 발음이 그리 될 뿐이다. 실제로 김치를 두고 일본음식이라 여기는 일본인은 거의 없다. 만약 그런 일본

인이 있다면 일본 내부에서도 무지한 극우민족주의자로 취급당할 것이다. 일본 업체가 제조하는 김치의 포장지도 한국적 냄새를 풍기려고 애를 쓴다. 일본인의 입맛에 맞추어 들척지근한 맛을 낸 것이라도 하여도 포장은 그렇게 한다. 김치라는 이름을 두고 한국에서만 안달을 하고 있다.

입장을 바꾸어 단무지를 생각해보자. 단무지는 분명하게 일본에서 우리 땅으로 건너온 음식이다. 김치 없는 한국인의 식탁을 상상할 수 없듯 단무지 없는 한국인의 식탁도 상상하기 어렵다. 한국인이 즐기는 많은 외식에 단무지는 필수다. 김치가 있어도 "이모, 여기 단무지!"를 외친다. 단무지는 일본어로 '沢庵'이라 쓴다. 그 발음은 '다꾸앙'이다. 광복 이후 국어순화운동으로 단무지라는 말을 만들어 쓰고 있다. 조리법도 바꾸었다. 일본에서는 무를 말려서 쌀겨에 박는데 한국에서는 생무 그대로를 소금과 식초, 설탕을 섞은 물에 담근다. 그래서 맛과 모양새가 퍽 달라졌다. 한국의 김치가 일본으로 건너가 기

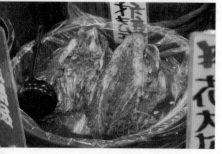

일본 교토의 채소절임 가게와 그곳에서 파는 김치이다. 일본은 김치를 자신들의 채소절임인 쓰케모노의 하나로 편입시켰다.

무치로 바뀌었듯이 일본의 다꾸앙이 한국으로 건너와 단무지로 바뀐 것이다. 한국의 단무지를 두고 일본에서 다꾸앙이라 부르라 하고 그 제조법에 시비를 붙이고 있는가. 만약에 그런다 하면, 우리 기분은 또 어떨까.

김치애국팔이는 태극기부대이다

이 글을 쓰면서, 심중이 복잡하였다. "이거 친일 아냐" 하는 말을 들을 수 있겠다 싶기 때문이다. 나는 일본이 제국이었을 때에 행한 그 모든 악행을 저주한다. 아직 용서받지 못한 일이 있으며, 그 피해자에게 용서를 구하여야 한다. 현재 일본의 일부 정치인들이 획책하고 있는 군국주의에 대해서도 반대한다. 평화헌법의 정신이 훼손되는 일은 없어야 한다. 독도는 한국의 영토이다. 내 생각과 입장이 그러함에도, 김치니 단무지니 하는 음식문화의 일을 글로 쓰고 있을 뿐임에도, 친일 논란을 걱정해야 하는 이 불편한 현실은 도대체 어디에서 온 것일까.

한국에서는, 특별나게도, 음식에 민족적 감정을 갖다붙이기만 하면 무조건 호응을 얻는다. 그러니 애국자 되기가 너무나 쉽다. 한류를 떠들고 한식 세계화를 외치기만 하면 된다. 한국의 여러 음식 중에 김치가 으뜸가는 애국 코드를 지니고 있는 것은 강렬한 민족감정 자극제인 일본에서도 이 김치를 먹고 있기 때문이다. 김치는 한민족의 위대한 발명품이며 이를 세계인의 식탁에 올려야 한다고 말하기만 하면 애국자가 되는데, 여기에

다 일본의 '기무치'에 대해 한 방의 언사를 던져주면 극상의 애
국자로 폼을 잡을 수가 있다. 이 '김치애국팔이'에 정치꾼이 들
러붙지 않을 수 없다. 장사꾼이 들러붙지 않을 수 없다. 언론이
라고 다르지 않다. 다들 김치애국팔이에 열중하니 국민도 그런
줄 안다. 한민족 순혈의 김치를 지켜야 하는 일은 이 시대가 요
구하는 민족적 과업으로까지 발전하게 된다. 여기에 김치를 문
화로 읽는 일 따위는 틈입하지 못한다. 자칫하면 친일 소리를 듣
기 때문이다. 그러면서 막상 한국의 김치가 망가지고 있는 현실
에 대해서는, 특히 중국산 김치가 외식업체 김치 시장의 90%를
점유하고 있다는 현실에 대해서는 아무 대책이 없다. 김치애국
팔이들은 또 한결같이 김치 종주국으로서의 체면을 구겼다며
민족감정을 건드릴 뿐이다. 서울역 광장의 태극기부대 어르신
들의 논리와 하나 다를 것이 없다. "태극기를 내가 들었다. 나는
애국자이다." "김치가 기무치를 이겼다고 나는 외친다. 나는 애
국자이다."

김치는 김치이다

한국인이 식당에서 열에 아홉 번은 중국산 김치를 먹게 된 것이
그놈의 김치애국팔이 때문이기도 하다. 김치애국팔이들이 집중
하였던 것은 김치산업의 수치적 성과였다. 산업의 효율성을 위
해서는 단일의 김치가 필요하였다. 그래서 배추김치만 줄곧 밀
었다.

원래 배추김치는 겨울에 먹는 김치다. 11월 들어 배추를 수확하고 이것으로 김치를 담가 이듬해 봄까지 먹었다. 이른 봄이면 불결구배추인 봄동으로 김치를 담그고 이어 어린 갓이 나오고 미나리, 얼갈이 등으로 김치를 담갔다. 여름이면 열무가 연하고 맛있다. 오이와 가지 등 열매채소로도 김치를 담갔다. 2010년 늦여름 배춧값 폭등 때 당시 대통령이었던 이명박이 "배추 비싸면 양배추김치 먹지" 하였다가 욕을 먹었었는데, 그 당시 양배추 가격도 비쌌던 것을 생각하지 않았다는 것일 뿐이지 그 계절에 맞는 김치인 것은 맞다. 약하게 양념한 양배추김치는 시원한 맛이 있어 늦여름 식탁에 잘 어울린다. 가을이면 총각김치, 고들빼기김치, 콩잎김치, 깻잎김치 등이 있고, 겨울에 들면 비로소 배추김치와 동치미 등을 먹는다.

김치애국팔이들이 배추김치가 김치의 전부인 듯이 떠들어대니 사계절 내내 배추김치를 먹어야 한다는 강박이 만들어졌다. 하우스에서 봄배추를, 고랭지에서 여름과 가을의 배추를 거두어 일 년 내내 배추김치를 먹는 일이 일상화되었다. 그러면서 철철이 달리 먹던, 300여 가지나 되는 계절 김치는 사라졌다. 특히 식당에서는 배추김치 말고는 계절에 맞춘 김치 하나 얻어먹기 어렵게 되었다.

국내 김치 시장이 배추김치 한 종류로 편성이 되어 그 규모를 키우니 중국이 이 시장에 뛰어들었다. 배추를 대량으로 재배할 수 있는 넓은 땅과 저렴한 인건비로 가격 경쟁력을 갖출 수 있기 때문이다. 만약에 배추김치만 김치인 듯이 밀지 않았다면, 300여 종은 아니더라도 30여 종이라도 계절별로 다양한 김치를 먹는다면, 지금처럼 중국이 한국 김치 시장을 점령할 수 있었을까? 김치는 김치이다. 김치애국팔이는 이제 그만두시라. 계절따라 맛있는 김치 좀 먹고 살게 말이다.

곡물의
술을 마셨다

술은 크게 곡물에서 얻는 것과 과일에서 얻는 것 두 종류가 있다. 한반도의 술은 대부분 곡물에서 얻는다. 한반도의 과일은 알코올 발효를 일으키기에는 당도가 낮아 과일을 발효한 술이 잘 발달하지 못했다. 곡물을 익혀 누룩과 물을 더하면 곡물의 전분이 당으로 변한다. 이 당을 먹이로 하여 미생물이 증식하는데 이를 알코올 발효라 하며, 그 발효의 결과로 술을 얻을 수 있다.

  곡물의 술에 용수를 박아 맑은 술만 뜬 것이 청주淸酒이다. 청주는 흔히 약주藥酒라고도 부른다. 이 청주를 소주고리에 넣고 불을 지펴 증류를 하면 소주燒酒가 된다. 막걸리는 발효된 곡물의 술을 체에 내려 목으로 넘기기에 거북한 거친 것들만 걸러낸 술이다. 따라서 곡물의 고운 알갱이가 막걸리에 들어 있어 불투명하고, 그래서 탁주濁酒라고도 한다. 그러니까 막걸리는 곡물로 만든 술 중에 가장 원초적인 상태라 할 것이다.

농민은 막걸리

막걸리는 그 기원을 알 수 없을 정도로 오래전부터 한반도 사람들이 마셨다. 쌀, 찹쌀, 보리, 밀, 귀리, 조 등으로 막걸리를 빚었다. 막걸리에 용수를 박아 청주로 뜨면 깔끔한 맛은 있으나 양이 퍽 줄어든다. 청주는 귀한 술이었다. 한반도는 단군 이래 1960년대까지 집권세력이 누구였든 '농민의 나라'였고, 따라서 청주를 마실 만큼 넉넉한 사람들은 많지 않았다. 고려시대에 몽골로부터 소주 증류법이 유입되었는데, 소주는 극소수 지배층만을 위한 술이었다. 막걸리는 수천 년간 한반도의 주인이었던 농민들이 마신 술이며, 그래서 막걸리를 농주農酒라고 한다.

조선에서는 왕이 늘 금주령을 내렸다. 먹을 곡식도 부족하니 술을 못 담그게 한 것이다. 그래도 집집이 술을 담가 마셨다. 강력한 종교적 금기로나 인간의 알코올에 대한 집착을 줄일 수 있지, 정치적인 금주는 역사적으로 늘 실패하였는데 조선도 마찬가지였다.

일제강점기에 들어 술 빚는 일은 허가제로 바뀌었다. 세금을 거두기 위해서였다. 당시 한반도에는 재래의 작은 양조장이

마을마다 있었는데, 그 수가 수만에 달하였다. 일제강점기 초기에는 자가소비용 양조도 허가를 내주었으나 납세 술과 비납세 술이 뒤섞이자 곧 민간의 술 제조가 금지됐다. 1930년대 말에는 강제 통합작업을 벌여 전국 4,000여 개소의 양조장이 남았다. 그 양조장들은 여러 술을 내었으나 막걸리가 주종이었다.

광복 이후 한국 정부는 일제의 양조 정책을 유지하였다. 가정에서의 술 제조는 여전히 금지하였다. 서구화와 함께 맥주와 양주가 시장을 꾸준히 넓혔으나 1960년대 말까지 한국인의 대표 술은 여전히 막걸리였다. 그때까지만 해도 전체 술 시장에서 막걸리는 80% 이상의 점유율을 유지하였다. 1970년대에 한국의 술 시장은 급변하였다. 맥주와 희석식 소주가 시장을 급속히 넓혀나갔다. 막걸리가 밀려나고 맥주와 소주가 득세를 하는 과정에 가장 큰 영향을 준 것은 도시화였다. 농민들이 도시로 이주해 노동자가 되면서 막걸리를 버리고 맥주와 소주를 선택한 것이다.

쌀막걸리 제조 금지도 막걸리의 쇠퇴에 일부 영향을 미쳤다. 정부는 1963년에 쌀로는 막걸리를 빚지 못하게 하였다. 쌀이 부족하니 내린 조치였다. 대신에 수입 밀이나 옥수수 등으로 막걸리를 제조하게 하였다. 1977년 통일벼 재배로 대풍을 이루자 쌀막걸리를 허용하였다가 2년 뒤 다시 금지하였다. 쌀막걸리 제조가 다시 허용된 것은 1990년이었다. 그사이에 막걸리는 '서민의 술' 또는 '농민의 술'이라는 이미지는 희박해지고 '저급한 싸구려 술'이 되고 말았다. 쌀막걸리의 재등장에도 막걸리의 쇠퇴는 이어져 2000년대 초반에 이르러선 점유율은 4~5%까지 떨어졌다.

2000년대 후반, 막걸리 붐이 일었다. 일본인들이 막걸리를 즐겨 마신다는 언론 보도가 있자 막걸리에 대한 관심이 갑자기 생긴 것이다. 그러나 잠시였다. 막걸리 붐의 혜택은 자본이 넉넉한 대형 양조장의 몫이 되었고, 지역의 소규모 양조장은 오히려 지역 시장에까지 밀려든 대형 양조장의 막걸리와 힘겨운 싸움을 하는 꼴이 되었다.

양반은 소주

술은 사람이 만든다? 아니다. 알코올균이 만든다. 미생물인 알코올균이 탄수화물의 일종인 당을 분해하여 술을 만든다. 당이 있는 것은 다 술이 될 수 있다. 포도나 사과는 당이 풍부하다. 짜서 그냥 두면 알코올균이 작업을 해서 술을 만들어준다. 쌀과 밀도 술 재료가 된다. 이 곡물에 들어 있는 탄수화물은 전분이다. 그러니 전분을 일단 당으로 쪼개야 한다. 누룩이 이 일을 한다. 전분이 당으로 변하면 알코올균이 작업을 하여 술을 만든다.

이렇게 만들어지는 술은 알코올 함량이 낮게는 3도에서 높게는 14도 정도 나온다. 와인이나 맥주, 막걸리가 이런 술이다. 자연 상태에서는 알코올균이 그 정도 도수의 술밖에 만들지 못한다. 여기까지의 술이 자연과 인간이 협업하여 만드는 술이라면 이후의 술은 인간이 만드는 술이라 할 수 있다. 알코올을 농축하는 것이다. 소주이다.

술은 물에 알코올이 섞여 있는 액체다. 이 술을 그릇에 담고 불을 가하면 알코올이 먼저 기화한다. 수증기로 변한다는 뜻이다. 이 알코올 수증기를 붙잡으면 도수 높은 술을 만들 수 있다. 이렇게 만든 술이 소주다.

소주 내리는 방법은 고려시대 몽골로부터 이 땅에 들어왔다. 몽골어로 술이 아락인데, 이 말이 전남 영광 법성포에 남아 있다. 고려시대에 몽골 군사가 법성포에 주둔을 하면서 소주 내리는 법과 함께 이 말을 퍼뜨린 것이다. 이 지역 사람들은 소주를 아랑 또는 아랑주라고 부른다.

고려시대 이후 우리 조상들은 소주를 제법 마셨다. 한반도에서는 주로 쌀로 술을 빚었고, 그래서 쌀소주를 마셨다. 쌀이 주식이니 자주 마실 수 있는 술은 아니었다. 상류층에서나 마시는 술이었다. 일제강점기에 고구마 소주가 등장하였다. 경상도와 전라도의 남쪽 땅에 고구마를 적극적으로 심어서 이를 수매해 소주 원료로 썼다. 수매는 얇게 썰어 말린 고구마로 하였는데, 이를 절간고구마 또는 고구마빼떼기라고 불렀다. 고구마빼떼기는 먹거리이기도 했다. 양조장에 납품하고 남은 것으로 죽을 쑤어 먹었고, 지금도 경남 통영의 향토음식으로 남아 있다.

1970년대 중반에 고구마 소주는 종말을 고하였다. 고구마보다 싼 전분인 타피오카가 수입되었다. 타피오카는 아열대나

열대지방의 작물인데 이 작물의 전분이 아주 싸다. 소주의 원료가 고구마에서 타피오카로 바뀌는 과정에서 농민항쟁이 발생하였다. 1976년의 일이다. 전남 함평의 고구마 재배 농민이 들고일어난 사건이라 하여 '함평고구마사건'이라고 부른다. 양조용 절간고구마를 수매해주기로 해놓고 약속을 안 지켜 농민이 조직적으로 시위를 하였다. 대한민국 건국 이래 최초의 농민항쟁이며 한국농민운동사에서 매우 중요한 사건으로 기록되어 있다.

소주 아니고 쏘주

위스키도 소주다. 맥주에서 얻은 소주라 보면 된다. 브랜디도 와인으로 만든 소주다. 럼도 소주고, 보드카도 소주다. 이 술들을 증류주로 분류하기도 하지만 소주라고 부르는 게 더 적절하다. 소주燒酒, 불에 사르다, 태우다의 뜻인 '燒'가 붙은 술, 이 표현이 적절하다.

외국의 소주, 그러니까 브랜디, 위스키, 럼, 보드카 등등을 우리는 고급한 술이라 여긴다. 그런데 한국 시판 소주에 대한 이미지는 다르다. 싸다. 가격만 싼 것이 아니다. 맛도 저급하다고 여긴다. 타피오카라는 값싼 재료 때문이기도 하고 제조 방식 때문이기도 하다. 한국의 시판 소주는 대부분 희석식으로 만든다. 95도짜리 알코올을 만든 다음에 여기에 물을 타는 방식이다. 희석식 소주가 대중화된 것은 1960년대 중반이다. 술의 재료인 곡물을 아끼기 위해 되도록 제조효율이 높은 술을 만들다 보니 이렇게 된 것이다.

쏘주! 우리는 소주를 소주라고 발음하지 않는다. '쏘주'이다. 발음에서부터 독한 술이라는 느낌이 묻어난다. 실제로 소주를 마시는 이들의 표정을 보면, 왜 마시나 싶을 정도로 인상을 쓴다. "으으으 써." 그래서 쓰디쓴 인생의 맛을 알아야 소주 맛도 알게 된다고들 한다. 알코올은 기본적으로 약간 쓰다. 그러나 잘 내린 소주는 아주 쓰지는 않다. 희석식 소주다 보니 더 쓰게 느껴진다. 향이라도 있으면 쓴맛이 덜할 텐데 희석식 소주에는 향도 없다. 그 쓴맛을 죽이려고 인공의 단맛 등등을 첨가한다. 쓰면서도 들척지근한 소주이다.

한국인은 이 쓰디쓴 소주에 강한 애착이 있다. 1960년대 산업화가 급격히 진전되면서 한국인 대부분이 농민에서 노동자로 신분이 바뀌었다. 노동자에게 '일하면서 마시는 농주' 즉 막걸리는 적합한 술이 못 된다. 퇴근 후 귀가 전까지의 짧은 시간에 취기를 올릴 수 있으면서 노동자의 주머니에도 부담 없는 희석식 소주가 시장을 넓혔다. 희석식 소주가 맛과 향은 엉망이어도 그 격동의 시대에 서민의 벗이 되어준 것만은 분명하다. 희석식 소주나마 없었다면 그 시대는 참으로 삭막하였을 것이다.

냉국보다
찬국

요즘은 사정이 많이 바뀌고 있는 중이기는 한데, 한국인은 대체로 국 없이는 밥을 못 먹는다. 밥 한 숟갈, 반찬 한 젓가락, 국 한 숟갈식으로 먹는다. 국의 재료는 육해공군 가리지 않고 어떤 것이든지 다 된다. 지역마다 집안마다 다양한 국이 존재한다.

한국인은 국을 따뜻하게 먹는 관습이 있다. 가스 불에 냄비를 올려놓고 끓이면서 먹기도 한다. 국이 뜨거워서 훌훌 불면서 먹어도 "어, 시원하다"고 말한다. 밥과 반찬은 주지 못하는 개운함을 국에서 얻는 것이다. 그래도 여름이면 차가운 국을 먹기도 한다. 수만 종의 국을 모두 다룰 수가 없어 조금은 색다른 냉국에 대해서만 여기에 기록해둔다.

한반도의 여름은 무척 습한 더위가 두어 달 지속되는데, 이 더위를 이겨내며 국을 끓이고 이를 따뜻하게 내는 일은 버겁다. 이열치열이라는 말이 있기는 하나 밥상을 받는 사람 입장에서도 더운 국은 꺼리게 된다. 그렇다고 찬 맹물을 내는 것은 성의 없는 일이다. 이때에 먹는 국이 냉국이다. 차게 먹는 국이다. 콩나물냉국처럼 끓여서 식히는 냉국도 있기는 하지만 냉국은 대체로 찬물로 조리한다. 요리를 하는 사람이나 이를 먹는 사람이나 모두 시원하게 여름을 나기 위한 음식이다.

냉국은 옛 문헌에 찬국으로 표기되어 있는 경우가 많다. '냉冷'은 한자이고 '찬'은 한글이다. 국은 한글이니 그 앞에 '찬'이 붙는 것이 어울릴 터인데, 찬국은 사라졌고 다들 냉국이라 부른다. 찬국이라 하면 어색하고 입에 잘 붙지 않겠으나 살려봄 직한 순우리말이다.

조선의 문헌에는 여름의 시절음식으로 차게 먹는 국수 등 단품요리가 보이기는 하나 밥과 함께 내놓는 냉국은 잘 안 보인다. 조리법이 워낙 단순하며 또 서민의 음식이라 기록에 소홀하였을 수 있다. 1927년 6월 17일자 〈동아일보〉 '계절요리'란에 '외찬국'이 실려 있다. '외'는 오이이고 찬국은 냉국이니, 요즘 말로 하자면 오이냉국이다.

쓰지 안은 연한 외를 얇게 써러서 그릇에 담어가지고 초와

간장을 너어서 잘 저른 후에 그릇에 담고 물을 넉넉이 붓고
간을 적당하게 맞촌 후에 파를 잘게 써러 너코 고초가루를
처서 상에 놋는 것임니다.

_ 〈동아일보〉 1927년 6월 17일자

현재의 오이냉국 조리법과 크게 다르지 않다. 한국인은 냉
국이라 하면 대체로 이 오이냉국을 떠올린다. 오이 외에 파나 양
파, 미역 등을 함께 쓰기도 하며, 고춧가루나 깨도 입맛에 따라
넣기도 하고 빼기도 한다. 여름 즈음의 오이가 가장 맛있으며 또
오이의 시원한 향이 맹물만으로도 보태어져 여름 밥상에 잘 어
울린다. 오이는 열매가 워낙 많이 달리는지라 텃밭에 두어 포기
심어놓으면 여름 내내 딸 수 있다는 점도 오이냉국이 여름의 주
된 국으로 자리 잡은 까닭이다.

1924년 발간된 이용기의 《조선무쌍신식조리제법》에는 냉
국을 창국이라 표기하고, 그 아래의 괄호 안에다 '찬국冷湯냉탕'이
라 병기해두었다. 이 책에는 김창국, 외창국, 메역창국 세 종류의
냉국 조리법이 적혀 있다. 김냉국, 오이냉국, 미역냉국이다.

1931년 〈동아일보〉는 6월 19일과 23일 두 차례에 걸쳐 냉
국을 소개하고 있다. 제목은 '찬국 맨드는 법'이다. 김찬국과 외
찬국은 《조선무쌍신식조리제법》에 나오는 조리법과 거의 같으
며 미역찬국은 이 책과는 조금 달리 적혀 있다. 요즘의 냉국과
조리법에서 큰 차이가 없다. 그 외 파찬국, 북어찬국, 쇠머리찬

국, 외지찬국, 가지찬국, 짠지찬국 등 다양한 냉국 조리법이 나온다. 특히 북어찬국과 쇠머리찬국은 현재에는 해 먹지 않는 음식이라 흥미롭다. 그래서, 여기에 옮긴다.

> "북어를 대가리 잘으고 물에 불린 후에 뼈와 지네미를 다 버리고 껍질과 살만 불려서 한치 기리씩 되게 죽죽 찌저서 장과 기름과 파 힌 것 채친 것과 호초가루, 깨소곰, 고고가루를 치고 함께 주물러서 냉수를 붓고 초를 치고 먹습니다."

> "쇠머리를 물으게 삶아 넓고 둑겁게 썰어 냉수에 담그고 얼음 한 덩어리를 큰 걸로 너코 장, 초, 파 대가리 썬 것과 풋고초를 굴게 엇썰어 너코 깨소곰을 왼알업시 잘 찐 것을 풀고 실백을 띄우고 모도 휘저노앗다가 조흔 합주를 한 탕기 마신 후에 사실 국물을 떠먹고 쇠머리 조각(꼬뚜리가 제일입니다)을 풋고초와 겹처 조흔 초장에 찍어 먹으면서 열무김치나 함께 우물려 씹으면 쾌창한 맛이 더 할 수 업습니다."

북어찬국은 북어에서 나오는 감칠맛이 있으니 맹물이라 하여도 국물 맛이 그다지 나쁘지는 않을 것이다. 쇠머리찬국은 삶아놓은 쇠머리고기를 냉수와 얼음에 넣는 것이니 양념을 하여도 국물은 기대할 것이 별로 없다. 대신에 쇠머리찬국을 먹는 방법을 퍽 재미나게 알려주고 있다. 쇠머리찬국은 "조흔 합주를 한 탕기 마신 후에" 먹는 것이라 하였다. 합주는 '合酒'이다. 이 술은 여름에 마시는 찹쌀막걸리다. 그냥 마시는 것이 아니라 꿀이나 설탕을 타서 시원하게 벌컥벌컥 들이켜는 술이다. 이 술을 한 탕기사발 마시고 쇠머리찬국을 안주로 삼으라는 것이니 여름 풍류로 이만한 것이 또 있을까 싶다.

호랑이보다 무서운
곶감

겨울밤 어느 산골에 호랑이가 나타났다. 불 밝힌 집에서 아이가 울고 있었다. 호랑이는 아이를 잡아먹을 요량으로 그 집 마당 안에서 살금살금 기어들어갔다. 방에서는 할머니가 아이를 어르고 있었다. 마당에 납작 엎드린 호랑이는 방 안에서 들려오는 소리에 귀를 기울였다. 할머니가 외쳤다. "호랑이 나타났다." 호랑이는 들킨 줄 알고 깜짝 놀랐다가 이내 안심하였다. 할머니가 아이에게 겁을 주는 소리였다는 것을 금방 알아차렸다. 그런데 아이는 계속 울었다. 호랑이는 자존심이 상하였다. "날 무서워하지 않다니." 방에서 부스럭거리는 소리가 나더니 곧 할머니의 목소리가 들렸다. "여기 곶감 있다." 아이가 울음을 뚝 그쳤다. 호랑이는 깜짝 놀랐다. 호랑이 나타났다는 소리에는 꿈쩍 않던 아이가 곶감에 울음을 멈춘 것이다. 자신보다 무서운 곶감이란 존재가 있다니. 겁이 난 호랑이는 슬금슬금 뒷걸음질 쳐 도망을 갔다. 이후에 호랑이는 곶감이란 말만 들어도 줄행랑을 치게 되었다.

한국인이면 다 아는 옛이야기다. 예전에는 할머니의 입으로 들었으나 요즘은 그림동화책으로 본다. 이 이야기 덕에 곶감이 세상에서 가장 맛있는 음식이라고 한국인의 머릿속에 각인이 되었다. 그래서 곶감을 보기만 하여도, 아니다, 곶감이라는 말만 들어도 호랑이는 도망을 가고 한국인은 군침을 삼킨다.

곶감은 가을에 만드나 먹는 시기는 겨울이다. 말리는 데 걸리는 시간도 있고, 후숙성을 거쳐 맛이 들기까지 기다려야 한다. 제대로 숙성된 곶감은 겉이 까맣고 하얀 분이 인다. 겉면은 약간 거칠 듯 단단하나 그 속은 조청처럼 눅진하다. 특히 곶감에는 홍시나 침시에서 느낄 수 없는 발효취가 있다. 조금씩 입 안에 넣고 혀로 이리저리 돌리면서 먹으면 그 향이 오래오래 간다. 이 이전의 곶감은 마른 홍시 정도여서 곶감 특유의 발효취가 약하다. 눈이 팔팔 내리는 한겨울 밤에 호랑이를 곁에 두고 먹는 곶감이 진짜 곶감이다.

곶감은 떫은 감으로 만든다. 떫은 감은 한국 토종 감이다. 단감은 일제강점기에 건너온 외래의 감이다. 떫은 감은 한반도 곳곳에서 자생하는데 종류가 참 많다. 대체로 주산지의 이름과 품종의 명이 붙어 있다. 완주 고종시, 청도 반시, 상주 둥시, 의성 사곡시, 산청 단성시, 논산 월하시, 임실 먹시 등등 대충 200여 종이나 된다. 감에 따라 곶감 맛도 달라진다. 곶감으로 가장 인기 있는 감은 둥시다. 약간 큼직하고 둥글어 고루 말라 식감이 좋기 때문이다.

감의 떫은맛은 탄닌 때문이다. 떫은맛을 없애기 위해서는 탄닌에 손을 써야 한다. 나무에 그대로 두어 익히거나, 따뜻한 물에 담그든가 알코올을 뿌려 숙성을 시키는 방법이 있다. 이런 감을 홍시 또는 침시라 한다. 곶감도 떫은맛을 없애는 방법 중 하나로 볼 수 있다. 이런 방법들이 탄닌을 제거하는 것은 아니다. 떫은맛이 느껴지지 않게 탄닌을 불활성화하는 것이다. 떫은맛이 없어도 탄닌은 있다.

홍시나 침시에 비해 곶감을 귀하게 여기는 것은 특별히 당도가 높기 때문이다. 브릭스는 당도를 측정하는 단위인데 생감 상태에서는 20브릭스 정도인데 반해 곶감으로 완성되면 50~60브릭스에 이른다. 이 정도면 설탕이 따로 없다. 잘 숙성된 곶감에서는 하얀 분이 이는데, 이 분은 과당과 포도당이다. 옛날에는 이 분을 긁어모아 꿀 대용으로 썼다.

곶감은 비싸다. 공정에 돈과 시간이 많이 들기 때문이다. 감을 깎는 일이 일부 기계화되어 있기는 하지만 손 가는 일이 많다. 곶감 말리는 기간은 30~70일이다. 그냥 내버려두는 것은 아니다. 바람과 기온에 따라 관리를 해줘야 한다. 다 마른 것은 일일이 손으로 모양을 잡아주어야 한다. 여기에 포장까지 하고 냉장보관도 해야 하니 비쌀 수밖에 없다.

비싸기 때문인지 요즘 곶감은 대부분 선물용으로 소비된다. 제 돈 주고 곶감 사 먹기 버겁지만 선물로 건네기에 좋아 보이기 때문이다. 선물용으로 포장해야 하니 곶감의 때깔을 신경 쓰지 않을 수 없다. 그래서 보기 좋은 분홍의 곶감이 대세다. 그런데, 이 분홍빛 예쁜 곶감이 옛날의 맛을 빼앗고 있다.

곶감으로 말리려면 감 껍질을 깎아야 한다. 그러면 감의 겉면에는 여러 균들이 붙어 있기 마련이고 이게 곶감의 색을 검게 한다. 요즘 판매되는 곶감이 예쁜 분홍색인 것은 감을 깎은 후 살균을 하기 때문이다. 그런데 이 살균으로 색을 변하게 하는 균만 죽는 것이 아니라 곶감의 숙성을 돕는 균까지 죽는다. 곶감이 아니라 '껍질 벗긴 마른 홍시'가 되는 것이다. 이런 곶감에는 곶감 특유의 발효취가 없다. 때깔을 좇다가 맛을 잃은 것이다.

곶감은 원래 이 색깔이다. 더 두면 하얀 분이 인다.
홍시 색깔의 곶감은 살균 처리를 한 것이다.

'마른 홍시' 말고 제대로 된 곶감을 맛보기 위해서는 겨울에 시골 여행을 하여야 한다. 대량으로 제조한 것이 아니면 살균 처리를 하지 않는데, 집에서 조금씩 만든 그 옛날의 곶감을 시골 장터에서는 발견할 수 있기 때문이다. 장터에도 없다 하면 감나무 많은 시골에 가서 남의 집 담벼락 너머를 열심히 관찰할 필요가 있다. 발견하였다 하여도 "이것 좀 파세요" 하는 것은 예의가 아니다. 보통은 집안사람들끼리 먹기 위해 말리는 것이라 그 양이 무척 적기 때문이다. 그 집안의 손자들에게 욕먹을 일일 수도 있다. 그럼에도 그 곶감을 주시하고 있으면 어디선가 할머니가 꼭 나타나고 "곶감 맛있겠제. 좀 주까" 하고 말을 붙이게 되어 있다. 시골 인정이 그렇다. 단 한 알의 곶감이면 된다. 이런 건 맛으로 먹는 것이 아니다. 잊혀가는, 호랑이 담배 피던 시절의 추억이 그 시커먼 곶감 한 알에 들어 있기 때문이다.

만두
삼국지

밀가루 등으로 만든 반죽을 얇게 펴 그 안에 여러 재료를 넣고 싼 다음 익혀 먹는 음식을 만두라 한다. 세계 곳곳에 이 만두와 비슷한 음식이 있다. 널리 알려진 것으로는 이탈리아의 라비올리가 있겠고, 폴란드의 페로기, 네팔의 모모, 남아메리카의 엔파나다, 중국의 바오쯔, 일본의 교자 등등이 있다. 만두의 조리적 장점은 피로 싸여 있는 소의 맛을 잘 살릴 수 있다는 것이다. 또 피로 인해 소가 보이지 않으니 사람들의 호기심을 자극하여 음식 먹는 즐거움을 안겨준다. 이런 까닭에 만두와 같은 음식이 온 지구에 널리 퍼져 있는 것이다.

한국 만두와 가장 유사하며 조리법에서도 오래도록 서로 영향을 미친 것으로 추정할 수 있는 만두로는 중국의 바오쯔 또는 자오쯔, 일본의 만쥬 또는 교자를 들 수 있겠다. 이 글에서는 현재 한국인이 즐기는 만두에 집중하면서 중국과 일본의 그것과 어찌 융합되고 분화되어 있는지 살펴볼 생각이다.

회회인은 상화보다 연애에 관심이 있었다

2008년 개봉한 〈쌍화점〉이라는 영화는 고려가요 '쌍화점'에서 힌트를 얻어 제작된 것이다. 그러나 고려가요의 이름과 그 시대적 배경만 따왔지 가요의 내용과는 관련이 없다. 고려가요 쌍화점은 한 여인네가 이곳저곳에서 남자의 유혹을 받는다는, 요즘으로 보면 '야설'에 드는 노래다. 첫 소절은 이렇다.

> 雙花店에 雙花 사라 가고 신댄
> 回回아비 내 손모글 주여이다.
> "쌍화점에 쌍화 사러 갔더니 회회아비가
> 내 손목을 쥐더이다."

첫 줄의 댄은 [ㄷ+ㅐ+ㅣ+ㄴ]이다. 자판에서 쳐지지가 않아서 이리 표기했다. 쌍화를 상화霜花라 쓴 문헌도 있다. 쌍화점은 쌍화 또는 상화를 파는 가게라는 말이다. 이 쌍화 또는 상화가 만두 비슷한 음식이다. 요즘은 거의 쓰지 않지만 조선말까지는 상화라는 말이 문헌에서 흔히 보인다.

1809년 빙허각 이씨가 엮은 《규합총서》에는 상화 만드는 법이 적혀 있다. 밀가루 반죽을 발효해 쓰는데, 밀기울죽과 누룩가루를 섞어 하룻밤 삭힌 것을 반죽에 더하는 방법이 소개되어 있다. 막걸리를 써도 된다 하였다. 이렇게 발효를 하면 반죽이 부풀게 되고, 여기에 껍질 제거한 팥을 넣고 둥근 모양을 만들어 시루에 찐다. 이 조리법대로면 지금의 찐빵과 흡사하다. 제주도에서는 밀가루에 술을 더하여 부풀린 반죽으로 떡을 만드는데, 이를 상애떡이라 부른다. 상화가 '상애'의 형태로 남아 있는 것이다.

쌍화점에 등장하는 회회아비는 이슬람교도의 아랍인으로 추정하고 있다. 고려는 원에 의해 복속된 기간이 상당하다. 원은 당시 다민족의 세계국가를 이루고 있었다. 역사학자들은 고려도 여러 민족이 뒤섞여 살았을 것으로 추측한다. 고려시대 아랍인이 경영하는 가게의 아랍식 만두가 현재 우리가 먹는 만두 또는 찐빵의 '원조'일 수도 있는 것이다. 만두는 밀가루가 있어야 가능한 음식이며, 중앙아시아가 최초의 밀 재배지였으므로, 회회아비에 의한 만두의 전파는 고려에서만의 일이 아닐 수도 있을 것이다. 신라도 아랍권과 교역을 하였다.

메밀만두에서 밀만두로

고려가요에 상화가 등장한다고 한민족이 예부터 만두를 일상에서 흔히 먹었다고 볼 수는 없다. 만두피의 재료인 밀이 귀하였다. 밀이 한반도에서 재배되지 않았던 것은 아니었으나, 재배 시기가 같은 보리에 밀려 재배 면적이 적었다. 쌀을 주식으로 선택하면서 입식粒食의 전통을 세우고 분식粉食을 별식으로 밀어버린 결과다.

밀이 없다고 아예 만두를 빚지 못하는 것은 아니다. 아쉬운 대로 메밀이 있다. 메밀은 한반도 어디서든 잘 자라고 재배기간도 무척 짧아 한반도 곳곳에서 재배하였다. 1670년경 안동 장씨가 쓴《음식디미방》에는 메밀만두가 기록되어 있다.

"메밀가루를 눅직하게 반죽하여 개암알만큼씩 떼어 빚는다. 만두소 장만은 무를 아주 무르게 삶아 덩어리 없이 으깨고 꿩의 연한 살을 다져 간장 기름에 볶아 백자, 후추, 천초가루로 양념하여 초간장에 생강즙을 하여 먹도록 한다"

메밀은 밀과 달리 발효해도 부풀지 않는다. 따뜻한 상태에서는 흐물흐물 힘이 없고 식으면 딱딱해진다. 만두피로 쓸 만한 재료가 아니다. 메밀로라도 만두를 빚어 먹으려 했다는 것은 만두가 주는 매력이 상당하다는 증거기도 하다. 한국의 만두가 대부분 밀가루 반죽을 부풀리지 않고 빚는 까닭이 이 메밀만두에 익숙해진 입맛에 따른 것이 아닌가 싶기도 하다.

일제강점기에 한반도에서 외식업을 주도한 한 축이 바로 화상華商이다. 한반도의 만두는 이들에 의해 실로 다양해졌다. 화상은 주식으로 만두를 흔히 먹었는데, 이를 만들어 팔았다. 돼지고기와 부추로 소를 만들어 큼직하게 부풀려 쪄낸 왕만두, 조그맣게 빚어 끓는 물에 슬쩍 데쳐낸 물만두, 납작하게 빚어 팬에 튀기듯 구운 군만두 등등을 내었다. 그러나 화상의 시대는 길지 않았다. 일제가 중국과 전쟁을 하면서 많은 화상들이 이 땅을 떠났다. 이어 한국전쟁과 남북분단도 화상이 한반도에서 자유롭게 활동하지 못하게 만들었다. 광복 후 화상이 만들어놓은 만두 시장을 한국인이 접수하였다. 마침 미국이 원조물자로 밀가루를 공급하면서 만두 장사가 시장 좌판과 길거리를 점령하였다.

한국식 전통 만두를 앞세운 식당은 그로부터 한참 후에 외식업계에 등장하는데, 1980년대 한국의 외식산업이 부피를 키우면서 덩달아 생겨난 전통음식과 향토음식에 대한 수요가 집안에서 먹던 만두를 불러낸 것이다. 외식시장에 나온 한국 전통 만두는 평양식이니 개성식이니 하여 북녘 음식임을 주장하고 있다. 돼지고기와 부추, 배추, 무, 두부 등을 소로 쓰고 큼직하게 빚어 끓는 물에 슬쩍 데쳐 내거나 고깃국물에 담아 만둣국으로 낸다. 설날 시절식으로 남녘에서는 떡국을, 북녘에서는 만두를 먹었고, 따라서 북녘의 만두가 전통음식에 가깝다는 인식이 번진 결과로 읽힌다. 중국인이 춘절 시절식으로 만두를 먹는데, 중국과 가까운 북녘의 땅이 그 영향을 받은 것이 아닌가 싶다. 일본에서는 설 음식에 만두가 없다.

오랑캐의 머리를 먹는 일

만두의 유래를 논하면 제갈량 이야기가 항상 따른다. 제갈량이 강을 건너려는데 풍랑이 심하여 연유를 알아보니 강의 신이 사람의 머리를 제물로 바치기를 원했기 때문이었고, 제갈량은 사람의 머리 대신 돼지고기를 넣은 밀가루 반죽의 음식을 강에 던져 풍랑을 멎게 하였다. 그래서 그 음식의 원래 이름이 만두蠻頭, 만족의 머리였다가 만두饅頭가 되었다는 이야기다. 근거도 없고 맛깔스럽지 못한 유래 전설이다.

'饅頭'는 중국에서 '만터우'라고 발음한다. 터키에는 만트, 우즈베키스탄에는 만띠라는 음식이 있다. 물론 만두 모양의 음식이다. 밀 재배 문명의 확산 경로를 보면, 터키와 우즈베키스탄 등지가 중국에 앞선다. 만트나 만띠가 만터우로 발음되고 '饅頭'로 적혔다가 한반도에는 만두로 들어왔을 것으로 보는 것이 타당하다. 만두가 1600년대부터 조선의 문헌에 등장하기는 하지만 상화보다는 덜 쓰였다. 음식 이름에 '머리 두'자가 붙어 있으니, 꺼렸을 수도 있다. 그래서인지 만투饅骰라 쓰기도 하였다.

현재 중국의 만터우는 소를 넣지 않은 밀떡을 말한다. 한국의 중국집에서 내는 꽃빵 같은 음식이다. 제갈량의 그것처럼 소를 넣은 것은, 특히 둥그런 모양의 찐 만두를, 바오쯔包子라고 한다. 약간 길게 빚어 구운 만두는 자오쯔餃子이다. 일본에서는 또 다르다. 만쥬饅頭, まんじゅう는 흔히 반죽을 부풀려서 찐 만두, 교자餃子, ぎょうざ는 군만두를 뜻한다. 고기소만두는 니쿠만肉饅, 팥소

만두는 앙만餡饅, 이런 식으로 부른다. 일본에서는 만쥬가 과자의 한 형태로 다양하게 '변주'되어 있다. 밤, 호두 등등의 소를 넣고 틀에 넣어 굽는 과자도 만쥬라고 한다. 예를 들면 호두과자 같은 것도 일본에서 보면 만쥬의 하나이다.

팥소만두 아니고 찐빵

한국에는 독특한 이름의 만두가 있다. 찐빵이다. 찐빵은 만드는 방법이나 형태로 봐서는 만두의 하나임이 분명하다. 《규합총서》의 상화와 가장 비슷하며 중국의 더우바오쯔豆包子, 일본의 앙만과 같은 음식이다. 그런데 왜 한국인들은 찐빵을 팥만두 또는 팥소만두라 부르지 않는 걸까.

찐빵이라는 말은 구한말에 빵이 한반도에 유입된 이후 생긴 조어이다. 일제강점기 때 신문에 나오는 찐빵 조리법을 보면, 베이킹파우더 등을 넣은 밀가루 반죽을 찌는 것은 지금과 같으나 그 안에 소가 들어가지 않는다는 점에서 차이가 있다. 그 당시에 화상이 운영하는 만두 가게가 많았을 것인데 거기서 팥을 넣은 만두도 팔았을 것이다. 이런 추측이 가능한 것은 화상의 만두 가게에서 비롯한 것으로 보이는 지금의 한국 만두 가게에 이 찐빵이 꼭 있기 때문이다. 소 없는 찐빵이 사라지면서 만두 가게의 팥소만두를 두고 누군가 찐빵이라 이르면서 이 말이 번졌을 것이다. 호빵은 1970년대 어느 식품기업이 당시 일본에서 유행하는 인스턴트 앙만을 본떠 제품을 만들어 팔면서 붙인 이

찐빵이라는 이름에는 빵에 대한 강렬한 욕망이 담겨 있다.

름이다. '호-'라는 접두어가 붙은 것은 중국에서 유래한 음식이라는 그 당시 대중의 인식을 반영한 결과일 것이다. 호빵에는 팥외에도 채소가 들어가기도 하는데, 지금의 한국 음식 관습으로보아 만두라 해도 될 법한 음식이다. 찐빵 하나에 한중일의 음식문화가 뒤섞여 있는 것이다.

　음식 이름에는 간혹 그 음식을 먹는 사람들이 그것에서 얻으려고 하는 욕망이 투사될 때가 있다. 재료와 조리법에 따라 음식 이름을 붙이지 않고 그 욕망에 따라 이름을 짓는 것이다. 빵은 1970년대 이전만 하더라도 귀한 음식이었다. 한국전쟁 이후밀가루는 구호물자로 들어오며 넉넉해졌지만 당시 우리 부엌의빈약한 조리 기구로는 빵을 만들어 먹을 수 없었다. 빵집도 중소도시 규모 이상은 되어야 있었다. 가격도 무척 비쌌고 '있는 집자제들'이나 먹는 고급 음식이었다. '서민의 자제들'은 팥소만두정도에 만족해야 했었는데, 이게 빵과 비슷한 모양을 하고 있다는 것을 누군가 발견하였고, 그래서 누군가가 이를 찐빵이라 부르기 시작하였을 것이다. 찐빵이라는 이름에는 빵에 대한 강렬한 욕망이 찐빵 속 팥소처럼 틀어박혀 있다고 볼 수 있다.

장례식에서 육개장을
먹는 것의 의미 없음에 대하여

하일지가 1990년 발표한 소설 《경마장 가는 길》의 주인공은 R
이다. R는 프랑스 유학을 끝내고 한국에 돌아왔다. R는 프랑스
에서 동거하였던 J라는 여자를 만난다. R는 J에게 프랑스에서처
럼 지내자고 하고, J는 이를 거부한다. 이 소설의 줄거리는 R와 J
가 밀고당기는 '싸움'이 거의 전부다. R와 J는 수시로 곳곳에서
만나 싸우는데, 장소와 시간만 다를 뿐 그 싸움의 내용과 양상은
같다. 반복되는 싸움은 마침내 그 반복으로 인하여 낯설게 보이
기 시작한다. 익숙한 일상의 삶을 낯설게 하여 스스로를 되돌아
보게 하는 게 문학의 한 본질이라 한다면 《경마장 가는 길》은 성

공적인 소설이라 할 것이다.

이 소설에서 하일지는 낯설게 보여주기의 한 장치로 육개
장을 등장시킨다. R가 식당에서 먹는 음식은 오직 육개장이다.
육개장의 맛에 대한 묘사도, R가 육개장을 유독 좋아하는지에
대한 설명도 없다. 그냥 줄곧 육개장을 먹을 뿐이다. 육개장 먹
는 R 때문에 독자들은 소설에서만이 아니라 한국의 모든 육개
장이 낯설어 보이기 시작한다. 그러고 보면, 한국음식을 파는
대중식당에는 육개장이 항상 있다. 지역을 가리지도 않는다. 그
내용물이나 맛도 전국 어디든 비슷하다. 육개장이 있는지 없는
지 신경도 쓰지 않고 식당에 가고, 그 식당에는 육개장이 으레
있고, 그래서 육개장을 먹는다.

하일지식으로 하자면, 육개장이 더더욱 낯설게 보이는 경
우가 있다. 장례식장의 육개장이다. 조문객을 위해 차려 내는 음
식에 반드시 육개장이 있다. 전국 어느 곳이든 장례식장이면 매
한가지다. 장례식에는 육개장을 먹어야 한다는 법이 있는 것도
아님에도 한국의 모든 조문객은 장례식장에서 육개장을 먹는
다. 육개장을 먹으며 "왜 육개장이지?" 하는 생각도 하지 않는
다.《경마장 가는 길》의 R처럼 그냥 줄곧 육개장을 먹을 뿐이다.

육개장은 '개장'에 '육肉'을 붙여 만든 단어다. 개장은 개장
국, 개고기로 끓인 국이다. 구장狗醬이라고도 한다. '육'은 소고기
를 말한다. 그러니 육개장은 개장국 스타일로 끓인 소고깃국이
라는 뜻으로 읽을 수 있다.

개장국은 더위에 지친 몸을 달래기 위해 복날에 끓여 먹었던 여름 음식이다. 한민족에게는 꽤 전통이 깊은 음식이다. 근래에 반려동물을 식구로 맞이하는 사람들이 많아지면서 복날의 개장국 전통이 차츰 흐릿해지고 있지만 말이다. 한민족이 유독 개를 어여삐 여기지 않아 개장국을 즐겨 먹었던 것은 아니다. 고기라고는 개고기밖에 없었던 환경에 의한 것일 뿐이다. 소는 농사일을 해야 하니 함부로 잡을 수 없었다. 조선에서는 수시로 왕이 우금령을 내렸다. 소를 잡아먹으면 국가로부터 벌을 받았던 것이다. 돼지도 넉넉하게 키울 수가 없었다. 돼지는 주로 곡물을 먹어 사람과 먹이를 두고 경합하기 때문이다. 닭도 사정은 마찬가지였다. 특히 달걀을 얻어야 하니 닭 잡는 일은 드물었다. 개는 풀어놓으면 스스로 먹이를 대충 해결한다. 한반도에서는 썰매를 끌거나 양을 지키거나 사냥을 도울 일이 없다. 적당히 몸집을 불리면 잡아먹었고, 특히 복날에 그런 일이 많았다.

특별난 사료를 따로 챙겨 먹이지 않으면 모든 짐승의 고기에는 누린내가 난다. 풀어 키운 개의 고기도 그렇다. 그 누린내를 잡기 위해 조상들은 장醬을 썼다. 장의 구수한 맛과 특유의 발효취가 개고기의 누린내를 잡아준다. 개'장'국이란 이름이 붙은 까닭이다. 개고기만 넣고 끓이면 양이 적다. 여기에 고사리, 토란대, 숙주, 대파 등을 잔뜩 넣었다. 특히 고사리와 토란대는 고기와 색깔과 조직감이 비슷해 고기와 함께 씹으면 고기인 줄 속는다. 적은 고기로 고기를 넉넉하게 먹은 것처럼 착각하게 만드는 재료인 것이다.

육개장은 개장국에서 개고기가 빠지고 대신에 소고기를 넣으면서 발생한 음식이라는 설명이 있으나, 꼭 그렇게 볼 것은 아니다. 소도 개만큼 오래된 가축이며 우금령이 엄하였다 하여도 늙고 병든 소를 잡아먹었을 것이니 개고기의 장국과 소고기의 장국은 제각각으로 발생하였다고 보는 것이 맞다. 요즘의 소는 곡물사료를 먹어 누린내가 덜하나 풀만 먹고 자란 늙은 소는 그렇지 않다. 고기도 질기다. 그러니 푹 끓여 고기를 잘게 찢은 후 장을 더하고, 양을 늘려야 하니 고사리, 토란대, 숙주, 대파 등등을 넣었다. 소고기의 장국이니 육장국, 소장국, 또는 소고기장국이 바른 이름이며, 또 소고기장국이라는 말이 제법 널리 쓰이고 있기도 하다.

개장국이 복날 음식이라 그런지 육개장도 복날 음식이었으리란 생각이 번져 있다. 옛 문헌에는 그런 기록이 없다. 복날에 소 잡는 풍습은 더더욱 있을 수 없다. 육개장이라는 이름은 육개장을 먹는 계절과는 관련 없이 개장국의 보신 이미지를 소고기장국에다 갖다 붙이고 싶었던 욕망에 따른 것이라 할 수 있다. '든든한 고깃국'의 이미지를 확보하기 위한 전략인 것이다. 이름 탓에 육개장이 복날 음식의 하나인 듯이 보일 뿐이지 실제로는 특별히 복날에 챙겨 먹는 것은 아니다. R처럼 수시로 언제 어디서든, 특히 장례식장에서는 반드시 먹는다.

장례식장에서 육개장을 먹는 일에는 어떤 의미도 없다. 한국인이면 누구든 마다하지 않으니 내놓을 뿐이다. 육개장의 미덕은 이 '포용력'이다. 소고기의 적당한 감칠맛에 고춧가루의 칼칼함, 대파와 마늘의 달착함, 그리고 고사리와 토란대의 안온한 나물 냄새가 따뜻한 국물 안에서 잘 어우러져 이 음식을 앞에 두는 것만으로 마음이 푸근해진다. 한국인의 삶에서 너무나 익숙한 육개장이라 그 의미를 들여다보자고 쓰는 이 글이 외려 육개장을 낯설게 하는 듯싶다.

밥을
사 먹는
시대가 열리다

1960년대까지만 하더라도 한반도의 사람들은 대부분
농어민으로 살았다. 생활공간 주변에서 얻는 자연물이
곧 음식이 되었다. 산업화로 농어민은 노동자가 되었다.
노동자가 살아가는 공간 주변은 자연과 거리가 멀다.
음식을 사서 먹어야 한다. 외식이라 하나, 엄밀하게 말하면
매식이다. 집에서 먹는 음식도 사실은 매식이다.
재료를 사 와서 조리하여 먹기 때문이다.

한국인의 음식은 산업화 이후 크게 변화하였다.
먹을거리가 부족하다 보니 외국의 먹을거리가 대량으로
들어왔으며 외식업체가 폭발적으로 늘었다.
100년 전 조선인이 지금의 대한민국에 와서 음식을 먹는다
하면 "이건 우리 음식이 아냐" 하고 말할 것이다.
제2부 '밥을 사 먹는 시대가 열리다'에서는 산업사회의
한국인이 먹고 있는 음식을 들여다본다.
대부분의 한국인이 살고 있는 도시의 음식,
그리고 도시인을 주요 고객으로 삼는
향토음식에 대해 다루려 한다.

한국인의 일상 음식은 참으로 다양하다. 그 음식들을
낱낱으로 불러와 이 책에서 그 전부를 논의할 수도 없고,
또 그런다고 이 책에서 보이고자 하는 내 관점이 분명해지는
것도 아니다. 특히 향토음식은 그 종수를 늘려보았자
관점이 중복되어 지루할 수도 있다. 전주비빔밥의 사례는
안동헛제삿밥과 통하며 진주냉면의 예는 통영이나 여수의
이순신밥상과 통한다. 향토음식 중에 한국인의 삶을 충실히
드러낼 수 있다고 판단한 음식으로만 한정하였다.

제1장

도시의
음식들

식당에
'이모'가 사는 까닭

"이모." 이 호칭을 쓰는 일이 근래에 줄고 있기는 하나, 손님들은 대체로 식당 종업원을 이렇게 부른다. 남자 종업원밖에 없는 식당이어도 종업원과 눈을 마주친 상태가 아니면 허공을 향해 "이모" 하고 외친다. 한글날이면 이 호칭이 뉴스에 오른다. 언어 예절에 맞지 않다는 것이다. 이모는 어머니의 여형제를 이르는 말이니 이름도 성도 모르는 종업원을 이렇게 부르는 것은 사리에 맞지 않은 것은 사실이다. 그런데, 왜 우리는 굳이 식당에서 "이모"를 찾는 것일까.

우리 조선은 농민의 나라입니다. 과거 4천여 년 동안의 역
사를 돌아볼 때 어느 때에 비록 하루라도 농업을 아니 하고
살아본 적이 없었습니다. 역사의 첫머리부터 지금에 이르
기까지 전혀 농민의 나라인 것은 감출 수 없는 사실입니다.

윤봉길 의사가 지은《농민독본》의 농민편은 이렇게 시작한
다. 농민의 나라! 한반도의 주인은 늘 농민이었다. 인구로도 가
장 많았고, 지배계급이라 뻐기었던 이들도 결국은 농민이 땀으
로 거둔 음식을 먹고 살았다. 1960년대 산업화 이후 이 나라는
더 이상 농민의 나라일 수 없었다. 농민은 한순간에 농촌을 떠나
도시의 노동자가 되었다.

농민은 자신이 가꾼 농산물로 음식을 해서 먹는다. 논밭은
집 근처에 있다. 논밭에서 일을 하다가 집에 와서 허기를 지우고
또 논밭으로 가서 일을 한다. 농번기면 논밭에 음식을 가져오게
하여 먹는다. 오늘 하루 집에 음식을 챙길 사람이 없다 하여도
큰 문제는 없다. 마을에 피붙이들이 옹기종기 산다. 밥때에 맞추
어 아무 집이나 문을 열면 끼니를 때울 수 있다. 그러니 주변에
식당이 있을 리가 없다. 장날이나 되어야 외식의 기회가 생겼다.

조선은 화폐 경제를 발달시키지 못하였다. 왕가가 세금으
로 현물을 받았다. 사·농·공·상의 유교적 계급의식에 따라 상업
을 천시하였다. 그러니 외식업이 제대로 형성될 수가 없었다.
큰 고개나 나루에 주막 정도만 있었다. 주막은 잠자리 제공의 역

할이 주었지 본격 외식업소로 보기가 어렵다. 잠을 자면 밥을 주었다. 농민이 먼 길을 나서려면 먹을거리를 지고 가야 했다. 또 하나의 방법이 있는데 남의 집에서 얻어먹는 것이다. 이런 게 가능했던 이유가 일종의 보험을 든다는 생각이었을 수 있다. 나중에 자신이 먼 길을 떠났을 때에 누군가의 집에서 얻어먹으려면 자신의 집에 오는 객들도 먹여야 한다고 생각하였다. 이런 풍습은 1970년대까지도 이어졌는데 그래서 젊은이들이 무전여행을 하곤 했다.

노동자는 자신의 먹을거리를 직접 확보할 수가 없다. 노동을 팔아 먹을거리를 사서 먹는 사람들이다. 그래서 노동자를 상대로 하는 식당이 생겼다. 어제까지 농민으로 살면서 집에서 먹던 밥을 식당에서 돈을 주고 사 먹으려니 어색하다. 식당의 주인이며 종업원들도 돈을 받고 밥을 파는 것이 어색하다. 그들도 어제까지 농민이었기 때문이다. 서로 음식을 사고파는 일에 대한 어색함을 줄이기 위한 전략이 필요하였다. 이모라는 호칭은 그렇게 탄생하였다. 농촌에서 살던 때와 같이 한 집안의 사람인 듯이 음식을 내고 또 먹는 상상을 이모라는 호칭에서 얻으려고 한 것이다.

이모와 같은 위무의 기호는 외식 공간에서 수없이 발견된다. 농민의 감성이 몸에 남아 있는 노동자는 식당에서 전문적인 요리사의 솜씨보다는 어머니의 손맛과 넉넉한 인심을 원하였다. 다행히 식당은 손님에게 그와 같은 위무 서비스를 제공할 수 있었다. 한국 외식산업의 초기 지형은 한국전쟁 이후 피폐한 가정 경제에 조금이라도 도움을 주려고 나선 여자들에 의해 마련되었다. 그들은 집안에서 가족에게 먹였던 음식 그대로 내놓았다. 바깥에서 음식을 사서 먹어본 경험도 없으며 요리 강습도 받아본 적이 없는 사람들이었다. 뛰어나게 맛있는 음식은 아니었어도 '집밥'을 먹는 기분은 충분히 확보할 수가 있었다.

뚝배기는
노동자의 그릇이다

설렁탕, 해장국, 감자탕, 순두부찌개, 순대국, 추어탕 등등 온갖 국물 음식들을 뚝배기에 담아낸다. 식당에서 흔히 보이는 것에 비해 뚝배기는 집에서는 거의 쓰지 않는다. 뚝배기는 한국 식당의 그릇이다.

옛말에 이런 말이 있다. "미운 며느리 질그릇 설거지 시킨다." 질그릇은 워낙 잘 깨진다. 툭 건들기만 하여도 금이 짝짝 난다. 이게 물을 먹으면 더 잘 깨진다. 못된 시어머니가 며느리 괴롭히는 용도로 쓰기에 더없이 좋은 그릇이다.

질그릇은 옹기의 한 종류인데 유약을 칠하지 않고 구운 것이 질그릇, 유약을 칠하고 구운 것은 오지그릇이라 한다. 오지그릇은 남고 질그릇은 사라졌다. 요즘 옹기라 하는 것은 대부분 오지그릇이다. 뚝배기도 오지그릇이다.

여담인데 질그릇도 굽기 나름이다. 잘 구운 질그릇은 탱그랑탱그랑 소리가 날 정도로 단단하고 그 때깔의 깊이와 촉감에 탄복이 절로 난다. 옛날에는 이 질그릇을 참 많이 썼다. 특히 질그릇에 밥을 담아놓으면 밥이 내뿜는 수분을 제 몸으로 끌어당겨 항상 고슬고슬한 밥을 유지할 수 있었다. 겨울날 아랫목 이불에 덮여 있었던 밥통이 이 질그릇이었다. 현재에도 응용해볼 만한 그릇이다. 문제는 쓸 만한 질그릇을 생산하는 곳이 거의 사라졌다는 점이다.

어찌 되었든 오지그릇이라 하여도, 옹기는 대체로 도자기에 비해 질이 떨어진다. 단단함이 덜하고 표면이 거칠며 때깔도 곱지 않다. 그래서 옹기는 음식물을 저장하는 용기로 주로 쓰였다. 장독, 술독, 젓독 같은 것이 대표적인 옹기이다. 밥그릇이나 국그릇 같은 식기로 쓰는 예는 별로 없었다. 오지그릇도 마찬가지였다. 일상 식기로 쓰면 매번 설거지를 하게 될 것이고, 미

국밥은 빨리 밥을 먹고 일을 해야 하는 노동자들에게 좋은 메뉴였고, 보온밥통이 등장하기 전 식은 밥을 토렴으로 데운다는 측면에서도 유용했다. 뚝배기는 국밥에 적합한 그릇이다. 뚝배기는 집에서는 거의 안 쓴다. 뚝배기는 '노동자의 그릇'이다.

운 며느리 꼴이 나게 되어 있다.

　그런데, 식당에서는 옹기를 참 많이 쓴다. 웬만한 국물 음식은 뚝배기에 담는다. 그러면 식당 주방 노동자들이 미운 며느리 꼴을 당하고 있는가 보면, 그렇지는 않다. 뚝배기가 잘 깨지지 않는다. 기술 혁신이 있었기 때문이다. 흙의 배합을 달리하고 높은 온도에서 구워내었기에 가능한 일이다. 요즘 뚝배기는 심지어 불 위에 올려 음식물을 직접 끓일 수도 있다. 옛 뚝배기로는 상상할 수도 없는 일이다.

　조선의 가정에서는 도자기를 주로 썼다. 물론 넉넉하게 쓸수 있었던 것은 아니다. 귀하였다. 식구 수대로의 밥그릇과 국그릇 그리고 찬그릇 몇 개가 전부였다. 분가를 하면 제 밥그릇은 챙겨 가져가야 할 만큼 아끼고 아끼며 썼다. 유기도 제법 썼다. 유기는 깨지지도 않아 재산 목록 상위에 있었다.

　산업화로 노동자의 시대가 열리면서 도시에 식당이 생겼다. 고관대작이나 부자들은 요릿집에 다녔지만 주머니가 얇은 노동자들은 일상의 허름한 식당에서 끼니를 이어야 했다. 그때 식당을 연 사람들도 농민 출신이었다. 돈이 없었다. 도자기며 유기로 밥그릇, 국그릇을 마련하기 버거웠다. 그래서 옹기에 주목하였다. 장점은 단 하나, 저렴한 가격이었다. 굳이 하나 더 보탠다면 국물 음식을 담기에 그 그릇이 넉넉해 보인다는 점이다.

　한국인의 음식은 밥과 국과 반찬으로 구성되어 있다. 이를 따로따로 차려주기가 어려울 때에 밥을 국에 말아 내든가 밥 위에 반찬을 올려서 낸다. 앞의 것이 국밥이고 뒤의 것이 비빔밥이다. 식기가 부족한 식당의 입장에서나 빨리 먹고 일을 해야 하는 노동자의 입장에서나 국밥과 비빔밥은 최적의 음식으로 여겨졌다. 특히 국밥 형태의 음식이 크게 번진 것은 보온밥통이 등장하기 이전에 밥을 따뜻하게 보관하기 어려웠기 때문이다. 식은 밥을 따뜻한 국물로 척척 토렴하여 내놓으면 적어도 "식은 밥 내는 식당"이라는 말은 듣지 않아도 됐다.

1960년대부터 본격적으로 한반도의 산업화가 진행되었다. 1960년대 인구 대비 70%였던 농민이 2019년 기준 4% 남짓하다. 그 많던 농민이 이 땅에서 사라진 것일까? 아니다. 그들은 노동자가 되었다. 이제는 1세대 탈농 노동자보다 그 노동자의 자식 혹은 손주들이 더 많다. 이들 앞에 놓이는 많은 음식들이 뚝배기에 담겨 있다. 뚝배기는 노동자의 정서가 깊게 밴 그릇이라 할 수 있다.

한국인은 일상의 오래된 무언가에서 흔히 농촌의 서정을 떠올린다. 뚝배기는 아니다. 근대의 산물이며 도시 노동자의 그릇이다.

무서운 이름
'집밥'

1980년대 한국은 급성장을 하였다. 세계 경제가 활황이었고 그 혜택을 한국이 확실하게 누렸다. 외식산업이 폭발했고 서양의 프랜차이즈 업체가 한국에 진출하였다. 본격적인 '외식 서비스업 마인드'로 무장한 외식업체가 늘어났다. 한국전쟁 후 문을 열었던 생계형 식당들도 이때까지는 웬만큼 버티었다. 그러나 곧 프랜차이즈 업체가 외식업계를 접수하면서 소규모 생계형 식당은 점점 경쟁력을 잃어갔다.

외식업계의 규모는 경제성장의 부침과 관련 없이 날로 커졌다. 음식을 사 먹는 인구가 지속적으로 늘어났기 때문이다.

단 30년 만에 대가족에서 핵가족으로 바뀌고, 다시 단 30년 만에 1인 가구 30% 시대를 맞았다. 가족이 해체되면서 집에서 밥 먹을 일은 줄고 바깥에서 밥 먹을 일이 늘었다. 음식은 다양해졌으나 음식으로 얻을 수 있는 안정감 혹은 행복감은 줄었다. 그 무렵에 '집밥'이라는 말이 외식업계에 등장하였다.

집밥이 외식업계에 등장하였을 때에 그 의미는 '집에서 먹는 밥처럼 차려주는 식당 음식'을 뜻하였다. 말이 새로워서 그렇지 이미 이 콘셉트의 차림이 있었다. 가정식이다. 백반이라는 메뉴도 그와 비슷하다. 집밥이라 하니 더 정겨워 보이기는 한다. 집밥을 콘셉트로 내세운 식당들이 2010년대 이래 부쩍 늘었었다. 이들 식당의 음식은, 대체로, 독자 여러분이 상상하는 그대로였다. 밥, 반찬, 국이라는 구성을 충실히 따랐다. 한국인은 집에서 다들 이렇게 먹지 않는가. 다른 게 있다면 '어머니의 손맛'이나 '정성'이 느껴지게끔 차리려고 노력하였다. 식기도 편안한 도자기를 쓰고 양념을 과다하게 투여하지도 않았다. 집에서 먹는 것처럼 보이게끔 차린 밥이었다.

이후에 집밥이라는 말이 온갖 먹을거리에 붙었다. 마트에서 파는 가공식품에도, 편의점의 간편식에도 집밥이라는 단어가 붙었다. 방송에서 프랜차이즈 업체 대표가 시청자에게 집밥을 가르치고 있다. 집밥을 안 먹는 시대에 집밥 열풍이다.

외식업계에서 쓰이고 있는 집밥이라는 단어는 현재 우리가 어떤 밥을 먹고 있는지 그 실상을 드러낸다. 인간은 수렵과 채집으로 800만 년, 농사를 지으며 1만 년을 살았다. 노동자로 살기 시작한 것은 산업혁명 이후의 일인데, 이 대한민국에서는 기껏 50년밖에 되지 않았다. 그러니 노동자로 집 밖에서 밥을 사 먹는 일에 완전히 익숙해졌다곤 볼 수 없다. 1980년대 이전만 하더라도 그나마 정이 오가는 식당에서 밥을 먹었으나 그 이후의 식당에서는 정을 붙이기가 쉽지 않다. 프랜차이즈 식당이 압도적으로 늘어나면서 소비자들의 식당 선택 기준은 가성비 정도에서 그치게 되었다. 배달 음식에서 식당 주인의 정을 찾기도 어렵다. 그 허전함을 채우기 위한 말이 집밥이다.

소설가 김훈도 직장생활을 꽤 하였다. 그래서인지 노동자의 밥에 대해 깊이 있는 글을 남겼다. 그 일부이다.

전기밥통 속에서 밥이 익어가는 그 평화롭고 비린 향기에 나는 한평생 목이 메었다. 이 비애가 가족들을 한 울타리 안으로 불러 모으고 사람들을 거리로 내몰아 밥을 벌게 한다. 밥에는 대책이 없다. 한두 끼를 먹어서 되는 일이 아니라, 죽는 날까지 때가 되면 반드시 먹어야 한다. 이것이 밥이다. 이것이 진저리나는 밥이라는 것이다.
밥벌이도 힘들지만, 벌어놓은 밥을 넘기기도 그에 못지않게 힘들다. 술이 덜 깬 아침에 골은 깨어지고 속은 뒤집히는데, 다시 거리로 나가기 위해 김 나는 밥을 마주하고 있으면 밥의 슬픔이 절정을 이룬다. 이것을 넘겨야 다시 이것

을 벌 수가 있는데, 속이 쓰려서 이것을 넘길 수가 없다. 이
것을 벌기 위하여 이것을 넘길 수가 없도록 몸을 부려야 한
다면 대체 나는 왜 이것을 이토록 필사적으로 벌어야 하는
가. 그러니 이것을 어찌하면 좋은가. 대책이 없는 것이다.

_《라면을 끓이며》, 김훈, 문학동네, 2015

어느 해 대통령 선거에서 어느 당의 경선 후보가 '저녁이 있
는 삶'을 슬로건으로 내세웠다. 나는 그의 지지자가 아니었으나
이 슬로건에 가슴이 울렁하였다. 그래, 점심은 그렇다 쳐도 집
에서 저녁밥이라도 가족과 함께 먹어야 하지 않겠는가 싶었기
때문이었다. 아등바등 밥벌이한다고 그렇게 악다구니로 살아봤
자 가족과의 저녁밥 한 끼 먹을 수 없는 삶이라면 무슨 의미가
있겠는가.

결코 집밥일 수 없는 음식을 두고 집밥이라 부르는 세태가
섬뜩하다. 이제 우리는 더 이상 '저녁이 있는 삶'을 꿈꾸지도 못
하는 것은 아닌지. 밥벌이의 지겨움을 넘어 밥벌이의 무서움을
말해야 하는 것은 아닌지.

소 돼지 닭의
시대

5,000년 한민족 역사에서 대한민국 시대만큼 고기를 넉넉하게 먹은 적은 없다. 한국의 음식을 한마디로 표현하면 '소, 돼지, 닭의 시대'이다. 1960년대 대비 2010년대 육류 소비량이 열 배 넘게 증가하였다. 그중 대부분은 소, 돼지, 닭이 차지한다.

한때 채식의 민족이라 불리었던 한국인이 소, 돼지, 닭을 넉넉하게 먹게 된 것은 그 기호가 바뀌었기 때문이 아니다. 많이 주어지니 많이 먹는 것이다. 소, 돼지, 닭이 한국인에게 넉넉하게 제공될 수 있는 것은 수입 곡물 덕분이다. 한국의 경제 사정이 넉넉하여 국제 시장의 곡물을 넉넉하게 사 올 수 있고 이를 소, 돼지, 닭에게 먹여 그 고기를 넉넉하게 먹고 있다.

지금 우리가 살고 있는 세상의 지배 논리는 자본주의이며, 따라서 돈이 먹을거리를 결정하게 되어 있다. 가난한 나라에서는 가축이 먹을 곡물은 고사하고 자신들이 먹을 곡물도 확보하지 못하고 있다. 대한민국이 대체로 잘살고 있다는 뜻이다.

소, 돼지, 닭에 대한 저작물들이 많다. 기존의 내 저작물에도 소, 돼지, 닭에 대한 내용이 넘친다. 되도록 중복되는 것은 피하면서 쓰다 보니 중요해 보이는 것은 빠졌다. 양해를 부탁드린다. 일부는 기존의 저작물에 있는 것임에도 새로운 내용을 덧붙여서 여기에 실었다. 소, 돼지, 닭의 시대가 독자 여러분들의 머리에 큰 그림으로 그려지도록 하기 위해서다. 소부터 이야기하겠다.

일소에서 고기소로

지구상의 소는 대부분 가축이다. 가축이란 생활에 유용성이 있어 일정 공간에 가두어 사료를 먹여 키우는 짐승이다. 소는 그 유용성에 따라 일소, 고기소, 젖소로 나뉜다. 이 분류에서 두 가지 이상의 유용성을 가지는 경우도 있다. 일소와 고기소 겸용, 고기소와 젖소 겸용 등이다. 인도에 있는 대부분의 소는 이 분류 어디에도 속하지 않는다. 사람들이 사는 공간에 함께 있기는 하지만 사육을 하지 않으며 고기나 젖을 얻거나 일을 부리지 않는다. 그래서 인도의 소는 가축에 넣지 않는다. 쥐가 집 안에 있다

한민족에게 소는 단순히 가축이 아니었다. 일꾼이었고 식구나 다름없었다. 그래서 생구라 하였다.

하여도 가축이라 하지 않는 것과 같다.

서양의 소는 고기소와 젖소이고, 동양의 소는 일소이다. 이는 그 지역의 농업 환경과 관련이 있다. 아시아에서는 벼농사 지역이므로 무논에서 일을 할 수 있는 소가 필요했고, 유럽은 밀농사 지역이므로 축력으로 소보다 말이 유용하였다. 또 유럽은 초지가 발달하여 젖소와 고기소를 방목할 수 있었고, 아시아에서는 소의 먹이를 충분히 확보할 수 없으니 일소로만 부릴 뿐 젖소와 고기소를 기를 형편이 되지 못하였다. 그러나 한국의 한우와 일본의 화우 등은 이제 일소라 할 수 없다. 산업사회 이후 기계화 영농으로 고기소가 되었다.

한반도의 소가 일소로 살 때는 소도 식구 대접을 받았다. 큰 일꾼이기 때문이다. 그래도 인간은 아니니 생구生口라 하였다. 정월 대보름이면 오곡밥과 나물로 상을 차리는데 한우에게도 이 음식으로 상을 차려주었다. 대보름 이후 농사를 시작해야 하니 한 해 농사 잘 지어보자고 식구로서 격려하는 차원이었다. 논밭을 갈 때 아무리 급해도 농부는 소를 다그치지도 욕을 하지도 않았다. 소가 다 알아듣는다고 여긴 것이다. 겨울이 오면 덕석을 짜 소의 등에 올려주고 "소에게 새 옷을 해주었다" 하였다.

일소라고는 하나, 죽으면 고깃덩어리이니 이를 먹지 않았을 리 없다. 삼국시대에 우리 땅에 들어온 불교는 통일신라시대를 거쳐 고려에 들어와서는 국교로 자리를 잡았다. 이 시기에는 모든 가축의 도살이 금지되었다. 소 먹는 일이 극히 드물었을 것이다. 그러나 몽골이 고려를 지배하면서 분위기가 바뀌었다. 몽골은 초원의 육식 민족이었고 그 육식의 풍습은 불교국가인 고려에 큰 영향을 미쳤다. 몽골이 우리 민족에게 끼친 육식 문화의 흔적이 아직까지 전하는데, 그 대표적인 것이 설렁탕이다. 몽골에서는 소고기, 양고기 등으로 끓인 탕을 '슐루'라 하며 이 말이 변하여 설렁탕이 되었다. 유교 국가인 조선에 와서도 소 도살은 자유롭지 않았다. 농경과 운송을 위해 소가 필요하였기 때문에 조선의 왕은 소 도살 금지령을 수시로 내렸다. 그러나 왕의 금지령이 한반도 전체에서 다 지켜지지는 않았을 것이다. 소가 병이 들었거나 다쳤다고 관에다 거짓말을 하고 잡아먹었다.

일제는 한반도 병탄 이후 소 사육을 적극 권장하였다. 제국주의의 기본적인 속성은 식민지에서 경제적 가치가 있는 것을 빼앗는 것이다. 일본 제국주의자들은 한반도를 강제로 병합

하면서 제일 먼저 한 일이 우리 농수축산물 조사이다. 그들은 1931년 나온《조선총독부 농사시험장 25주년 기념지》책자에서 한반도의 소에 대해 이렇게 적고 있다.

첫째는 성질이 온순하고 사역이 쉬우며, 둘째는 체질이 강건하며 조악한 사양관리에 잘 견디는 것, 셋째는 발굽이 강인하여 동작이 활발한 것, 넷째는 끌고 당기거나 짐싣기 등역역능률이 크다는 것, 다섯째는 비육성이 풍부하여 적당히 사육하면 고기 생산에 유리하면서 피질이 양호하여 좋은 가죽을 만들 수 있다는 것 등이다.

온순한 성질과 일을 잘한다는 것은 소를 부려 농사를 짓는 식민지 농민 입장에서는 가장 중요한 요소일 것이나, 우리의 것을 착취하는 제국주의자 입장에서는 "비육성이 풍부한 것"과 "좋은 가죽을 만들 수 있다는 것"에 더 관심이 갔을 것이다. 수탈이 목적이었다고 하지만 일제의 적극적인 소 사육 정책으로 한반도에서도 소고기를 넉넉하게 먹을 수 있게 되었다. 한국의 외식 아이템이 설렁탕, 곰탕, 불고기, 육회비빔밥, 냉면—기본 육수는 소고기 국물이다, 소고기국밥 등등으로 결정되는 것도 이때의 일이다. 그러나 이도 잠깐이었다. 태평양전쟁과 이어지는 한국전쟁으로 소가 급격하게 줄었다. 1930년대 말 180만 마리에 이르던 한반도의 소는 한국전쟁 후 40만 마리도 되지 않았다.

한국전쟁 후 정부는 1954년 가축보호법을 제정하여 우적등록제, 종우검사, 도살 제한 및 금지 등을 통하여 소 증식을 꾀하였다. 1958년에는 한우 구매자금 5억 원을 풀어 농가에서 한우를 쉽게 키울 수 있게 하였다. 그 결과, 1959년 말 이 땅에는 100만 마리 이상의 한우가 살게 되었다.

한국전쟁 후 한반도는 급격한 산업화, 도시화의 물결을 맞이한다. 말은 제주로 보내고 사람은 서울로 보내야 한다는 유행어가 국토를 휩쓸었다. 자신이 직접 서울로 향할 수 없는 농민들은 자식을 앞세웠다. 1960년대 서울의 대학은 농촌에서 올라온 유학생들로 채워졌다. 대학 진학률이 급격하게 늘면서 사립대학은 청강생 제도 등 별별 방법을 통하여 수익을 올렸다. 또 국공립대학과 달리 사립대학의 수업료는 상당히 비쌌다. 사립대학은 농촌 유학생들의 경제적 사정에는 아랑곳하지 않고 매년 수업료를 올려 원성을 샀다. 이때 우골탑이라는 신조어가 탄생하였다.

'우골탑 시대'는 소에 대한 인식이 바뀐 시기기도 하다. 그전까지 한국의 소는 '한우'보다는 '농우'라는 이름으로 더 많이 불렸다. '농사를 짓는 소'였던 것이다. 1960년대 들면서 농민들은 이 소의 교환가치에 관심을 가지게 됐다. 송아지를 사서 키워 고기소로 팔면 큰 수익을 얻을 수 있단 걸 알게 되면서 소규모이기는 하지만 상업 축산을 시도하게 된 것이다. 한국의 소가 한우라는 이름을 갖게 된 것도 이즈음이라 할 수 있는데, 농민들이 부리는 일소로서의 가치보다는 도시민들이 요구하는 고기소로서의 가치에 집중하게 되면서 한우라는 이름을 얻은 것이라 할 수 있다.

우골탑 시대를 거치면서 역설적이게도 한우는 '풍요'라는 새로운 이미지를 가지게 되었다. 사실 조선시대까지만 하더라도 풍요의 동물은 돼지였다. 다산에 무럭무럭 잘 자라기 때문이다. 소는 '우직함과 충직'의 상징이었을 뿐이었다. 우골탑 시대에 한우는 그 교환적 가치가 부각되면서 풍요의 상징이 된 것이다.

소는 원래 풀을 먹는 짐승이다. 그래서 위가 네 개나 있고 되새김을 한다. 요즘 한우는 곡물을 더 많이 먹는다. 마블링 많은 고기를 얻기 위해서이다. 소의 생리를 무시하고 사료를 먹이고 있다. 부드러운 소고기를 얻기 위해 30개월 조금 넘으면 도축을 한다. 적어도 15년에서 길게는 30년의 자연 수명을 누리는 소는 이제 없다. 인간은 풍요로워졌는데, 소는 영 좋지 않은 시대를 산다.

'국대' 고기구이 불고기

표준국어대사전을 보면 불고기란 "소고기 따위의 살코기를 저며 양념하여 재었다가 불에 구운 음식, 또는 그 고기"를 말한다. 지구상에 소고기 구이는 많다. 불고기만의 특징으로는 소고기를 얇게 썬다는 것, 그리고 달콤한 간장 양념을 한다는 점을 들 수 있다. 특히 물기가 자작하게 있는 불고기를 전통으로 여긴다.

불고기는 한국 음식문화의 한 상징이다. 그런 탓인지 다소 과장된 이야기가 떠돈다. 맥적貊炙이라는 음식이 불고기의 원형이며 그 역사가 고구려시대까지 닿는다는 것이다. 맥적은 일제강점기에 최남선의 책《고사통》에서 처음 거론되었다. 그는 4세기 진나라 때의 책《수신기搜神記》에 맥적이라는 음식이 나오는데, 이게 "우리나라 북쪽에서 수렵생활을 하면서 개발한 고기구이"라 주장하였다. 이 말이 크게 번져 맥적을 내놓은 식당도 있다. 소고기인지 돼지고기인지 심지어 야크 고기인지도 모르며 그 조리법조차 알 길 없는 음식이 불고기의 원형이라 주장하는데 무리다. 더욱이 최남선이 인용한《수신기》에는 "맥적은 적족이 먹는 음식의 이름이다貊炙, 翟之食也"고 적혀 있다. 적족은 중국 서북방의 민족으로 한민족의 혈통으로 보기 어렵다. 그 내용이 어떠하든《수신기》는 역사서로 분류할 수 없는 책이다. 그 내용은 요즘으로 보면 '전설의 고향' 수준의 허무맹랑한 귀신 이야기로 채워져 있다.

고려는 불교국가였기 때문에 육식을 금하였다. 원의 간섭 시기에 몽골민족의 여러 고기 음식이 전래되었을 것이나 소고기 구이에 대한 기록은 없다. 조선시대에 들어《산림경제》,《규합총서》,《시의전서》 등에서 소고기 구이가 등장한다. 설하멱또는 설하멱적이라는 이름의 소고기 구이가 특히 눈에 든다.《규합총서》 등에 나오는 그 조리법은 대충 다음과 같다.

소고기를 썰어서 편으로 만들고 이것을 두들겨 연하게 한 것을 대나무 꼬챙이에 꿰어서 기름장으로 조미해서 기름이 충분히 스며들면 숯불에 굽는데, 구운 것을 급히 물에 담갔다가 꺼내고 굽고 또는 물에 담그는 일을 세 번 되풀이하고 기름을 바른 후에 또 굽는다.

기름장은 간장과 참기름을 섞은 것인데, 지금의 불고기 양념과 비슷하다 할 수도 있다. 그런데, 소고기를 꼬치에 꿰어 숯불에 굽다가 물에 담갔다 굽다를 반복한다. 요즘에는 이런 방식으로 요리하지 않는다. 숯불에 굽던 소고기를 물에 담그면 겉면에 나온 육즙이 씻겨 맛이 빠지기 때문이다. 조선시대에 이런 조리법을 사용하였던 것은 소고기의 질과 조리 기구의 한계 때문이다. 조선시대의 소는 일소였고 또 대체로 오래 살아 고기가 질겼다. 정육을 할 때 지금처럼 얇게 고기를 썰 수 있는 조건도 아니었다. 냉장고가 없었으니 상온 상태의 소고기는 물렀을 것이고, 이 소고기를 자르는 무쇠칼도 그렇게 잘 들지 않았기 때문이다. 소고기는 뭉텅뭉텅 썰렸고 이를 숯불에 속까지 굽자니 방망이질을 하는 것으로도 모자라 물에 담글 수밖에 없었다.

조선에서는 우금령이 수시로 내려졌다. 소를 잡지 말라는 왕의 명령이다. 일소로 써야 하니 잡아먹으면 안 됐던 것이다. 일제강점기에 들면서 사정이 달라졌다. 일제는 소 사육을 적극 장려하였는데 일소로만 권장한 것이 아니었다. 가죽과 고기를 얻기 위한 사육 장려였다. 1930년대 말 소 사육 규모가 180만 마리였는데 2010년대 한우 사육 마릿수가 250만~280만 마리 수준이다. 당시의 인구를 감안하면 180만 마리는 엄청난 규모라 할 수 있다. 일본으로 많이 가져갔으나 그래도 이 땅에 남는 것도 많았다. 소고기를 얼마나 많이 먹었는지 1935년 5월 5일자 〈동아일보〉에 이런 기사가 떴다.

> 평양 모란대 송림 속을 노리터 삼는 주객에게 매우 섭섭한 일이나 모란대 송림의 명물인 불고기는 옥외에서 굽지 못하기로 되엇다 한다. 모란대는 풍치가 조은 곳이라 부민의 유람지요 또한 유원지인데 이 불고기 굽는 연기로 말미암아 청청한 솔나무가 시들시들 마를 뿐 아니라 고기 굽는 내음새는…
>
> _〈동아일보〉 1935년 5월 5일자

1939년의 책 《조선요리제법》에 우육구이가 나오는데, 모란대의 불고기와 그 조리법이 유사한 것이 아닌가 추측해볼 수도 있다. "고기를 얇게 저며서 그릇에 담고 간장과 파 짓이긴 것, 소금, 후추, 설탕을 넣고 잘 섞어서 굽는다." 현재 불고기의 사전적 의미인 "소고기 따위의 살코기를 저며 양념하여 재었다가 불에 구운 음식. 또는 그 고기"와 거의 같다.

그럼에도 《조선요리제법》의 양념에 뭔가 허전한 구석이 있

원쪽 위부터 시계 방향으로 광양불고기, 바싹불고기, 서울불고기, 언양불고기이다. 현재 대한민국에서 불고기라고 불리는 음식은, 이 외에도 다양하게 존재한다. 직화 구이에서 부터 전골까지 불고기이다. 이 다양한 불고기 중에 일제강점기에 등장한 불고기가 어떤 불고기인지는 알 길이 없다. 일상에 대한 기록이 부족한 탓이다.

다. 요즘의 불고기 양념에 당연히 들어가는 마늘과 참기름이 빠졌다. 어찌 보면 일본의 스키야키 양념법과 비슷하다. 사실, 조선이나 일본이나 근대 이전에는 소고기 요리법이 크게 발달할 수 있는 상황이 아니었다. 일본은 메이지유신 이전에 가축의 고기를 먹지 않았다. 불교국가였기 때문이다. 그러니 소고기 구이라는 건 없었다. 조선은 일본보다는 나았지만 소를 함부로 잡을 수가 없었으니 소고기 요리법이 크게 발달하진 않았다. 일본의 스키야키가 조선에서 넘어간 음식이라는 말이 있고 또 한국의 불고기가 일본의 스키야키의 변형일 수도 있다는 주장이 있는 것도 두 지역이 소고기 구이를 많이 먹지 못했다는 방증일 수 있다.

한국의 불고기와 일본의 스키야키, 나아가 야키니쿠, 이 셋은 비슷하면서 조금씩 다른 음식이다. 한 계열의 음식으로 읽을 수도 있다. 일제강점기에 서로 간섭하고 분화하였을 것이다. 그 간섭과 분화의 시발 음식이 무엇이냐를 두고 한일 간에 민족적 자존심이 부딪힐 수도 있다. 민족적 자존심도 좋지만 음식이란 지역과 시대에 따라 변하기 마련이므로 서로에게 영향을 주면서 서로 발전하였다고 보는 것이 올바르다 하겠다.

현재 대한민국의 불고기는 크게 세 종류가 있다. 소고기를 얇게 썰어서 간장 양념에 재웠다가 석쇠에 굽는 방식이 있고, 얇게 썰어 간장 양념을 한 소고기를 가운데가 불룩 올라온 불판에 올리고 가장자리 홈에 국물을 끓이면서 먹는 방식이 있으며, 얇게 썬 소고기와 버섯, 대파, 양파, 당면 등등을 간장 양념의 넉넉한 국물과 함께 냄비에 담아 끓이면서 먹는 방식이 있다. 이 세 종류의 불고기 중에 어떤 방식의 불고기가 일제강점기에 등장한 불고기인지는 알지 못한다. 당시 지식인들이 자세하게 기록을 남기지 않은 탓이다. 어떻든, 현재 한국의 불고기는 인기가 시들하다. 등심 구이, 갈비 구이, 특수부위 구이 등 두툼한 소고기 구이들에게 밀렸다.

'불고기'는 평양, 넓게는 평안도 사투리일까

어느 때에 문득 '불고기'가 평양, 넓게는 평안도 사투리에서 비롯한 단어라는 말이 정설처럼 퍼졌다. 원로 국어학자인 이기문 서울대 명예교수의 2006년 〈'불고기' 이야기〉가 그 정설의 근거다. 이기문 교수는 '불고기'를 옛 문헌에서 찾을 수가 없고 사전에 등재된 것은 1950년에 발행된 한글학회의 '큰사전'이 처음이라고 밝히고 있다. 여기서 그는 자신의 어린 시절 기억을 떠올린다. 1945년 광복 이전 평양, 넓게는 평안도 지역에서만 쓰이던 방언이라는 주장이다. 이 주장은 후학들에 의해 거의 정설로 다루어지고 있다.

이기문 교수는 1930년생이다. 평북 정주 출신이다. 1953년에 서울대학교를 졸업했다. 그가 평양에 대해 얼마나 알고 있는지는 알 수 없다. 정주 출신이니 그 동네를 잘 안다고 말을 할 수는 있을 것이나, 학문은 다르다. 술집에서 하는 고향 풍문 떠들기가 아니다. 근거가 있어야 한다. 이기문의 말에는 그 어떠한 근거도 없다. '불고기'가 평양의 사투리라 할 만한 문헌이 그 어디에도 없다. 그런데, 평양에서는 적어도 1930년대에 '불고기'라는 말을 거의 쓰지 않았을 것이라고 추측할 수 있는 문헌이 있다. '야끼니꾸'라는 말이 일상의 말이었음을 확인해주는 문헌이기도 하다.

이효석 선생이 1939년 〈여성〉이라는 잡지에 쓴 글이다. 이효석 선생은 1934년 평양 숭실전문학교 교수로 취직을 하여 평양에서 살았다. 그러니까 이효석 선생이 평양에서 적어도 5년 정도 살면서 쓴 글이다. 그냥 한번 방문하여 들었다거나 이기문 교수처럼 어릴 때에 어디서 들었다는 정도의 글이 아니다. 1930년대 당시 평양에서 '불고기'라는 말이 일상에서 사용되었

중요한 음식의 하나가 야끼니꾸인데 고기를 즐기는 평양 사람의 기질을 그대
로 반영시킨 음식인 듯합니다. 료리법으로 가장 단순하고 따라서 맛도 담박
합니다. 스끼야끼같이 연하지도 않거니와 갈비같이 고소하지도 않습니다. 소
담한 까닭에 몇 근이고 간에 량을 사양하지 않는답니다. 평양 사람은 대개 골
격이 굵고 체질이 강장하고 부한 편이 많은데 행여나 야끼니꾸의 덕이 아닌가
혼자 생각에 츄측하고 있읍니다. 다만 야끼니꾸라는 이름이 초라하고 속되어
서 늘 마음에 걸닙니다. 적당한 명사로 곳처서 보편화시키는 것이 이 고장 사
람의 의무가 아닐까 합니다. 말이란 순수할수록 좋은 것이지 뒤섞여 범범하고
옮겨온 것은 상스럽고 혼란한 느낌을 줄 뿐입니다.

_이효석, 〈여성〉 기고문

는지 확인할 수 있는 더없이 좋은 문헌이다.

이 문헌에는 '불고기'가 없다. 이효석 선생의 묘사로 보아서는 분명히 '불고기'라고 할 만한 음식이다. 대신에 '야끼니꾸'가 있다. 이기문 교수의 '추억'이 잘못 저장된 것이거나 적어도 근거가 희박함을 확인해주는 기록이다. 이효석 선생은 '야끼니꾸'가 듣기 싫다며 다른 말로 고쳤으면 좋겠다고까지 말한다. '불고기'라는 말이 1920년대에 만들어졌을 것으로 보이는 여타 자료가 존재하므로 1939년이면 '불고기'라는 말이 평양에서 조금씩 쓰였음 직한데도 이효석 선생과 평양 시민들은 이 말의 존재 자체를 모르고 있다.

음식명의 어원 찾기는 '아무말 대잔치'가 아니다. 서울대이고 명예교수이고 간에 문헌으로 말해야지 술집에서 잡담하는 것도 아니고 "어릴 때 들었다" 정도가 학문적 가치를 가지고 있는 듯이 말하면 안 된다. 따라서 개인의 추억 정도를 근거로 하여 논리를 전개하고 있는 이기문 교수의 논문 〈'불고기' 이야기〉는 학문적 가치가 없다.

국립국어원은 '불고기' 어원에 대한 그 어떤 공식적 입장도 없다. '불고기' 어원에 대한 정설이 없다는 뜻이다. 내가 밝혀놓은 이효석 선생의 기록은 이때까지의 '불고기' 어원 연구에서 다루어지지 않은 것이다. 적어도 이기문 교수의 '평양—넓게는 평안도—사투리' 주장이 정설로 받아들여지는 엉터리의 일이 사라지는 데 도움을 주었으면 한다.

206

토종 돼지는 퇴출되었다

1905년 일제가 기록한 〈조선토지농산조사보고〉에 실려 있는 돼지와 사육 환경에 대한 묘사다.

돼지는 대개 흑색으로 마른 것은 적으며 복부가 부풀어 늘어진 열등종인데 대개 사양되는 소와 마찬가지로 도처에 없는 곳이 없다. 그 수는 일본 이상이고, 매우 불결하다. 우리에서 사육되는 것이 보통인데 도로에 방양放養되는 일도 드물지 않다. 또한 드물게는 귀를 새끼줄로 매어 말뚝이나 나무막대기에 매달기도 한다. 잔반, 겨, 간장찌꺼기, 술지게미, 두부찌꺼기, 채소부스러기 등을 주어 기른다.
_〈조선토지농산조사보고〉

그 당시 한반도의 토종 돼지는 흑색이라 적었다. 복부가 부풀어 늘어진 열등종이란 문구도 눈길을 끈다. 열등하니 개량 대상이었다. 다음은 1907년 조선총독부가 발행한 〈권업모범장 보고〉에 실려 있는 내용이다.

금년 10월 바크샤 잡종 수컷 한 마리와 암컷 두 마리를 번식용으로 동경에서 수입하였는데 이 동물은 기후풍토의 변화에 민감하지 않아 발육이 양호하고 활발하였다. 너무 어려서 아직 분만 번식 시기에 이르지 못하였다. 그러나 성육 상황을 감안해볼 때 양호한 성적을 올릴 것은 조금도 의심할 여지가 없었다. 또한 조선의 재래종 돼지를 사양하고 비육시험을 실시한바 마른 체구를 기름지게 살찌우는 특성이 모자라서 비육 목적을 달성하기는 어려웠다. 더욱이 '울프씨의 법칙'을 기준으로 2기로 나누어 영양율을 정하고 세심하게 주의하였음에도 그 결과는 도저히 육용 동물로서 경제상의 가치가 없음이 증명되었다. 따라서 빠르게 개량 실적을 올리는 것은 매우 어려운 일이었다.

_〈권업모범장 보고〉

　한반도의 토종 돼지가 열등하여 경제적 가치가 없음을 밝히고 있다. 그러면서 일제는 바크셔 잡종의 보급에 나선다. 1908년 〈권업모범장 보고〉에는 "종돈으로 배부한 것은 바크셔 잡종 새끼돼지 수컷을 평안북도, 경상북도, 전라남도의 3개 도에 각각 한 마리씩, 경상남도에 두 마리로"라고 기록하고 있다. 이후 발행된 〈권업모범장 보고〉에도 일제는 일본에서 바크셔 잡종을 도입하여 한반도에 꾸준히 보급한 흔적이 보인다. 1910년 〈권업모범장 보고〉에는 요크셔도 보급한 것으로 되어 있다. 또 바크셔와 만주재래종 돼지로 잡종을 만든 기록도 보인다. 1918~1919년 보고에는 바크셔와 만주돼지, 조선돼지, 바크셔만주잡종 돼지 등에 대한 발육 상황표가 나온다.
　표에서 보면 한반도 토종 돼지는 최악의 증체율을 보이고 있다. 2년이면 성체일 것인데 그 무게가 기껏 30.0~37.5kg이다. 만주돼지에 비해서는 4분의 1, 바크셔에 비해서는 6분의 1 크기다. 이 정도면 경제적 가치는 제로라고 할 수 있다. 그럼에도 조선돼지를 시험사육한 까닭은 한반도의 자연에 순응한 품종이니 잡종으로 보다 강건한 유전인자를 뽑아보자는 생각에서였을 것이다. 1921년 〈권업모범장 보고〉에는 마침내 조선돼지가 보이지 않게 된다. 바크셔와 만주돼지, 그리고 바크셔잡종에 대한 사육 성적밖에 없다. 일제강점기 때 농가 사육이 권장된 품종도 이 셋을 기반으로 한 돼지였을 것이다.

현재 한국인들이 가장 많이 먹는 돼지는 삼원교잡종이다. 요크셔와 랜드레이스 교잡종에 다시 듀록을 교배하여 얻는 품종이다. 핑크색 피부를 가지고 있다. 요크셔를 중심에 둔 이런 교잡

나이	바크셔	만주돼지	조선돼지	바크셔 만주잡종	거세 만주돼지
출생시	1.1~1.5kg	0.8~1.1kg	0.3~0.5kg	0.9~1.2kg	-
1개월	5.6~7.5kg	3.8~5.6kg	1.9~2.3kg	4.5~6.4kg	3.8~5.6kg
6개월	45.0~53.6kg	30.3~37.5kg	11.3~15.0kg	37.5~48.8kg	37.5~56.3kg
1년	93.8~131.3kg	45.0~56.3kg	18.8~22.5kg	75.0~93.8kg	56.3~75.0kg
2년	187.5~225.0kg	112.5~131.3kg	30.3~37.5kg	150.0~168.8kg	-

종 돼지는 1970년대 양돈업이 규모화하면서 크게 번졌다. 그 이전 농가에서 부업으로 한두 마리씩 키우던 돼지는 검었다. 이 흑돼지는 다 크면 적어도 100kg은 넘었다. 크기만으로도 한반도 토종 돼지로 보기는 어렵다. 일제강점기에 퍼진 바크셔와 바크셔잡종, 만주돼지, 바크셔만주잡종 등일 가능성이 높다. 그럼에도 이 흑돼지를 토종이라 여기게 된 것은 일제강점기를 거치면서 이 흑돼지에 익숙해진 탓이다. 특히 1970년대 이후 크게 번진 요크셔가 외래종이라는 이미지를 강하게 풍기면서 반사적으로 검기만 하면 토종이라는 관념이 만들어진 것이라 할 수 있다.

돼지는 일제강점기 적극적으로 육성된 가축이 아니었다. 돼지는 농가의 여자들이 살림의 부산물로 부업삼아 키우는 정도의 가축이었다. 1970년대에 이르러서야 돼지를 제법 규모 있게 키우는 농가들이 등장하기 시작하였고 이후 양돈산업은 폭발적으로 부피를 키웠다. 1970년 110만 마리 정도였던 돼지는 1990년 450만 마리, 2000년 820만 마리에 이르게 된다. 2010년대 이후 1,000만 마리 위아래로 오르락내리락한다.

순대국밥이나 돼지국밥이나

순대는 원래 창자를 뜻하는 말이었다. 요즘 우리가 순대라 부르는 음식의 옛 이름은 '핏골집'이다. 발음하기에 섬뜩한 느낌이다. 순댓국을 이르는 말로 '혈장탕血臟湯'이라는 단어도 있다. 젊은 세대에게 이 이름을 들려주면 "뱀파이어가 먹는 음식인가요?" 할 수도 있을 것 같다. 옛날 기록에서 순댓국은 돼지내장탕으로 묘사되어 있다. 듣기 거북한 핏골집과 혈장탕을 버리고 대신에 돼지 창자를 뜻하는 순대의 의미를 확장해 사용하기 시작한 지는 그리 오래되지 않았다. 순대가 대중음식으로 자리를 잡은 일이 오래되지 않은 것처럼 말이다.

순대를 북한 음식이라 말하는데 그렇지 않다. 돼지를 치는 한반도 전역에서 순대를 만들어 먹었다. 그러나 넉넉하게 만들어 먹을 수 있는 음식은 아니었다. 한반도의 토종 돼지의 크기를 감안하면, 창자는 매우 작고 피도 많이 받을 수가 없었을 터이고 순대는 귀한 음식이었을 것이다. 순대가 서민 음식의 상징이 된 것은 한국 양돈 산업이 제법 규모를 갖추기 시작한 1970년대 들어서의 일이다.

1970년대에 들면서 돼지고기 대일 수출이 본격화하였다. 일본은 부분육을 원했다. 일본인은 안심과 등심 등 단백질이 많은 부위를 원하였다. 따라서 부분육 중에 기름이 많은 삼겹살과 뼈에 겨우 살이 붙어 있는 갈비, 그리고 족발, 머리, 내장 등이 한국인에게 넉넉하게 주어졌다. 시골 오일장에 순대 골목이 형성된 시기도 이즈음의 일이다. 시장 골목에 예닐곱의 순댓집이 어깨를 나란히 두고 몰려 있는 모양새는 전국 어디든 똑같다. 식당 앞에는 돼지머리가 놓여 있고 그 곁에는 커다란 솥이 두어 개 걸려 있다. 한 솥에는 돼지 뼈를 곤 국물이 끓고 있고, 또 한 솥에는 순대와 내장, 머릿고기가 데워지고 있다. 순대는 내장, 머릿고기와 한 접시에 담겨 나오거나 돼지 뼈 국물을 더하여 순댓국으로 식탁에 놓인다. 그렇게 순대는 대한민국 모든 서민의 음식이 된 것이다.

돼지국밥은 돼지의 살과 뼈 등으로 국물을 내고 그 국물에 돼지고기를 썰어 넣고 밥을 말아 먹는 음식이다. 국물에 돼지 머릿고기나 여러 내장이 들어가기도 한다. 돼지국밥을 두고 부산이나 경남지방의 특유한 음식으로 여기는 경향이 있다. 여기서 잠시, 순대국밥은 어떤 음식인지 생각해보자. 돼지의 살과 뼈 등으로 국물을 내는 것은 돼지국밥과 똑같다. 순대국밥은 돼지고기 외에 머릿고기, 내장 등이 풍부하게 들어가는 편이지만 돼지국밥과 맛에서 크게 다른 건 아니다. 단지 순대가 들었냐 안 들었냐가 가장 큰 차이다. 순대국밥은 전국 어디든 다 있는 음식이다. 돼지국밥은 순대국밥에 순대만 안 들어갔을 뿐인데 왜 부산과 경남지방의 특유한 음식이라 하는 것일까. 단지 이름 때문에 벌어지는 일일 뿐이다.

옛날에, 돼지가 참 귀할 때 돼지를 한 마리 잡았다 치자. 이 돼지를 어떻게 해 먹는 것이 가장 효율적일까. 구이? 찜? 물론 이런 음식이 가장 맛있을 것이나 푸짐한 돼지고기를 기대하고 있는 많은 사람들을 생각하면 그러지 못한다. 물을 잔뜩 넣고 탕으로 끓이는 것이 가장 효율적이다. 돼지고기 국물에 고기 몇 점씩 올려주면 수많은 사람들이 돼지고기를 즐길 수 있다. 그러니 돼지국밥은 먼먼 옛날 솥이라는 조리도구가 개발된 이래로 한반도 어느 지역 가릴 것 없이 먹어왔던 음식이라 보는 것이 온당하다.

돼지로 국물 음식을 만들 때 생기는 큰 문제는 냄새다. 돼지고기에서 나는 비릿한 냄새는 웬만해서는 쉽게 익숙해지지 않는다. 삶고 난 뒤라고 고기에서 냄새가 나지 않는 것은 아닌데 조금 식으면 견딜 만하다. 냄새를 내는 분자는 온도가 낮으면 덜 활성화되기 때문이다. 그런데 국물 음식은 식혀서 먹는 일이 거의 없다. 따끈하게 훌훌 넘겨야 제맛이다. 돼지고기 국물 음식은 그래서 역하게 느껴질 수밖에 없는 것이다. 옆 나라 일본에도 따끈한 돼지고기 국물 음식이 있다. 돈코츠 라멘이다. 돼지 뼈를 푹 고아 국물을 만든다. 전방 100미터 즈음에서도 돈코츠 라멘 가게가 있는 걸 알아차릴 수 있는데 냄새 때문이다. 돼지국밥이든 순대국밥이든 이 냄새는 똑같이 난다.

순대국밥이 전국의 식당에서 잘 팔리는데 반해 돼지국밥은 부산이나 경남 지역 특유의 음식이라며 타 지역에서 꺼리게 된 까닭은 바로 이 돼지 비린내와 관련이 있다. 돼지국밥이 순대국밥에 비해 비린내가 더 많이 나서가 아니다. 그냥 이름 때문이다. 국밥이라는 따끈한 국물의 음식 이름 앞에 '돼지'가 턱 붙어 있으니 돼지고기 비린내가 날 것이라고 머릿속에서 지레짐작하는 것이다. 여기에 비해 순대국밥은 순대의 달큰하고 고소한 맛부터 연상되니 먹을 만한 음식으로 여기는 것이다. 순대국밥은 잘 먹고 돼지국밥은 꺼리는 사람이 있다면 돼지국밥이라 말

하지 말고 "순대국밥인데 오늘을 순대가 빠졌다" 하고 내놓으면
잘 먹을 것이다.

돈까스 앞에서의 명상

요리사들이 가끔 이런 농담을 한다. "신발도 튀기면 맛있어." 그
러면 나는 이렇게 되받는다. "고무신이 맛있는지 운동화가 맛있
는지 한번 튀겨 줘." 튀기면 웬만하면 맛있다는 데는 동의한다.
돈까스는 돼지고기 튀김이다. 웬만하면 다 맛있다. 어쩔 수 없
이 고속도로 휴게소에서 끼니를 때워야 할 때면 나는 돈까스를
선택한다. 혹시나 대충 만든 돈까스일지라도 먹을 만하기 때문
이다.

일본의 돈까스 전문점에서의 일이었다. 혼자서 속으로 '웬
만하면 맛있는 돈까스!'라고 생각하며 밥을 먹다 그 문장을 확장
하여 '웬만하면 맛있는 튀김!'이라고 문장으로 만드는 순간 일본
돈까스의 조리적 또는 역사적 의미가 새롭게 내 앞에 나타났다.
튀김은 일본인이 무척 좋아하는 음식이다. 이 시각으로 일본 돈
까스 전문점의 메뉴를 확인해보았다. 생선까스와 새우까스가
기본으로 있다. 비프까스를 내는 곳도 있다. 튀김 전문점이라
할 수 있다.

돼지고기의 두툼한 등심과 안심으로 할 수 있는 요리 중에
스테이크도 있는데, 일본에서는 이 음식을 그리 즐기지 않는다.
두툼한 고기 그 자체의 맛을 즐길 만큼 일본의 육식문화 전통이

길지 않기 때문이다. 여기에 반해 튀김 음식은 일본인들이 오래 전부터 무척 즐겨왔던 음식이다. 튀김은 사실 그 안에 든 재료보다 튀김옷과 기름에 맛이 좌우된다. 그러니 일본인은 돈까스를 '고기 음식'이라기보다 '튀김 음식'으로 여기고 있는 것은 아닌가 추측해볼 수 있다. 한국의 돈까스집이 아니라 왜 일본의 돈까스집에서 이런 생각을 하게 되었는지 독자 여러분들은 대충 짐작을 할 것이다. 한국의 여러 돈까스집은 그 메뉴 구성이 튀김집 같지가 않다.

서양의 포크커틀릿이 일본으로 건너가 돈까스가 되었다는 게 정설이다. 커틀릿이란 얇게 저민 고기를 밀가루와 계란, 빵가루를 발라 튀기는 요리를 말한다. 돼지고기를 튀기는 방식은 서양이나 일본이나 같을 것이다. 그러나 돈까스는 이제 더 이상 서양 음식이 아니다. 서양의 고기 요리는 고기 덩어리째 접시에 올라오고 이것을 포크와 나이프를 이용해 잘라 먹는다. 그러나 돈까스는 이런 방식을 버렸다. 고기 덩어리가 젓가락으로 집어 먹을 수 있게끔 잘라져 나온다. 여기에 따르는 음식도 수프 대신 된장국, 빵 대신 밥, 샐러드 대신 채소절임 등이 나온다. 철저하게 일본식 음식으로 바뀐 것이다.

돈까스 유래에 대한 정설에다가 약간의 '양념'을 쳐보자. 서양에 포크커틀릿이 없었다고 가정하는 것이다. 일본인은 메이지유신 이후에 돼지고기를 먹게 되었다. 그러면 일단은 기존의 요리법을 응용하여 돼지고기를 먹을 궁리를 할 것이다. 일본인

일제강점기 한국으로 넘어온 돈까스는 광복 후 경양식집의 메뉴로 유지됐다. 서양음식이라는 관념 때문에 'Pork Cutlet'이란 영문이 병기되기도 했다. 싸고 푸짐하단 이미지가 극적으로 반영되며 '왕돈까스'의 형태로 변하기도 하였다. 왕돈까스는 곁에 김치 등이 놓이면서 한국화하였다

이 오랫동안 해 먹어왔던 음식으로 튀김이 있다. 이 튀김에는 재료의 변주가 무궁무진하다. '고기유신'으로 돼지고기가 주어지니 튀김에다 돼지고기를 넣는 것은 아주 자연스런 일이었을 것이다. 일본인은 이래저래 돈까스를 즐길 운명이었던 것이다.

　　돈까스는 일제강점기 때 한반도에 이식됐다. 광복으로 일본인이 한반도를 떠나고 난 이후 돈까스는 경양식집의 음식으로 유지되었다. 한국에 남은 돈까스는 주로 경양식집에서 판매되었기 때문인지 서양 음식이라는 관념이 투사되었다. 메뉴판에는 돈까스라고 한글로 쓰고 그 옆에 영어로 'Pork Cutlet'이라

적혀있기도 하였다. 먹는 방식은 포크커틀릿이라 불릴 법했다. 수프와 샐러드가 나오고 고기는 통째로 접시에 담겼고 포크와 나이프로 잘라 먹었다.

1960년대에 서울 명동에 일본식 돈까스 전문점이 생겼다. 최초의 일본식 돈까스 전문점은 지금도 성업 중인 '명동돈까스' 이다. 서양풍의 여러 음식을 내는 경양식점과 달리 일본에서처럼 돈까스만을 내었다. 이후 이 지역을 중심으로 돈까스 전문점이 속속 생겨났다. 명동이라는 지역적인 특색도 있었지만 돼지고기에 밥이 나오고 양배추 샐러드, 국이 나오니 영양뿐만 아니라 포만감에서도 큰 만족을 주는 음식이라 주머니가 넉넉지 않은 젊은이들에게 인기를 끌었다.

'싸고 푸짐한 돈까스'라는 이미지가 극적으로 반영된 곳이 있는데, 바로 기사식당이다. 기사식당 음식은 돼지불고기백반, 김치찌개, 된장찌개 같은 한식이 주종이다. 여기에 서양풍 또는 일본풍의 돈까스가 들어갔다는 것은 놀라운 일이다. 보수적 입맛의 '기사님'들이 돈까스를 선택하게 된 첫째 요인은 뭐니 뭐니 해도 싸고 푸짐하기 때문일 것이다. 싸고 푸짐하다는 점을 손님들에게 더욱 어필하기 위해 독특한 조리법을 만들어냈다. 돼지고기를 방망이로 두들겨 아주 넓게 펴서 튀겨 시각적으로 풍성하다는 만족감을 주었다. A4 용지 크기만 하다 하여 일명 A4돈까스로 불리기도 한다. 왕돈까스라고도 한다.

이 기사식당 돈까스에서 주목할 점은 상차림이다. 널따란 돼지고기 튀김에 따라 나오는 찬들을 살펴보자. 배추김치, 깍두기, 물김치가 있는가 하면 풋고추에 된장도 나온다. 또 우거지 된장국이나 콩나물김치국도 곁들여진다. 돼지고기를 튀김옷 입혀 튀겨 내고 양배추 샐러드가 있는 것 외는 한국음식 상차림을 따르고 있다. 돈까스의 '한국화'라고 할 수 있을까.

기사식당의 돈까스가 한국화한 음식이라 할 것이면 그 식기까지도 한국화하여야 할 것인데 현재로서는 애매하다. 수저와 함께 포크와 나이프도 놓는다. 한국식 같기도 하고 서양식 같기도 하고 일본식 같기도 한 돈까스다. 아직 한국음식으로 안착이 안 되어 있는 상태라고 봐야 할 것인데, 돈까스를 두고 여러 창의적인 일이 생기길 바랄 뿐이다.

1인 1닭의 시대

닭고기는 대한민국에서 가장 저렴한 고기다. '1인 1닭'도 가능하다. 옛날부터 그랬던 건 아니다. 귀한 사위나 와야 닭을 잡았다. 닭을 넉넉하게 키우지 못한 것은 모이 때문이었다. 풀어놓고 키우면 알아서 먹이를 해결할 것처럼 보이지만 생각보다 쉽지 않다. 담장을 넘어가면 남의 집 부엌에서 발견될 수도 있다. 마당에 내내 머물게 하려면 모이를 주어야 한다. 닭장에 넣어두고 키워도 모이를 주어야 한다. 모이는 곡물이다. 사람 먹을 것도 부족한데 닭에게까지 주기가 쉽지 않았다.

일제강점기에도 사정은 크게 나아지지 않았다. 곡물이 늘 부족한 상태였기 때문이다. 농업기관에 의한 품종 개량이 있었다. 한반도 재래 닭이 빨리 자라지도 않고 알도 많이 낳지 않아 외래 종자를 이식하였다. 한국전쟁 후 미국이 원조품으로 40만 마리의 닭을 들여와 농가에 공급했다는 기록이 있다. 그렇다고 본격적인 양계업이 시작된 것은 아니었다. 넉넉하게 줄 모이가 없었기 때문이다.

1960년대에 들어 닭고기 사정이 조금씩 나아졌다. 미국의 값싼 곡물이 들어오면서 대규모 양계장이 등장하였다. 그럼에도 여전히 닭 가격은 비쌌다. 당시 통닭이 외식업계에 진출하였는데 가장이 보너스나 받아야 온 가족이 통닭 한 마리 놓고 그 고소한 살을 조금씩 맛볼 수가 있었다. '1가족 1닭' 시대였다.

1960년대에는 크리스마스에 통닭을 먹었다. 크리스마스가 되면 통닭집들은 불난 호떡집 같았다. 당시 신문에 "연말연시 선물은 통닭으로" 같은 광고도 실렸었다. 썰매를 탄 산타가 통닭을 향해 질주하는 그림이 그려져 있다. 당시 한국인들은 미국 영화를 통하여 서양에서는 크리스마스에 칠면조 구이를 먹는다는 것을 알았을 것이다. 그들처럼 칠면조 구이는 못 먹어도 통닭 한 마리는 뜯자고 생각한 것이 '크리스마스 통닭'이었을 것이다. 이 풍습은 1980년대 중반 서구의 프랜차이즈 프라이드 치킨이 들어오면서부터 사라졌다. 귀하게 느껴지지 않으니 사라진 것이다.

1970년대 들어 닭고기 수급 사정은 확연하게 달라진다.

사육 마릿수만 보아도 1960년대 1,000만 마리 정도였던 것이 1970년대 초에 2,000만 마리를 넘긴다. 전국 어디든 시장 골목 입구에 있던 닭집들은 이즈음에 생긴 것이다. 1970년대 중반에

는 닭을 너무 많이 키워 닭고기 값 폭락 파동까지 겪게 된다.

1인 1닭 시대인 2010년대에 이르러 닭 사육 마릿수는 육계와 산란계 합해 1억 5,000만 마리에 달한다. 남한 인구의 세 배 정도다.

부족한 것끼리 모여 삼계탕이 되다

삼계탕蔘鷄湯은 닭에 인삼을 넣고 끓인 탕이다. 닭이 주재료이고 인삼은 부재료인데, 인삼 외에도 황기, 대추, 은행, 마늘 등이 부재료로 들어간다. 또한 보통 닭 몸통 안에 찹쌀을 넣어 조리하곤 한다. 주재료가 앞서고 부재료가 뒤서는 한국음식 작명 원칙으로 보자면 계삼탕鷄蔘湯이라 적어야 바르다. 한때 고등학교 가정 교과서에서도 계삼탕이라 하였다. 삼계탕은 1960년대에 만들어진 단어이다. 인삼을 앞세워 건강음식으로 마케팅을 하려는 외식업체에 의해 작명되었다.

한국인은 여름이면 삼계탕 한 그릇 먹는 것을 당연한 일로 여긴다. 특히 복날이면 삼계탕집 앞엔 사람들이 길게 줄을 선다. 이처럼 복날에 더위를 이기기 위해 특별난 음식을 먹는 풍습

을 두고 복달임이라 한다. 전통적으로는 개장국을 복달임에 먹었다. 개울에서 천렵을 하여 끓이는 생선탕도 흔한 복달임 음식이었다. 팥죽도 먹었다. 그런데 삼계탕을 복달임에 먹었다는 옛기록은 없다. 조선의 문헌에는 삼계탕도, 계삼탕도 발견되지 않는다. 닭에 인삼을 더하는 비슷한 조리법도 없다. 일제강점기에 출판된 조선음식 조리서에 지금의 삼계탕과 유사한 음식이 처음으로 등장하는데, 닭에 인삼가루를 넣고 끓이며, 이를 백숙이라 하였다. 덧붙여, 여름에 먹으면 좋다고 하였다.

옛 기록에 없을지라도 복달임에 닭을 삶아 먹었을 것이라는 추측은 쉽게 할 수 있다. 복달임에는 대체로 고단백질 음식을 먹으려고 하였는데, 마당에 한두 마리는 있었을 법한 닭이 그 음식으로 꼭 어울리기 때문이다. 또 이때의 닭이 맛있기도 하였다. 봄이면 닭이 알을 품어 병아리를 낳는다. 이 병아리가 3~4개월 자라 복날에 이르면 중닭이 된다. 요즘의 고기닭은 30일 만에 다 자라 먹을 만한 크기가 되지만 옛날의 토종닭은 더디 자라 그 정도 키워야 먹을 만해진다. 이때의 닭을 연계軟鷄라 하였다. 연하고 보들보들한 고기의 닭이란 말이며, 어린 닭이란 뜻으로 요즘에 쓰이는 영계의 본딧말이다. 더 자라면 고기가 질겨지고 누린내가 난다. 그러니까, 옛날의 닭은 복날에 잡아먹기에 딱 좋았던 것이다.

닭은 푹 고기만 하여도 맛있는 국물을 낸다. 따로 양념을 할 필요가 없다. 하얀 국물 그대로의 닭국을 해서 먹었고, 그래서 그 이름이 백숙白熟이다. 복날의 닭은 연계이니 연계백숙이 될 것이다. 맛있는 닭 음식으로 영계백숙이 이름을 얻고 있는 것은 복달임에 먹었던 그 맛있는 닭국에 대한 경험이 누적된 결과일 것이다.

복날의 연계백숙이 삼계탕으로 변하게 된 시점은 1960년 대다. 이런 추정은 인삼이 백숙에 들어갈 수 있게 된 상황이 그 때에서야 마련되었음을 근거로 한다. 인삼은 말리면 백삼, 쪄서 말리면 홍삼이 된다. 예전에 인삼은 백삼과 홍삼으로 거래되었 다. 밭에서 캔 그대로의 인삼은 수삼이다. 수삼은 쉬 썩는다. 옛 날에 수삼이 일부 거래되었다 하여도 그 더운 복날에 인삼을 캐 서 거래하는 것은 어려운 일이었다. 1960년대에 들어 냉장 시스 템이 발달하면서 수삼을 보관하여 유통하는 일이 가능해졌다. 그러면서 수삼 시장이 크게 열렸다. 인삼은 씨앗을 넉넉하게 뿌 려서는 해마다 일부를 솎아내는 방식으로 재배한다. 재배연수 가 짧은, 솎아낸 수삼도 팔릴 수 있는 시장도 저절로 만들어졌 다. 물론 이 수삼의 가격은 쌌고, 백숙을 팔던 외식업체에 의해 이 수삼의 가치가 재발견되어 마침내 삼계탕이 탄생하게 된 것 이다.

삼계탕에는 그리 크지 않은 인삼이 들어간다. 그 작은 인 삼 한 뿌리가 든 삼계탕을 먹으며 인삼의 효과를 바라는 것은 무 리이다. 그러나 인삼의 효과를 보자고 큼직한 인삼을 넣는다 하 면, 말릴 일이다. 인삼을 넉넉히 넣으면 쓴맛이 받아 삼계탕은 한약이 될 것이 분명하기 때문이다.

인삼은 한약재여서 그 약효에 집중하는 것이 당연한 일일 수도 있으나, 한편으로는 허브의 한 종류로 여길 만하다. 달콤하며 약간 쏩쓸한 맛이 나는 것이, 음식에 적당히 쓰면 입맛을 당긴다. 음식의 잡내를 잡아주기도 하는데, 삼계탕의 경우 닭 비린내를 눌러주는 역할을 한다. 애초 백숙에 인삼을 넣자 한 것도 인삼의 약효보다는 허브로서의 가치를 살리자는 발상에 의한 것일 수도 있다.

요즘의 삼계탕에서 인삼이 더 고마운 이유는 부실한 닭 때문이다. 한국의 닭은 구이와 튀김용으로 개량된 육계가 대부분인데, 국물 있는 닭 요리에서는 맛을 내기에 부족하다. 삼계탕용 육계는 특히 어린 것이라 국물 맛이 참으로 아슬아슬하다. 인삼이 없었더라면 이 닭만으로는 허전하여 복달임에 먹을 만하지 못하였을 것이다. 닭이나 인삼이나 다 부족한 것임에도 이들끼리 뭉치니 그 부족함을 느낄 수가 없다. 삼계탕의 미덕이다.

활어회 신화의
탄생

용어 정리부터 하겠다. 활어회는 수조에 생선을 살려두었다가 손님이 오면 그때에 잡아 회를 쳐서 내는 음식이다. 선어회는 생선을 산지나 시장, 또는 식당에서 미리 잡아 살만 발라서 숙성을 하고 손님이 오면 먹기 좋은 크기로 잘라서 내는 음식이다. 선어회는 숙성회라고도 한다.

활어회를 먹자면 생선을 살려서 이동하는 기술이 있어야 한다. 그렇게 어려운 기술은 아니다. 바닷물을 가두고 적절한 온도를 유지하며 산소를 발생시켜주면 된다. 일제강점기에 이 기술이 있었다. 그러면 그때 활어회를 먹었느냐 하면, 그렇지는 않다. 당시에는 일본인들이 생선회를 주로 먹었는데 그들은 선어회를 먹었다. 일본인들의 식당에 당시 조선인들도 들락거렸을 것이다.

광복 후 생선을 살리는 기술은 주로 수출에 이용되었다. 한반도 바다에서 잡은 생선을 살리어 일본에 보내었다. 소비시장에는 이 기술이 필요하지 않았다. 소비자에게 활어회는 물론이고 생선회를 먹는 일이 흔치 않았기 때문이다. 1970년 신문에 일본식 식당에서 파는 활어회를 광고하는데, 이는 정말 드문 일이었다. 당시만 하더라도 어촌에서도 활어회를 거의 먹지 않았다. 어부가 생선을 어창에 넣어 살려서 온다 하여도 어시장에 깔리면 금방 죽었고, 그 죽은 생선을 팔았다. 소비자도 어촌 사람들이니 생선을 잘 알았다. 금방 들어온 싱싱한 것은 횟감으로 쓰고 약간 물이 간 것은 조리를 해서 먹었다.

1980년대 들어 도시인에게 여유가 생겼다. 아파트를 장만하고 '마이 카'도 생겼다. 주말이면 차를 몰고 동해로 황해로 놀러 다니기 시작하였다. 어촌은 도시 사람들에게 팔 수 있는 음식을 찾아냈다. 바로 활어회다. 막 잡아 온 생선을 '다라'에 담고 산소발생기를 붙여 살려두었다. 팔딱팔딱 뛰는 생선이 도시인을 유혹하였다. 당시 중산층은 바닷가 가서 활어회 한 접시 먹고 오는 것이 큰 호사였다.

1990년대에 들자 생선을 살릴 수 있는 기술이 널리 보급되었다. 어촌의 횟집마다 수조를 두어 생선을 살려두었다. 도시에

225

서도 수조를 둔 횟집이 늘어나기 시작하였다. 생선 살리는 기술만으로 지금의 '활어회 전성시대'가 만들어질 수가 없다. 조건이 하나 더 필요하다. 도시 소비자의 주머니 사정에 적합한 값싼 횟감용 생선이 있어야 한다. 때마침 양식 광어가 등장하였다.

1980년대부터 본격적인 광어 양식은 있었다. 대부분 일본에 수출하였다. 횟감용으로 더없이 좋은 생선이라 가격도 좋았다. 1990년대에 들자 광어 양식 붐이 일었다. 대자본도 참여를 하였다. 광어가 넘치니 내수용으로 돌렸다. 도시에 대형 횟집이 등장하였다. 이들 횟집들은 입구에 커다란 수조를 갖추고 광어를 살려두었다. 바닷가 횟집 같은 분위기가 나게끔 연출하였다. 당시 초대박 외식업이었다. 그러면서 생선회는 살아 있는 생선을 바로 잡아서 먹어야 한다는 관념이 굳어졌다.

활어회의 문제들

활어회는 맛이 없다. 이것은 과학이다. 생선은 피와 내장을 제거하고 덩이 살로 숙성을 하여야 비로소 맛있어진다. 숙성 과정에서 감칠맛을 내는 이노신산이 풍부해지기 때문이다. 살의 조직도 탄력 있는 부드러움을 가지게 된다. 한국인은 넙치와 도미, 우럭 같은 흰 살 생선의 회를 즐기는데, 이들 생선은 활어로 먹는 게 더 맛있다는 말이 돈다. 이는 숙성회를 먹는 일본인과 차별화하려는 민족감정의 발로일 뿐이다. 흰 살 생선도 숙성을 하여야 맛있다.

살아 있는 생선을 잡아서 바로 먹으면 그 조직이 질기거나 퍽퍽하다. 차지다는 느낌은 없다. 한국인은 그 질긴 식감을 쫄깃한 것으로 착각한다. 조직감이 차지다는 것도 자세히 음미해보면 차진 게 아니라 질기거나 단단한 것을 두고 말하는 경우다. 입에서 오돌오돌 씹히는 것을 말한다. 한국인은 유독 턱에 힘을 주고 씹는 것을 즐기니, 그 질기고 단단한 활어회가 맛있다고 주장하는 것이다. 생선회를 단지 조직감만으로 즐기겠다면 비싼 광어나 도미를 먹을 필요가 없다. 사철 간재미가 싸니 이 질긴 간재미회만 챙겨 먹어도 그 조직감을 충분히 즐길 수 있다.

활어회는 단지 맛 문제만 걸리는 게 아니다. 활어를 나르는 수조차에는 생선보다 몇 배나 많은 바닷물이 들었다. 석유 한 방울 안 나는 나라에서 먹지도 않는 바닷물 나르느라 길에다 돈을 펑펑 뿌리고 있다. 그 바닷물은 바다로 다시 가져가지 않는다. 육지에 버려져 환경을 오염시킨다. 횟집에서는 생선을 살리느라 수조에다 산소발생기와 냉각기를 돌린다. 손님이 있든 없든 24시간 돌려야 한다. 위생에도 문제가 있다. 세균이 증식할 수 있다.

활어회가 맛없다는 말은 나를 비롯하여 전문가들이 참 많이도 떠들었다. 심지어 정부에서도 한때였지만 선어회 사업을 적극적으로 지원한 적도 있다. '싱싱회 사업'이라 하였다. 전국 바닷가에 싱싱회 가공 센터를 두고 거기서 전처리를 한 생선살 덩이를 진공포장하여 공급하였다. 센터 대부분이 문을 닫고 일부가 운영중인 것으로 알고 있다. 그러든 말든, 활어회 신화는 더 극성을 부렸다. 도저히 활어회로 먹을 수도 없는 생선들까지 활어회로 먹는다. 심지어 대구며 민어를 살려두었다가 회로 뜨는 것도 본다. 내 입맛이라고? 자유민주주의 국가이니 타인의 입맛에 대해 간섭할 수 없는 일이다. 그럼에도 과학적으로 맛없는 것은 맛없는 것이다.

방송 탓이 크다

생선회이니 일본 이야기를 하지 않을 수 없다. 물론 우리 조상들도 먼 옛날부터 생선회를 먹었다. 그러나 그런 옛일은 그다지 중요하지 않다. 바다가 있는 지구상의 수많은 지역에서 그 정도의 일은 다 하였다. 근대 이후 외식에서의 생선회라는 개념이 중요하다.

일본의 생선회는 번창하여 세계 어느 나라에든 일본식 횟집이 있다. 각국의 여러 횟집을 다녀본 사람이 내게 이런 말을 한 적이 있다. "왜 외국의 횟집에는 수조가 없죠? 일본에도 없고. 그런데 왜 한국의 횟집은 수조가 있지요? 일식집에도 있고." 일본 횟집에 수조는 제법 있다. 갑각류나 조개를 살려두기 위한 수조이다. 생선을 살려두었다가 손님이 주문을 내면 그때에야 잡아서 회를 치는 횟집은 거의 없다. 물론 드물게는 있다. 이벤트를 강조한 횟집이 대체로 그렇다. 어떻든, 일본의 생선회는 거의가 선어회이다.

한국의 횟집은 일제강점기를 거치며 일본의 영향을 크게 받았을 것인데, 한국의 경우 선어회를 버리고 활어회를 선택하였다. "한국인은 원래 활어회를 좋아하는 미각을 선천적으로 가지고 태어나는가봐" 하는 생각을 들 정도이나, 활어회가 맛있다고 고집하던 이들도 선어회를 경험하게 해주면 금방 생각을 바꾼다. 선어회가 확실히 맛있기 때문이다. 경험의 부족에서 오는 일일 수도 있다. 활어회만 쫓다가 선어회를 제대로 맛보지 못한 것이다.

현재의 활어회 신화는 방송이 부추긴 탓이 크다. 바다와 어부, 생선 등이 주제면 반드시 나오는 장면이 있다. 배 위에서 먹는 생선회이다. 바다에서 막 올려 팔딱팔딱 뛰는 생선을 그 자리에서 뭉텅뭉텅 썰어서는 출연자든 어부든 입에 가득 물고 엄지를 치켜들면서 "최고예요"를 외친다. 나도 이런 식으로 많이 먹어봤다. 정말 맛있다. 횟집에서 먹는 것과 확연히 다르다. 감각을 예민하게 곤두세우고 먹으면 썩 훌륭하다고 하긴 어렵다. 살이 뭉클하고 질기며 비리다. 그런데, 맛있다. 맛은 분위기가 90%를 좌우한다. 배 위에서 바닷바람 맞으며 먹어보라. 라면도 맛있다. 분위기 빼면 결코 맛있는 생선회라고 할 수

선어회다. 활어회가 맛있다는 이들에게 선어회를 맛보여주면 바로 생각을 바꾼다.

없다. 방송에서 이런 장면을 자꾸 보여주니 생선회는 막 잡아서 먹는 것이 제일 맛있다고 각인된다. 방송인들이여, 이제 이거 그만하자. 피해가 너무 크다.

불신사회의 생선회

한 방송사의 음식 고발 프로그램에서 활어회 문제를 다룬 적이 있다. 선어회가 더 맛있는 이유에 대해서도 자세히 공개하였다. 그 방송을 알리는 포스트에 이런 댓글이 붙었다.

"선어회가 아무리 좋아도 사기 공화국 한국에서는 절대로 안 된다. 냉동에 부패한 생선도 유통되고도 남는다. 원산지 속이는 게 일상화되어 있는데 양식장에서 집단폐사한 생선도 선어로 유통될걸? 선어는 전 국민이 신용으로 똘똘 뭉쳐진 일본에서나 가능하다. 한국의 국민성에서는 절대 시도해서는 안 되는 것이다."

눈이 번쩍 뜨이고, 이내 가슴이 저리게 아팠다. 이 댓글은 활어회 신화 뒤에 숨어 있는 한국인의 비틀린 마음을 눈치 보지 않고 직설로 헤집고 있었다. "활어회 아니면 믿을 수가 없다"는 불신의 마음을 날것 그대로 보여준다. 그때에 방송에서도 나도 비슷한 말을 하였었다. 횟집 주인과 손님 사이의 불신에 관한 것이었다.

"손님은 수조에서 생선을 선택하고 회 뜨는 것을 지켜보잖아요. 못 믿겠다는 것이지요. 남이 먹다 남긴 생선회를 자신의 접시에 올려주지 않을까 의심을 하는 것이지요. 서로 믿지 못하는 이 불신의 사회가 한국인이 맛없는 활어회를, 그것도 비싸게, 먹는 원인 중의 하나입니다."

'내 눈앞에서 회를 뜬 것이 아니면 안 먹을 거야.' 현재 대부분 한국인은 딱 이 수준에 머물고 있는 것이 맞다. 이 수준에서는 선어회가 시도될 수가 없다. 정부가 적극적인 지원을 한다 하여도 성공할 가능성은 낮다. 정치가 국민 수준에 맞추어지듯, 음식도 국민 수준에 맞추어 공급된다. 그렇다고 한국인끼리 서로 믿음이 없다는 것에 너무 마음 상할 필요는 없다. 먼저 믿음을 보이는 것이 중요하다. 나는 특별나지 않으면 활어회를 먹지 않는다. 선어회를 찾아서 먹는다.

가을 전어는 도심에서
헤엄을 친다

1990년대를 기점으로 도심에 번창하는 횟집은 주로 광어와 우럭을 낸다. 양식 광어와 우럭인데, 한국인의 생선회 기호는 이 광어와 우럭에 맞추어져 있다. 너무 많이 먹어 물린 탓일까. 한때 잡어회 붐이 일었다. 자연산의 자잘한 생선의 회가 맛있다는 소문이 번졌다. 도다리, 가자미, 전어, 숭어 등이 이 잡어회 붐을 주도하였다. 여기서는 전어에 대해서만 언급하겠다. 내 개인적 경험이 짙게 묻어 있는 생선이라 여기에 기록해두면 나중에 좋은 자료가 될 것이다.

나는 마산에서 나고 자랐다. 창원, 진해와 합쳐져 통합창원

시가 되었다. 그래도 내게는 여전히 마산이다. 큰형은 일찌감치 서울로 유학가고 작은형이 나와 많이 놀아주었다. 늦여름이면 '내 고향 남쪽 바다 그 파란 물'은 전어를 불러들였다. 작은형과 나는 학교 끝나면 갯가에 나가 갯지렁이나 새우를 잡아놓고는 저녁을 먹고 낚시를 갔다. 대나무 낚싯대를 어깨에 메고 한 손에는 전어 담을 주전자를 들었다. 물때를 잘 만나면 두어 시간 만에 한 주전자 가득 전어를 채울 수 있었다. 그런데 이를 어찌 먹었는지에 대한 기억은 없다. 낚시하는 즐거움으로 가득 찬 추억이라서 그런 듯도 하고, 어시장 가면 전어가 지천이었으니 딱히 작은형과 내가 잡은 전어만을 기억에 집어넣지 않았을 수도 있다.

　가을이면 마산 어시장은 온통 전어였다. 그때는 전어를 수족관에 넣어 살리지 않았다. 그날 아침에 들어오면 그날 아침에 다 팔려 나갔다. 당일 잡은 고기면 다들 싱싱하다 여겼고, 이를 회로, 구이로 먹었다. 1980년 가족이 서울로 이주하면서 전어와 멀어졌다. 그 당시 서울에서는 전어가 귀하였다. 수조에 살려둔 전어는 상상할 수도 없었으며 싱싱한 전어도 구경할 수 없었다. 그 이듬해 가을에 어머니와 서울 노량진 수산시장에 간 적이 있다. 전어를 비롯해 여러 생선을 둘러보던 어머니는 이런 말을 남기고 빈손으로 돌아섰다. "아이고, 서울 사람들 썩은 생선 묵는다." 그리고 10년 즈음 지나서 가을이면 어머니에게서 전화가 왔다. "수산시장에 갔더니 전어가 싱싱하더라. 회 쳐서 냉장고에 넣어뒀으니 퇴근하면서 들러라."

서울에서 사람들이 가을이면 전어구이를 찾기 시작한 시기
는 1990년대 초반의 일이다. 처음엔 구이로 먹었지 회로 먹지
는 않았다. 서울 사람들은 죽은 전어로 어찌 회를 쳐 먹는가 하
였다. 그러나 그때는 바닷가에서도 살아 있는 전어를 볼 수 없었
다. 전어는 배에 오르면 금방 죽기 때문이다. 전어는 죽은 것도

가을철이면 횟집 수족관마다 전어가 가득하다. 전어는 서울 사람들이 '잡어'에 맛들이기 시작한 시점과 수조
에 생선을 살리는 기술이 보급되는 시점과 맞물려 폭발적으로 수요가 늘어났다.

아가미를 눌렀을 때 핏물이 나오지 않으면 충분히 싱싱하므로
회로 쳐도 된다. 1990년대 말에 들면서 서울을 중심으로 갑자기
전어 붐이 일었다. 가을이면 수도권의 온갖 술집에서 전어회와
전어구이를 내었다. 서울 사람들이 양식 광어와 우럭에 물려 '잡
어' 맛을 들이기 시작한 시점이었으며 마침 전어를 수조에 살리
는 기술이 보급되어 전어 수요가 폭발적으로 늘어난 것이다.
　2000년대에 들어서자 온 국민은 가을이 되면 꼭 전어를 먹
어야 한다는 강박까지 가지게 되었다. 공급량이 따르지 못하자
양식이 시도되었고, 2003년부터 본격적으로 양식 전어가 시장

에 나왔다. 그런데 시장과 식당 등에서는 전어를 두고 자연산과 양식을 구분하지 않는다. 광어와 우럭, 대하 등 양식이 되는 생선은 구별하여 판매하는 것이 상식처럼 여겨지는데, 전어는 그렇지 않다. 전어는 자연산과 양식을 눈으로도, 맛으로도 구별하기 어렵다. 그렇다고 자연산과 양식을 구분하지 않고 파는 것은 문제다.

전어 맛이 절정일 때가 있다

가을 전어 수요가 커지면서 전어 산지마다 축제를 열고 자기 고장의 전어가 특히 맛있다고 홍보하고 있다. 전어는 난류성 어류이므로 남해안에서 많이 잡혔는데 최근에는 온난화 때문인지 동해안에서는 주문진 앞바다에서도 나며 서해안에서는 인천 앞바다에서도 잡힌다. 최북단의 동해를 빼놓으면 남한의 바다 전체에서 전어가 나오는 셈이다. 그래서 가을이면 지자체들이 저마다 "우리 바다의 전어가 맛있다" 홍보를 하나 어디 바다의 것이 특별히 맛있다고 그 맛을 정확히 따져 평가할 수 있진 않다. 그래도 바닷물고기 맛에 민감한 사람들은 바다를 두고 따지기는 따진다. 전어같이 연안에서 잡는 생선에 대해 특히 그 맛의 차이를 구별하는 일이 많은데, 대체로 만을 기준으로 그 맛이 다름을 주장한다.

경남 창원 사람들은 진해만과 마산만의 전어를 두고 그 살이 떡처럼 차지다며 '떡전어'라고 달리 부른다. 전남지방에서는 여수와 광양 사람들은 광양만의 전어가, 순천은 순천만, 보성은 득량만(여기서는 보성만을 포함하여 득량만이라 하였다)과 여자만의 전어가 최고라고 한다. 또 충남 보령과 서천에서도 그 지역의 전어 맛이 특별하다며 전어 축제를 열고 있다. 전어를 관찰하면 분명 '그 좁은 바다'에 따라 때깔에 조금씩 차이가 있음을 확인할 수 있다. 그러나 바다에 따른 맛 차이는 전어가 잡히는 시기에 따른 맛 차이에 비하면 그렇게 큰 의미가 아니다. 같은 바다의 전어라도 시기에 따라 맛은 하늘과 땅이다.

전어는 청어목 청어과의 난류성 물고기이다. 겨울에는 남쪽 바다로 내려가 있다가 4월 즈음에 연안에 붙기 시작하여 7월까지 산란한다. 이 시기 전어는 맛이 없다. 살이 푸석이고 비린내도 심하며 고소함도 적다. 산란을 마친 후에도 내만에서 열심히 먹이 활동을 하면서 살을 찌우는데, 8월 중순을 넘어서야 기름이 지고 살에 탄력이 붙는다. 전어의 고소함이 최절정이 이르는 시기는 추석을 전후한 보름 간이라는 게 일반적인 '썰'이나 당해의 날씨에 따른 변수가 커 정확하진 않다.

전어는 찬바람이 탱탱 일어 가을이 깊었다고 느껴지는 그때서야 진짜 맛있어진다. 연안의 전어는 가을의 찬 기운에 따라 점점 남쪽 깊은 바다로 나가는데, 한반도 연안에서 아주 멀리 달아나기 직전의 전어가 가장 맛있다. 바닷물이 따뜻하면 이 맛있는 전어가 초겨울까지 한반도 연안에서 버틴다. 그런데 가장 맛있는 이때에 전어를 찾는 사람이 적다. 이르게는 여름부터 먹은

탓에 질린 것이다. 수요가 없으니 어부도 전어 잡는 일에 시큰둥
하다. 늦가을이나 초겨울에 시장에 마지막 남은 전어가 보이면
반드시 드셔 보시라.

전어가 진짜 맛있는 시기는 가을이 깊어지고 찬바람이 일어 전어가 한반도 연안에서 멀리 달아나기 직전이다.
큼직한 전어는 오른쪽 사진처럼 뼈를 바르고 채치듯 썰면 맛있다.

전어는 이렇게 먹어야 한다

전어는 15~20센티미터의 것을 회로 쳤을 때 가장 맛있다. 그보
다 작으면 살이 무르다. 이 정도의 전어는 뼈에서 양쪽 두 장으
로 살을 바르고 나서 그 전어의 살을 세로로 길게 썰어야 한다.
그래야 전어 몸의 가시들이 잘게 잘라져 식감이 좋다. 15센티미
터 아래 작은 것은 뼈째 썰어도 된다. 전어회는 간장보다는 초고
추장, 초고추장보다는 막장이 더 잘 어울린다. 고소한 맛이 중
심이니 그 맛을 더하는 것으로 막장이 맞다. 또 전어회는 쌈이
어울린다. 광어회나 참치회처럼 입 안에서 '스르르 녹아내리는
맛'을 즐기는 것이 아니니 상추로 싸서 어금니로 '아싹' 씹는 맛
을 즐기는 게 좋다.

전어회에 대해 또 하나 바로잡아야 할 것이 있다. 살아 있는 전어를 막 잡아서 회를 쳐야 맛있다는 게 통념이다. 숙성회는 도미나 광어같이 큰 생선류에나 통하는 것이고 전어를 비롯해 가자미나 도다리, 쥐치 같은 연안에서 잡히는 '잡어'는 싱싱한 것이 맛있다는 생각이다. 나도 한때 그렇게 생각한 적이 있다. 어느 해 어느 횟집에서 사흘 숙성한 전어회를 먹은 적이 있다. 전어의 고소함이 숙성된 생선살의 감칠맛과 결합해 황홀하기까지 한 맛을 냈다. 전어회를 진공 포장해 냉장고에 넣어두는 방식으로 숙성한 것이었다. 전어도 숙성회로 먹는 것이 낫다.

전어구이는 한 뼘 길이의 작은 것이 맛있다. 작은 전어는 머리와 내장을 함께 먹을 수 있다. 손으로 들고 머리부터 한입 크게 무는 것이 전어구이를 맛있게 먹는 방법이다.

전어는 내장도 버리지 않는다. 젓갈로 담근다. 흔히 전어속 젓 또는 돔배젓이라 한다. 쌈용의 젓갈로 이만한 것이 없다. 소금을 뿌리고 60일은 삭혀야 먹을 수 있다. 전어의 내장에서 위만을 골라내어 담는 젓갈을 전어밤젓이라 한다. 오독오독 씹히는 조직감이 특이하다. 전어의 위가 밤 같다 하여 이런 이름이 붙었다. 물론 크기로 보자면 아주아주 작은 밤이다. 전어밤젓은 무척 귀하여 "올 가을에 전어 다섯 번 먹었다"는 자랑 정도는 "10년 전에 전어밤젓 먹어봤다"는 자랑 앞에 무릎을 꿇어야 한다.

일본에서 온 빙수에 대한
한국적 재해석

내 어릴 적 빙수는 팥빙수가 아니었다. 빙설기, 내지 빙삭기로 부르는 것으로 얼음을 곱게 가는 것까지는 같은데 그 위에 붉거나 노랗거나 파란색의 시럽을 끼얹었다. 개운한 과일향이 났으며 시원하였다. 단맛이 그리 강한 것은 아니었다. 아, 흰색도 있었다. 달콤한 연유를 뿌린 것이었다. 삶은 팥을 올린 빙수도 있기는 있었을 것이나 내 눈에는 귀하였다. 어쩌면 원색의 시럽에 어린 내 눈이 혼을 잃어 팥빙수는 안 보였을 수도 있다.

　내 고향은 경남 마산이다. 마산은 일제에 의해 식민의 도시로 개발되었다. 구한말부터 신마산이라 불리는 지역에 일본인이 집단으로 이주하였고 여기에 일본인촌을 만들었다. 일본인이 모여 살게 되니 일본 음식을 파는 가게도 생겼다. 해방과 함께 일본인들은 물러났으나 그 흔적으로 마산 여기저기에 일본 음식이 남았다. 어머니 치맛자락 붙잡고 간 마산의 재래시장에는 '쓰케모노'도 있었고 '가마보꼬'도 있었고 '우메보시'도 있었다. 시장 좌판에서 일본식 우동을 참으로 먹었다.

내가 살았던 동네의 골목에는 일본식 단팥빵을 만드는 조그만 공장도 있었다. 경주 황남빵보다는 조금 크고 지금의 제과점에서 파는 단팥빵보다는 작았다. 일본 동경의 오래된 단팥빵 전문점에서 파는 딱 그 크기의 단팥빵이었다. 구멍가게에는 센베이와 색색의 일본식 사탕이 제일 앞자리를 차지하고 있었다. 화과자 공장이 마산에 있었을 것이다. 여름에 해수욕장에 가면 팥을 입힌 경단인 당고, 청미래덩굴 잎으로 싼 모찌인 망개떡을 먹을 수 있었다. 색색의 빙수도 일본의 흔적인데, 어릴 적에는 그게 어디에서 연원하였는지 생각했을 리가 없다. 어른이 되어 여러 일로 일본을 들락거리면서 내가 어릴 때 먹었던 대부분의 음식이 일본에도 다 있다는 것에 조금 놀라기도 하고 울적해지기도 하였다. 식민은 민족의 굴욕이라 배워왔는데 그 굴욕의 시대에 일제에 의해 이 땅에 이식된 음식으로 내 유년 시절의 추억이 채워졌다는 사실을 알고 당혹스러웠다.

마산에 일본인촌이 있어 유독 일본 음식이 번창하였을 수도 있으나 식민시대의 기록들을 보면 여타 도시도 마산과 사정

일기日氣의 혹서酷暑를 인하여 평양 신시가에는 빙수 영업자가 증가한 모양이다. 따라서 상호의 경쟁이 극렬하야 별별 수단방법을 내이기에 비상한 애를 쓰는 모양이다. '빙설'氷雪이라고 홍색백색의 장기長旗를 문전에 놉히 달고 천자만홍千紫萬紅으로 외면外面을 교묘히 장식한 후 실내에는 검의줄과 같이 만국기를 달아매고 더위에 지리한 빈객賓客을 고대苦待하는 것 갓흔 것은 상점 번영책으로 극히 찬하贊賀할 일이라 하겟지마는 열삼사세 소녀나 혹 청년 ○자를 일본인의 하녀 모양으로 ○○ 일이 만흔대 얼골에는 분칠을 하고 '일본 게다'에 이상스러운 치마를 닙히고 손님 접대를 하게 한다. 엇던 곳에는 '일본 유가다'를 섯투르게 입은 후 되지 안은 일본말을 한다. 신구시가新舊市街 사이에는 이와 갓흔 곳이 업는 곳이 업다.

_〈동아일보〉1921년 8월 31일자

이 크게 다르지 않았던 것으로 보인다. 앞쪽에 1921년 8월 31일자 〈동아일보〉 기사를 옮겼다. ○으로 표기된 것은 탈자다.

보아하니 빙수가 일본 음식이니 일본식으로 팔았던 모양이다. 여자아이에게 일본 옷을 입히고 일본식 화장을 하여 일본말로 손님을 맞게 하였다는 것이 퍽 흥미롭다. 오늘날 대한민국에서도 이런 일이 벌어지고 있기 때문이다. 일본식 선술집인 이자까야 같은 식당에 들어서면 일본 조리복을 입은 한국 청년들이 "이라샤이맛세"라고 외치며 반긴다. 미국식 패밀리레스토랑에서 영어로 손님을 맞이하는 경우도 없고 이탈리안 레스토랑에서 이탈리아어 인사를 들은 적도 없다. 왜 일본식 식당에서만 이런 일이 벌어지고 있는지 참 신묘하였는데 그 역사가 100년은 된다 생각하니 한국인에게 반일의 정서가 심각하다 말하는 것은 옳지 않을 수도 있을 것이다.

팥빙수는 일본의 빙수를 한국화한 것이다. 얼음을 갈아서 연유와 시럽을 붓고 젤리, 찹쌀떡 조각을 흩친 후 팥을 듬뿍 끼얹고 그 위에 아이스크림을 한 덩어리 올린다. 콩가루가 곁들여지기도 한다. 일본에도 팥을 올리는 빙수가 있기는 한데, 대체로 팥을 단독으로 올린다. 한국의 팥빙수는 빙수에 쓰이는 온갖 재료들이 다 들어 있는 것이다. 이런 방식이 한국인의 눈에는 어색하지 않은 게 밥으로 보자면 비빔밥과 비슷하여 그럴 것이다. 이를 먹을 때에도 같은 일이 벌어지는데, 일본인은 빙수를 위에서부터 조금씩 파 내려가며 먹으며 한국인은 빙수의 모든 재료를 한번에 다 섞어서 먹는다.

　한국인이 즐겨 먹는 지금의 팥빙수는 내 기억으로 1970년대 후반 제과점에서 개발되어 번진 것이다. 일본식 빵을 팔고 있는 것이 분명한데도 유럽이나 미국의 지명을 달고 있는 제과점의 그 팥빙수를 참 달게 먹었었다. 그때에 어린 나와 친구들은 이런 말도 했던 것으로 기억하고 있다. "팥빙수는 한국에만 있대. 한민족 발명품이래." 이것저것 온갖 재료 다 올려 비벼 먹는 것으로 보자면, 팥빙수는 한민족 발명품인 것이 맞다. 식민의 굴욕을 그렇게라도 극복하자고 퍼뜨린 말일 터인데, 그 당시 식민시대를 살았던 어른들은 아무 말이 없었다.

한국음식
자장면

자장면은 한자 '炸醬麵[작장면]'을 우리말화한 것이다. 중국에서도 '炸醬麵'이라 쓰고, '짜장미엔' 비슷하게 발음한다. 한때 자장면만 표준어였는데 2011년 짜장면도 표준어로 인정받았다. 음식 이름을 풀면, 장[醬]을 볶아[炸] 올린 국수[麵]라는 뜻이다. 이때의 장이란 중국 된장을 말한다. 콩과 밀을 찌고 소금을 더하여 발효한 음식이다. 이를 중국에서는 첨면장甛麵醬 또는 첨장甛醬이라 한다. 장류는 동양 삼국인 한중일이 비슷하면서 조금씩 다른데, 콩과 밀로 발효하는 장류도 한국 전통 장류에 있다. 첨면장과 그 맛이 비슷한 것으로 보리된장과 밀된장이 있다. 중국, 특히 산동성에서는 이 첨면장을 돼지고기와 함께 볶아 국수에 올려 먹는 음식이 오래전부터 있었다. 이 음식이 한반도에 건너와 자장면으로 변하였는데, 그 여러 변형 중 핵심은 첨면장에 있다. 장의 색은 검어지고 짠맛은 줄었으며 달척지근하고 구수한 맛이 강화되었다. 이름도 춘장春醬으로 바뀌었다.

화교가 가지고 온 국수

음식은 사람과 함께 옮겨다닌다. 자장면은 중국인이 한반도에 이주하면서 가지고 온 음식이다. 중국인이 한반도에 본격적으로 들어온 것은 1882년 임오군란 때이다. 당시 청나라 군대와 함께 화교 상인 40여 명이 들어왔다. 1884년 인천에 청국조계가 설정되면서 본격적으로 화교들이 이주하여 이 지역에 정착하였다. 화교 중 다수가 식당업에 진출하였는데, 자료에 의하면 1922년 한반도에 2,000여 가구의 화교가 살았고 이 중 30% 이상이 음식업에 종사하였다고 한다.

구한말과 일제강점기의 화교 음식점은 규모가 컸다. 당시 경제 사정에서는 외식을 할 수 있는 사람들은 상류계급이었기 때문이다. 기생이 있었고 마작을 할 수 있는 공간도 있었으며 숙박업도 겸하였다. 이 화교 음식점을 청요릿집이라 불렀다. 지금의 인천 차이나타운을 중심으로 공화춘, 송죽루, 중화루, 평화각, 빈해루 등등의 청요릿집이 영업을 하였다.

이들 청요릿집에서 처음부터 자장면을 팔았는지는 알 길

이 없다. 화교 중에는 인천 부두에서 노동을 파는 이들도 있었는데, 이들을 대상으로 국수를 파는 노점이 있었을 수도 있다. 수타면대에 중국식 조리팬인 웍을 올릴 수 있는 화덕만 있으면 국수 좌판을 차릴 수 있다. 한반도 최초의 자장면은 인천 부두의 가난한 화교 노동자를 상대로 하는 좌판에서 나왔을 수도 있다.

일제강점기에 자장면은 그리 대중적인 음식은 아니었다. 고급한 청요리 외 대중들에게 인기를 끈 중국음식은 호떡이었다. 그때의 호떡은 군것질거리인 요즘 호떡과 달랐다. 화덕에 두툼하게 구운 빵으로 차와 함께 끼니로 먹었다. 호떡 가게가 얼마나 많았는지 화교들에 의한 국부의 해외 유출을 걱정하는 말까지 돌았다. 1924년 6월 26일자 〈동아일보〉에는 "경성부 내 설렁탕집이 대략 100군데인데, 호떡집은 대략 150군데나 된다"며 조선을 걱정하는 토막 기사를 올리고 있다.

1930년대에 들면서 만주사변, 중일전쟁 등으로 일시적으로 줄기는 하였으나 많은 화교가 한반도에 꾸준히 살아 1940년대에는 8만여 명에 이르렀다. 그러나 해방 이후 화교는 급격하게 줄어들었다. 남북분단과 중국의 공산화 그리고 한국과 중국의 국교 단절로 이어지는 정치 상황에 놓인 화교는 이 땅을 떠나야 했다. 한국전쟁을 거치면서 한반도를 떠나는 화교는 더 늘어나 1952년 화교 인구는 1만 7,700명밖에 되지 않았다. 그 이후에도 화교 인구는 정체되었다. 한국 정부가 화교의 재산권 행사에 제약을 둔 것이 가장 큰 이유였다. 1970년대에 인천의 청요

릿집들은 거의 문을 닫았고, 차이나타운은 역사 속으로 사라지
는 듯하였다.

화교의 몰락과 자장면의 번창

한국 자장면의 번창은 한국 화교의 '몰락'과 그 시점을 같이한
다. 한국전쟁 후 얼마 남지 않은 화교는 재산권 행사에 대한 제
약으로 큰 사업을 할 수가 없었다. 그들은 작은 식당을 열고 한
국의 서민을 상대로 음식을 팔았다. 요리가 아닌 끼니용 음식
을 내기 시작한 것인데, 가격이 싼 국수가 주요 메뉴로 등장하였
다. 공장 춘장이 나오자 원가는 떨어지고 일은 더 쉬워졌다.

1960년대에 들어 한국 자장면 맛을 획기적으로 바꾸는 재
료가 등장하였다. 양파이다. 양파는 1906년 한반도에 들어왔지
만 대량 재배는 1960년대에 이루어졌다. 양파는 식량작물이 아
니어서 농사에서 뒤로 밀려 있었던 것이다. 이 시점에 정부의 분
식 장려가 있었다. 말이 분식 장려이지 식당에서 밥을 팔지 못하
게 강제하였다. 끼니로서의 중국집 자장면이 급부상하였다. 그
수요를 보고 한국인도 자장면 시장에 뛰어들었다. 그 무렵부터
중국집은 한반도 전역에 들불처럼 번져 지금에 이르고 있다.

2020년대 이르러 한국 내 중국집은 3만 5,000여 곳에 이르
며, 이 모든 중국집에서 자장면을 낸다. 한편, 한국 내 화교 인
구는 2만 5,000명 정도이며, 화교가 운영하는 중국집은 전국에
500여 개소이다. 자장면을 만드는 사람이나 먹는 사람이나 거의

한국인이니 자장면을 한국음식이라 쳐도 어색하지 않을 것이다.

1992년 한국과 중국의 외교관계가 정상화되면서 차이나타운에 대한 관심이 생겼다. 외국 어디에 가도 있는 차이나타운이 한국에는 없다는 것에 많은 사람들이 아쉬워하였다. 그렇게 인천 차이나타운의 재건이 이루어졌다. 지자체의 지원으로 화교는 차이나타운에 다시 모여 음식점을 열었다. 그러면서 자장면에 대한 '스토리'가 개발되었다. 화교가 한반도에 처음 정착한 곳이 인천이고 또 여기에서 처음 청요릿집이 문을 열었으니 자장면은 인천 차이나타운 개발 음식이라는 말이 만들어진 것이다.

1905년 개업한 공화춘이 1984년 폐업하여 버려져 있었는데, 2012년 이 건물에 '짜장면 박물관'을 열게 된다. 휴일이면 차이나타운은 관광객들로 크게 붐빈다. 대부분 한국인이다. 이들은 한결같이 자장면을 먹는다. 한국 자장면의 발상지에 왔으니 이를 먹고 가야 한다는 강박에 따른 것이다. 동네 어디에나 있는 자장면이기는 하나 유서 깊은 인천 차이나타운에서 먹는 자장면이니 그 맛이 색다를 수도 있을 것이다.

자장면의 상차림에는 일본의 단무지, 한국의 김치, 중국의 춘장, 그리고 서양의 양파가 함께 놓인다. 자장면이 중국에서 왔다지만 우리가 먹는 자장면에는 동양 삼국에 서양의 재료까지 어우러진다. 음식문화란 이렇게 뒤섞이기 마련이다. 문화가 그렇고, 인간의 삶이 그렇다. 음식에 한 민족 또는 한 국가만의 고유한 무엇이란 있을 수가 없다.

《우동 한 그릇》에 담긴
눈물의 정체

우동은 일본음식이다. 일제강점기에 한반도에 이식되었다. '이식'이라고 한 것은 한국인이 스스로 받아들인 것이 아니라 일본 침략으로 일본인이 한반도에 진출하면서 함께 들어온 음식이기 때문이다. 광복 후 일본인은 자신들의 나라로 돌아갔고 우동은 남았다. 그것도 서민의 음식으로 우리의 삶 깊숙한 곳에 정착하였다.

　한국전쟁 후 미국의 값싼 밀가루로 가공해서 판매한 외식 음식 중에 이 우동이 있었다. 역전에서 시외버스터미널에서 재래시장에서 도심의 포장마차에서 서민의 아린 배속을 훈훈하게 덥혀주고 있다. 우동은 일본어이니 가락국수로 바꾸어 불러야 한다는 순화 작업이 있었으나 한국인은 여전히 우동이라는 말을 쓴다. 어느 틈엔가 우동이라는 말에 깊은 정이 담긴 것이다.

1990년대에 일본의 한 단편소설이 한국에서 떴다. 제목은 《우동 한 그릇》. 국민 교양도서라 할 정도로 유명하다. 연극으로도 공연되었고 어린이용 소설도 있다. 청소년 필독서가 되어 인터넷에서는 과제용 독후감이 떠돈다. 한국인은 우동에 깊은 정을 주었듯이 《우동 한 그릇》에도 정을 듬뿍 주고 있다.

소설 내용은 일본의 한 가난한 가족 이야기다. 해마다 섣달 그믐이면 두 아이를 데리고 오는 여자가 돈이 없어 한 그릇의 우동을 시켜 나눠 먹는데 식당 주인이 이들이 나타날 연말이면 항상 자리를 남겨둔다. 오랜 세월이 흐른 후 장성한 아이들이 성공해 어느 연말에 이 식당에 나타난다는 줄거리다. 2차 세계대전에서 패배한 후 피폐한 경제 상황을 이겨낸 일본인들이 스스로를 대견해하는 소설이다.

이 소설이 한국에서 크게 유행한 데에는 이런 에피소드 덕이 크다. 인터넷에 떠도는 것인데, 필자를 확인할 수 없어 출처 표시 없이 올린다. 일본인이 쓴 것을 번역한 것으로 보인다.

지난 89년 2월 일본 국회의 예산심의위원회 회의실에서 질문에 나선 공명당의 오쿠보 의원이 난데없이 뭔가를 꺼내 읽기 시작했다. 대정부 질문 중에 일어난 돌연한 행동에

멈칫했던 장관들과 의원들은 낭독이 계속되자 그것이 한 편의 동화라는 사실을 깨달았다. 이야기가 반쯤 진행되자 좌석의 여기저기에서는 눈물을 훌쩍이며 손수건을 꺼내는 사람들이 하나둘 늘어나더니 끝날 무렵에는 온통 울음바다를 이루고 말았다. 정책이고 이념이고 파벌이고 모든 것을 다 초월한 숙연한 순간이었다. 장관이건 방청객이건, 여당이건 야당이건 편을 가를 것 없이 모두가 흐르는 눈물을 주체하지 못하는 모습이었다. 국회를 울리고, 거리를 울리고, 학교를 울리고 결국은 나라 전체를 울린 '눈물의 피리'가 바로 우동 한 그릇이란 동화다.

당시 일본은 버블경제가 꺼지면서 자살자가 속출하는 상황이었다. 오쿠보 의원이 이 소설을 읽은 까닭은 예전에 전쟁에서 졌을 때를 생각하면 지금의 고통은 별것 아니라는 위로의 메시지를 국민에게 전하기 위함이었다.

나는 이 소설을 읽고 한국 국민이 왜 감동하는지 의아했다. 일본인들이라면 정말이지 감동적인 소설일 수 있으나, 한국인에게도 그토록 큰 감동을 일으키는 소설이 될 수 있는지 이해할 수가 없었다.

이 소설은 '해마다 섣달그믐날이 우동집이 일 년 중 가장 바쁠 때이며 아침부터 눈코 뜰 새 없이 바빴다'라고 시작한다. 섣달그믐에 우동집이 왜 바쁘지? 그리고 왜 주인공들은 해마다 이

날에 맞춰 식당에 와서는 우동 한 그릇을 시키는 것일까? 왜 우동이지?

일본인들은 섣달그믐날 시절식으로 소바를 먹는다. 소바의 면발처럼 길게 오래 살자는 기원의 뜻이 있으며, 이날 소바를 먹어야 이듬해 복을 받는다고 여긴다. 소설 속의 가난한 가족이 섣달그믐에 식당에 와서 시켜 먹은 음식은 우동이 아니라 소바이다. 소바를 우리말로 번역하면 메밀국수이다. 소설의 일본어 제목도 '한 그릇의 소바一杯のかけそば'이다.

그런데 왜 우동이라고 번역한 것일까. 의도적인 오역이라고 봐야 한다. 소설 제목을 '메밀국수 한 그릇'이나 '소바 한 그릇'이라고 번역을 해놓으면, 한국인에게는 감성이 작동하지 않는다. 메밀국수나 소바는 우리에게 친근하지 않은 음식이기 때문이다. 반면에 우동은 어떤가. 따뜻한 국물에 든든함이 느껴지고 푸근하지 않은가. '우동 한 그릇'이라는 제목 하나만으로 가슴 뭉클한 이야기가 있을 것이라 짐작하게 된다. 이 소설의 오역은 소설이 품고 있는 서정을 전달하는 데는 크게 성공하고 있으며, 또 한편에서는 판매에 지대한 영향을 미쳤을 것임에 틀림없다.

소설이란 것이 단지 이야기 전달에만 목적이 있는 것이 아니라 그 소설의 배경이 되는 시대와 지역의 문화를 담고 있는 것이라 여긴다면 이런 오역은 잘못된 일일 수도 있다. 가령 한국의 소설 중 떡국을 주요 소재로 쓴 작품이 있다고 하자. 《우동 한 그릇》과 비슷한 서정이 담긴, 새해를 맞아 설날 아침에 온 가족이 떡국을 먹으면서 가족의 유대를 다진다는 내용쯤의 소설이라고 치자. 제목은 《떡국 한 그릇》이다. 일본에서 이 소설을 번역하는데 떡국은 일본인들에게 생소하니 일본인들도 잘 알고 친근한 한국 음식인 '삼계탕 한 그릇'이라든지 '불고기 한 접시' 따위로 번역을 한다고 하면 어떨까.

'한 그릇의 소바'를 읽고 일본인들이 눈물 바람을 일으킨 것은 섣달그믐에 온 가족이 모여 앉아 복을 기원하며 소바를 먹는 문화적 정서를 공유하고 있기 때문에 가능한 일이었다. 그렇다면 우리가 《우동 한 그릇》을 읽고 눈물 바람을 일으킨 까닭은 대체 무엇일까. 이런 문화적 정서를 공유하지 않고도, 줄거리만으로 충분히 감동적인 소설이라 그런 것일까. 혹 남이 우니까 덩달아 우는, 그런 이상야릇한 감정의 전이에 따른 것은 아닐까. 아니면, 한국인은 우동이라는 음식에 가난한 시절의 정서를 강력하게 이입하고 있는 것은 아닐까.

고3 때 선친의 사업이 망하였다. 가족이 뿔뿔이 흩어져 살아야 했다. 학비는 물론 당장의 생활비도 부족하여 전전긍긍하였다. 다방이며 술집에서 서빙 알바를 하였다. 그때 가장 값싸게 먹을 수 있었던 음식이 시장의 김밥과 우동이었다. 저녁마다 김밥 한 줄에 우동을 먹었다. 멸치가 슬쩍 지나간 국물에 들척지근한 산분해간장이 더해진 국물 위로 파가 두어 조각 떠 있었다. 국물 바닥에는 채 풀어지지 않아 꾸불꾸불하고 굵다란 면이 내 고단한 삶을 빤히 올려다보는 듯하였다. 눈물의 우동이었다. 그런데, 이만큼 살다 보니 내가 겪었던 일 정도는 누구에게든 있다는 것을 알게 되었다. 한국에 사업 한번 안 말아먹은 집안이 어디에 있으며 사기 한번 안 당한 집안이 어디에 있겠는가. 다들 삶의 고비를 겨우겨우 넘기면서 산다. 누구에게든 눈물의 우동은 있다.

나는《우동 한 그릇》을 읽으며 눈물 한 방울 나지 않았다. 눈물의 우동을 먹은 적이 있어도 그랬다.《우동 한 그릇》을 읽으며 나는 속으로 그들이 무섭다는 생각을 하였다. 국가의 위기를 가족의 아픔으로 환치시켜 국민 동원령에 가까운 감성을 국민으로부터 끌어내는 일본 정치인들의 술수에 섬뜩함을 느꼈다. 적어도 한국인은 일본인의 전후 고통까지 함께 슬퍼할 이유가 없다. 그들이 일으키고 패한 전쟁의 최대 희생자는 한국인이다.

삶은 달걀의
공간 이동

"삶은 달걀을 보면 어떤 추억이 떠오르나요?" 하고 한국인에게 물으면 세대에 따라 제각각 달리 대답할 것이다. 1950년대 이전 태생이면 "할아버지 밥상"과 같은 말이 나올 것이고, 그 이후부터 1970년대생까지는 "소풍, 사이다" 등으로 대답할 것이다. 1980년대생은 "쫄면"이나 "냉면"이 압도적이지 않을까. 그 이후 출생자는 "찜질방"이 주된 답변으로 등장할 것이다.

나는 1962년생이다. 나에게 달걀은 소풍, 사이다, 기차 여행 등의 추억과 엮여 있다. 그리고 외할머니가 떠오른다. 방학 때 외가에 놀러 갔다가 돌아올 때면 왜 외할머니는 꼭 달걀을 삶아 보자기에 싸주셨던 걸까, 그때는 왜 소풍을 가면 꼭 삶은 달걀을 싸들고 갔던 걸까, 왜 기차 안 홍익회 간식 수레에는 삶은 달걀이 있었을까. 왜 기차만 타면 삶은 달걀이 먹고 싶어지는 것일까, 라는 질문을 공유하고 있는 세대이다.

임권택 감독의 작품 중에 〈티켓〉이란 영화가 있다. 1986년에 개봉하였다. 이 영화에서 한국인의 머릿속에 새겨져 있는 달걀의 추억을 꺼내놓는다. 주인공 김지미는 민주화운동으로 투옥된 남편의 오해로 이혼을 당하고 다방 마담으로 밑바닥 생활을 하고 있다. 그녀는 우연한 기회에 옛 남편을 만나지만 그의 매몰찬 말에 마음의 상처를 입고 정신병원에 가게 된다.

마지막 장면이었다. 김지미가 탁구를 치는 환자들 옆에 우두커니 앉아 있다. 그녀는 떨어지는 탁구공을 잽싸게 품속에 숨긴다. 장면이 바뀌면, 병원 면회객 앞에 앉은 김지미가 가슴팍에서 조심스럽게 탁구공을 꺼낸다. 면회객이 남편인 줄 알고 달걀을 건네는 것이다. 이 영화의 앞부분에 신혼의 김지미 부부가 밥상에서 남편에게 달걀을 내놓는 장면이 있었다. 가난하여 겨우 밥을 먹는 시절에도 남편에게는 꼭 달걀을 챙겨 먹였던 일을 그녀는 추억하고 있는 것이다. 내 세대 중에 이 장면을 보고 울지 않았다면 어린 시절 꽤 부자로 자랐다고 볼 수 있다. 임권택 감독은 달걀에 담겨 있는 우리 민족의 애환을 꿰뚫고 있었다.

끼니조차 잇기 힘든 시절에 달걀은 집안에서 구할 수 있는 거의 유일한 고급 단백질 공급원이었다. 집집이 닭을 서너 마리씩 키웠는데 그놈들이 하루에 한두 개씩의 달걀을 낳으면 가족 중에서도 할아버지나 아버지, 큰아들 등 그 집안의 '기둥'의 입에만 들어갔다. 여성들에게는 미안한 일이지만 할머니나 어머니, 딸에게 가는 달걀은 없었다. 김지미는 남편에게 버림받고 정신병까지 얻었음에도 여전히 그 '기둥'에 달걀을 갖다바치는 우리 여인네들의 한 맺힌 삶을 상징하고 있었다.

집집마다 닭을 치던 시절이 있었다. 이놈들도 곡물로 모이를 주어야 하니 많이 치지는 못하였다. 하루 한두 개의 달걀로 가끔 할아버지의 밥상에나 올리고 나머지는 꾸러미에 숨겨두어 장날에 내다 팔았다. 가끔 예외가 있었다. 소풍을 간다거나 먼 길을 떠나는 가족이 있으면 꾸러미에 챙겨두었던 달걀은 집안의 천덕꾸러기라도 그의 몫이 되었다.

어머니는 소풍 며칠 전부터 할아버지나 아버지의 눈길을 피해가며 서너 개의 달걀을 챙겨놓는다. 소풍 가는 날 아침에 신문지에 꼭꼭 싼 삶은 달걀을 사이다 한 병과 함께 보자기나 가방 한쪽에 조심스럽게 넣어준다. 소풍 가는 길에 친구와 장난치고 뛰어다니다가 가방을 열어보면 달걀은 다 깨져 있다. 그럼에도 달콤한 사이다와 함께 먹던 그 삶은 달걀의 맛을 어디에 비길 것인가.

삶은 달걀에 눈물이 묻을 때도 있었다. 도시로 공부를 하러 간다거나 일자리를 찾아갈 때 어머니는 새벽길을 나서는 아들딸의 가방 속에 삶은 달걀 몇 알을 넣어주었다. 그 삶은 달걀과 함께 꼬깃꼬깃한 어머니 쌈짓돈, 삐뚤삐뚤 써 내려간 편지가 끼여 있곤 했다. 삶은 달걀이 팍팍해서인지 기차에서 먹을 때면 자꾸만 목이 메던, 그런 시절이 있었다.

찜질방에 가면 삶은 달걀을 먹어야 한다

달걀은 현재 한국인에게 가장 저렴한 단백질 공급원이다. 아무리 허름한 식당의 백반 상차림이어도 달걀 프라이는 나오고 가난한 노동자의 밤참 라면에도 달걀이 예사로이 들어간다. 산란계 닭을 대규모로 키우는 양계장이 있어 가능한 일이다.

한국에서의 대규모 양계 사업은 원래 한국인을 위해 시작한 것이 아니었다. 한국전쟁 후 미군이 유엔군이라는 이름으로 한반도에 상주하였으며, 미군을 먹이기 위해 달걀을 생산한 것이 대규모 양계업의 시초다. 당시 미국은 한국의 농축산물과 가공품이 위생적으로 안전하지 못하다고 판단하였다. 그래서 웬만한 것은 미국에서 가져다 먹었다. 달걀은 당시의 운송 시스템으로는 운송이 어려웠다. 그래서 달걀은 한국에서 생산한 것으로 먹기로 하였다. 1956년의 일이다.

미군 달걀 납품 사업은 정부가 적극적으로 관여를 하였다. 외화벌이 사업이었기 때문이다. 미국의 지원 아래 산란계 닭과 사료를 농가에 공급하고 계사를 짓게 하였다. 마당에 놓아 키우는 방식이 아니라 계사를 만들어 위생적으로 생산된 달걀을 미군은 공급받았다. 1960년대에는 양계가 큰돈이 된다 하여 농가마다 계사를 지었다. 그러나 소비가 따라주지 못하여 가격 폭락 사태가 자주 일어났다.

1970년대에 들자 구멍가게에서도 달걀을 팔 정도로 가격이 싸졌다. 소풍을 가면 달걀을 싸주는 일도 사라졌다. 달걀은 일상 음식에 깊이 파고들었다. 도시락에는 달걀말이, 라면에도 달걀 하나, 국수류에는 삶은 달걀 반쪽이 올라갔다. 다방의 커피와 쌍화차에도 달걀 노른자가 들어갔다. 달걀은 더 이상 귀한 음식이 아니게 됐다.

그럼에도 기차의 간식 수레에는 오랫동안 삶은 달걀이 있었다. 버스 터미널 매점에도 있었다. 소풍의 즐거움과 먼 길 떠남의 슬픔이 묻어 있는 삶은 달걀인지라 그곳에 늘 있었던 것이다. 특히 기차 여행은 옛일을 추억하게 만들고, 그래서 한국인은 기차만 타면 삶은 달걀을 먹었다. 그러다 2008년 기차 간식 수레가 사라졌다. 삶은 달걀도 사라졌다. 그러면서 한국인의 가슴 깊이 새겨져 있는 달걀에 대한 추억도 사라지는가 싶었는데, 아니었다. 엉뚱한 곳에서 이 삶은 달걀이 나타났다. 찜질방이다.

1990년대 중반 찜질방이 우리의 일상으로 불쑥 들어왔다. 기존의 목욕탕이나 사우나의 변형처럼 보이기도 하나, 용도는 확연히 달랐다. 땀을 빼고 몸을 씻는 것은 부가적 서비스다. 그 일들은 아주 잠시 할 뿐이다. 찜질방은 가족 또는 친구끼리 간다. 아이들에게는 놀이터이고 어른들에게는 쉼터이다. 찜질방에서 온종일 논다. 찜질방에서 뛰고 눕고 앉아 놀고 있는 가족과 친구 등을 그대로 야외로 옮겨보면, 소풍이다. 우리는 찜질방으로 소풍을 가는 것이다.

그때가, 1997년 IMF 이후 가정 경제가 크게 위축되었던 시기였다. 서민들에게 야외로 놀러 나갈 만한 여유가 없었다. 그렇다고 휴일인데 집에서만 보낼 수는 없는 일이었다. 가족끼리 친구끼리 동네 찜질방으로 소풍을 나갔고, 소풍을 왔으니 삶은 달걀이 필요하였다. 그사이에 구운 달걀이 크게 번져 대부분 구운 달걀을 먹지만 머릿속에서는 삶은 달걀이다. 찜질방에 소풍 나와 추억의 삶은 달걀을 먹으며 가족끼리 친구끼리 서로 위로를 한다. 그래, 조금씩 나아질 거야, 하고.

찜질방이 없어져도 삶은 달걀은 또 우리의 삶터 어느 곳에서 분명히 재등장할 것이다. 이런 믿음은 한국인의 마음속에 자리 잡고 있는 삶은 달걀의 추억이 대를 물리며 계속될 것이라는 확신에서 비롯한 것인데, 찜질방에서 엄마아빠와 함께 삶은 달걀을 먹으며 행복해하는 아이들의 얼굴만 보아도 알 수 있는 일이다. 그 아이들이 자라 어른이 되어 자신들의 아이를 가지게 되면 또 삶은 달걀을 함께 먹으며 행복해할 것이다. 대물림되는 것은 음식이 아니라 그 음식에 묻은 행복이다. 사랑이다.

국민의 삶과는 아무
관련 없는 국가대표 음식

신선로神仙爐는 한국을 대표하는 음식이다. 한국정부에서 간행한 《아름다운 한국음식 100선》의 표지 사진이 신선로이며, 청와대의 국빈 만찬 메인 음식도 신선로인 경우가 많았다. 한정식 등 한국의 전통음식을 내는 식당에서도 상 중앙에는 으레 신선로를 올린다. 그러나 신선로를 먹어본 한국인은 그다지 많지 않다. 신선로를 요리할 수 있는 한국인을 만나기도 프랑스 푸아그라 요리를 할 수 있는 한국인을 만나는 것만큼 어렵다. 신선로는 음식 이름이기도 하며 조리 기구를 지칭하는 말이기도 한데 신선로라는 조리 기구를 갖추고 있는 가정도 거의 없다. 한국 대표 음식인

신선로는 식기 이름이기도 하며 그 식기에 담긴 음식
이름이기도 하다.

데 한국인의 일상과는 관련이 없는 음식이다. 한 국가를 상징하는 음식들은 대체로 국민들이 일상적으로 즐기는 음식으로 구성되기 마련인데, 신선로는 매우 특이한 경우라 할 수 있다.

신선로라는 조리 기구는 중국에서 개발되었다. 중국에서는 보통 훠궈火鍋라고 부른다. 가운데에 숯불을 넣는다는 특이성 때문에 식탁용 전골 그릇으로 유용하다. 중국을 포함해 태국, 베트남, 미얀마, 캄보디아, 대만 등 아시아의 여러 국가에서도 이 그릇을 쓴다.

한반도에 신선로라는 조리 기구가 처음 유입된 시기는 정확히 알 수 없으나 18세기 이후 문헌에서 종종 이 그릇에 담긴 음식을 별미로 기록을 한 것을 찾아볼 수 있다. 1700년대 중반의 한문 조리서《수문사설》에 '열구자탕熱口子湯'이란 음식이 나온다. 이 음식을 조리하는 기구에 대해 자세히 설명한다.

끓이고 익히는 기구가 별도로 있다. 큰 합과 같은 모양에 발과 아궁이가 달려 있다. 합 가운데에 둥근 통이 세워져 있는데 뚜껑의 바깥까지 높이 나와 있고 뚜껑은 중심에 구멍이 있어 원통이 위로 튀어나와 있다. 이 원통 안에 숯불

을 피우면 바람이 아궁이로 들어가고 불길은 뚜껑 위의 구
멍으로 나간다.

신선로가 분명한데 신선로라는 이름이 붙지 않았다. 이렇
게 길게 설명한 것으로 보아 당시 신선로가 한반도에서는 아직
낯선 기구였음을 짐작할 수 있다. 이어지는 이 음식의 조리법은
이렇다.

이 합의 둘레에 돼지고기, 생선, 꿩, 홍합, 해삼, 소의 양, 간,
대구, 국수, 고기, 만두 등을 돌려놓고 파, 마늘, 토란을 고
루 섞어놓은 다음 맑은 장국을 넣고 끓이면 각 재료에서 국
물이 우러나와 맛이 매우 좋다. 몇 사람이 둘러앉아 젓가락
으로 집어 먹고 숟가락으로 떠서 먹는데 뜨거울 때 먹는다.

맛있다고 여길 만한 재료들이 다 동원된다. 그야말로 산해
진미다. 재료들을 한번에 다 넣었으면 잡탕전골, 순서대로 살짝
익혀 먹었으면 샤브샤브로 볼 수 있다.

《수문사설》이후의 문헌에도 이 음식은 열구자탕이라 불리
다가 1849년 홍석모가 쓴《동국세시기》에 열구자신선로로 등
장하며 그 이후에 신선로라는 명칭으로 널리 쓰이고 있다. 조리
법 역시 더 구체화하는데, 각종 육류와 해산물, 채소류 등을 일
일이 전을 부친 후 각종 견과류와 함께 그릇에 두른 다음 소고기

국물을 부어 전골로 먹는 방식이 굳어진 것은 19세기 말이었을 것으로 보인다. 재료를 1차 손질하여 육수에 데쳐 먹는 샤브샤브 조리법을 버리고 각종 재료로 완성된 요리를 만든 다음 다시 전골로 끓이는 조리법을 취함에 따라 상에 낼 때의 모양은 무척 아름다워졌으나 그 조리의 번잡함으로 인하여 '행사용 음식'으로 전락하고 말았다.

> 사태, 양지머리, 양, 곤자소니를 파, 마늘, 무 등을 넣고 삶아서 장국을 따로 마련하고 고기와 무를 납작납작하게 썰어 양념을 한다. 따로 소고기의 육회와 완자를 준비한다. 소고기완자는 밀가루에 달걀 물을 입혀 지진다. 달걀은 황백으로 나누어 지단을 부친다. 처녑과 생선포 등도 밑간을 하여 밀가루와 달걀 물을 묻힌 후 부친다. 미나리를 똑같은 길이에 맞추어 잘라 꼬치에 꿰고 밀가루를 묻히고 달걀 물을 입혀 지진다. 석이버섯은 물에 불린 후 이물을 제거하고 곱게 다진다. 마른 표고는 찬물에 불려서 기둥을 떼고 길이로 썬다. 홍고추도 반으로 갈라서 씨를 빼고 썬다. 위의 음식들을 신선로의 폭에 맞추어 칼질하여 둘러 넣고 그 사이사이에 은행, 호두, 밤 등을 박은 다음 장국을 붓고....

대충 정리한 신선로 조리법이다. 한국음식 중에 이처럼 손이 많이 가는 음식은 드물다. 신선로가 아무리 맛있다 하여도 일반적인 가정에서 해 먹지 않는 이유가 여기에 있다. 가격이 비싼 이유도 인건비 때문일 것이다.

한국음식은 흔히 '손맛'이라 한다. 손맛을 강조할 때면 늘 이 신선로가 등장하고, 그렇게 하여 신선로는 한국음식을 대표하게 되었다. 그런데 손맛이 중요하지 않은 음식은 없다. 요리 전문가의 손길이 닿아야 음식이 맛있어지는 것은 세계 모든 음식이 똑같다. 신선로에 담기는 색색의 음식이 신선로라는 그릇에 어울려 아름답기는 하나. 그 여러 재료들이 서로 잘 어울려 맛이 증폭되어 있는가에 대해서는 의문이다. 재료의 선택에서도 한반도의 계절성을 담지 못하고 있다.

중국에서 개발된 '가운데에 숯불을 넣을 수 있는 전골 그릇'은 아시아 모든 국가에서 쓰는 그릇이다. 그 그릇 안에 각 나라의 음식이 담기고 있다. 한민족은 그 그릇과 그릇에 담긴 음식을 두고 신선로라 하였다. '신선의 화로'라는 뜻이다. 음식을 멋으로 즐기려는 한민족의 마음이 담겨 있다. 100여 년 전에 굳어진 신선로 조리법 하나만을 두고 전통이라 고집할 것이 아니라 그 멋을 좀 더 다양하게 즐기는 '신선의 여유'를 가졌으면 한다. 그 어떤 국물의 요리이든 신선로에 담길 수 있다는 여유 같은 것 말이다.

커피 공화국
탄생기

고종이 커피를 마셨다는 사실은 이제 국민 상식이다. 그 당시 민중은 커피 맛을 몰랐다. 일제강점기에 다방도 생기고 커피 마실 일이 제법 늘어났지만 극히 일부 상류층의 호사로운 기호 음료에 불과하였다. 끼니도 잇기 어려운 민중에게 커피는 먼먼 나라의 이상한 '탕국'이었다. 서양의 탕국이라 하여 '양탕국'이라 불렀다.

한국전쟁 후 미군의 인스턴트커피가 시중에 돌았다. 당시 한국인에게는 비쌌고, 귀한 손님이나 와야 내놓은 음료였다. 정부는 이 외제 커피의 유통을 단속하였다. 그 무렵에 톱밥을 염색

하여 만든 가짜 커피도 등장하였다. 1965년 1월 15일 〈경향신문〉에 이 사건을 다룬 기사가 실려 있는데 마지막 줄에 당시 한국인이 가졌던 커피에 대한 인식을 반영하고 있다.

톱밥으로 된 「커피」를 마신 「문화인」들의

기분은 어떨는지 궁금?

_〈경향신문〉 1965년 1월 15일자

커피 맛도 몰라 가짜 커피를 마시는 주제에 문화인인 척한다고 비꼬고 있다. 그 기자의 생각이 바르든 그르든, 커피는 당시 문화인의 상징이었단 걸 알 수 있다.

1970년대 들면서 도심에 음악다방이 부쩍 늘었다. 이른바 청년문화가 번져나갈 때였다. 원두커피가 다방의 탁자에 놓였다. 가정에도 커피가 스미었다. 1970년 동서식품이 인스턴트커피를 대량 생산하면서부터의 일이다. 특히 1974년 발매된 '프림', 상품명 '프리마'가 커피를 한국인의 습관성 음료로 자리잡게 하는 데 결정적 역할을 하였다.

프림은 '크림'에서 따온 말이다. 크림은 우유로 만든다. 커피의 쓴맛을 줄이고 유지방의 풍성한 향을 더하는 용도로 쓰인다. 서양 음식에서는 크림이 다양하게 쓰여 주방에 늘 놓여 있지만 한국 음식에서는 크림을 쓸 일이 없다. 가끔 마시는 커피를 위해 쉽게 상하고 비싸기까지 한 크림을 구비하는 건 부담스럽다. 동서식품이 이 고민을 해결하였다. 식물성 기름인 팜유로 '가짜 크림'을 만든 것이다. 팜유로 만든 크림이니 '프림'이라는 이름이 붙었다. 프림은 분말로 제조되었다. 싸고 상하지도 않는다. 주방에 오래 두어도 전혀 부담이 없다. 프림과 함께 커피는 불티나게 팔려나갔다.

동서식품은 광고를 통하여 커피에 여유롭고 우아하며 세련된 서구적 삶의 이미지를 붙여나갔다. 커피 둘에 프림 둘, 설탕 둘. 한국인은 순식간에 이 인스턴트커피에 중독되었다. 동서식품은 이어서 커피와 프림과 설탕을 조그만 포장지에 담았다. 1인분용 커피믹스이다.

원두커피를 많이 마신다고 하나 한국인이 가장 선호하는 커피는 아직도 이 커피믹스다. 식당 앞에 반드시 이 커피믹스 자판기가 놓여 있다. 한정식집에서 수정과니 식혜로 마무리하고 나오면서 이 커피를 또 마신다. 직장에서, 공사장에서, 논밭에서, 도서관에서, 공원에서, 한국인은 조그만 종이컵에 담긴 이 커피를 마신다.

누룽지 냄새가 난다

한국에서 특히 커피믹스가 융성한 이유를 카페인과 설탕이 주는 각성 효과, 저렴한 가격 등으로만 설명하기엔 어딘가 부족하다. 한국인이 지역과 남녀노소 가리지 않고 커피믹스에 빠져든 것은 한국인만의 문화적 인자가 작동하였기 때문일 수도 있다. 내 미각 경험으로는 구수한 곡물의 향, 즉 누룽지 향에 대한 강한 애착이 그 문화적 인자 중의 하나가 아닐까 생각하고 있다.

커피믹스에는 구수한 곡물의 향이 붙어 있다. 인스턴트커피에 프림, 그리고 설탕이 더해지면서 내는 향일 것인데, 누룽지에서 나는 향과 비슷하다. 다른 커피에 대해서는 거부감을 나타내는 시골의 할머니, 할아버지들까지 커피믹스에 강한 애착을 보이는 것은 이 구수한 누룽지 향 덕분일 수 있다. 누룽지 향을 '밥 짓는 냄새'로 연결하여 생각하면 이 애착은 좀더 구체적인 욕망으로 보이게 된다.

한국인의 주식은 밥이다. 밥을 지을 때면 구수한 곡물 냄새가 집 안을 가득 메운다. 예전에 집집이 가마솥에다 밥을 할 때면 온 동네가 밥 짓는 냄새로 가득하였다. 집에서 밥을 짓는다는 것은, 그러니까 집에서 나는 구수한 밥 냄새는 곧 온 가족이 식탁에 모여서 밥을 먹을 것이라는 경험적 상상을 유도한다. 그래서 한국인은 구수한 곡물의 향에서 편안함을 느낀다. 서양인이 빵 굽는 냄새로부터 편안함을 느끼는 것과 같다. 커피믹스는 한국인에게는 달달한 누룽지일 수도 있다. 이것 외에는 별 매력도 없어 보이는 커피믹스에 한국인이 그토록 매혹된 이유를 찾아내는 것이 쉽지 않다.

1999년 스타벅스가 진출하면서 한국인의 커피 기호를 바꾸었다. 원두커피의 시대가 열렸다. 비싼 커피값에도 젊은이들은 스타벅스 앞에 줄을 섰다. 언론은 1960년대 가짜 커피 시대

때와 유사하게 반응했다. 형편에 어울리지 않게 세련된 서구인 흉내를 낸다는 비판이 일었다. 점심으로 된장찌개를 먹고 그보다 비싼 스타벅스 커피를 마신다며 비꼬았다. 한국전쟁 후 미제 커피에서 스타벅스까지 한국인에게 커피는 부유하고 세련되며 여유로운 미국적 삶을 상징하였고, 그러니 반미의 정서까지 그 커피에 담겼다.

2000년대 이후 한국은 '카페 시대'를 맞았다. 커피 프랜차이즈 업체가 이를 주도하였다. 국내 카페 매출액을 보면 2007년 6억 달러에서 2018년 43억 달러로 10년 만에 일곱 배가 늘었다. 오늘날 대한민국 사람들의 습관성 음료를 꼽자면, 커피다. 아침을 커피로 시작하고 식후에 커피를 마시는 것을 당연히 여긴다. 사람을 만날 때도 그 앞에는 커피가 꼭 놓인다. 어느 장소를 가든 인스턴트커피를 뽑을 수 있는 자판기는 반경 50미터 이내에는 꼭 있다. 목 좋은 건물의 1층은 카페가 다 차지하고 있다. 커피 공화국 대한민국이다.

강릉에 가면 커피가 맛있는 이유

커피 공화국 대한민국에 '커피 도시'가 탄생하였다. 강릉이다. 온 도시가 커피다. 강릉에 가면 꼭 커피를 마셔야 하는 분위기가 만들어져 있다. 강릉이 커피 도시가 된 데에는 박이추라는 유명 바리스타가 강릉에 진을 친 것이 결정적 역할을 하였다. 이후에 대형 커피 가게가 강릉에 개업하였고 바닷가에 카페가 늘어섰다. 심지어 바닷가 자판기 커피까지 떴다.

강릉의 커피가 한국의 다른 지역들보다 더 나은 무언가를 가지고 있을 가능성은 거의 없다. 강릉이 커피 산지도 아니고 말이다. 강릉의 카페들만 특별난 원두를 따로 확보하여 공수하고 있는 것도 아니며 강릉의 업자들만 특별난 기구나 기술을 소유하고 있는 것도 아니다. 그런데 다들 강릉에 가서 커피를 마시면 특별난 듯이 여긴다. 내가 관찰하기로는 강릉의 커피가 특별한 것은 딱 하나다. 바닷가 바로 옆에서 마신다는 것!

강릉의 카페들은 대부분 바닷가에 있다. 바다를 보면서 커피를 마신다. 시각적으로 커피를 더 맛있게 만들기도 하지만, 더 결정적인 것은 바다의 향이다. 바다의 향이 커피의 향에 더해지고, 그러니 강릉에서 마시는 커피는 특별날 수밖에 없다.

바닷가에 서면 사람들은 저절로 숨을 깊이 들이켠다. 바다의 향을 더 깊이 맡으려고 그러는 것이다. 그 바다 향만으로 사람들은 긴장이 풀리고 마음이 편안해진다. 이건 본능에 가깝다. 바닷가에서 커피를 마시면 의도하지 않아도 바다의 향과 커피의 향이 뒤섞여 들어오게 되어 있다. 평소에 도시에서 마시던 커피와 완전히 다르게 느껴지고, 그 순간 강릉 커피에 강한 인상이 남게 된다. 강릉에선 바닷가에 있는 자판기 커피까지 맛있다고 하는 이유기도 하다.

강릉 바닷가에서 숨을 깊이 들이쉬면서 커피를 마시는 사람들을 관찰하다가 문득 한국인들이 커피를 마실 때에 대체로 그렇게 크게 숨을 쉰다는 사실을 깨닫게 되었다. 숨을 크게 들이쉬니 그다음에는 크게 내쉬게 되어 있다. 혹시나 하고 다른 나라에서 커피 마시는 사람들을 관찰해보았는데 한국인처럼 심하게 그러지는 않았다. 커피를 마시며 한숨을 쉬는 것일까. 그 큰 숨으로 무엇을 얻는 중일까.

행복도 꼴지의 나라, 자살률 1위의 나라. 국민소득 3만 달러라지만 한국인은 삶이 벅차다. 한국인의 커피 소비량이 꾸준히 는 이유는 커피 한 모금 마시는 동안만이라도 아주 잠시 잠깐의 여유를 얻을 수 있어서가 아닐까. 커피믹스이든 캡슐커피이든 원두커피이든 한국의 모든 노동 현장에는 반드시 커피가 있다. 이 원고를 쓰고 있는 내 책상에도 커피가 놓여 있다. 잠시 한 호흡 쉬고 가자고 커피가 말을 붙인다. 커피 잔 안에 바다가 출렁인다.

제2장

'향토'에 원래 있었던
음식은 없다

가난이 만든
강릉 초당두부

두부는 아시아의 음식이다. 콩대두의 원산지가 아시아이며, 아시아 사람들은 오래전부터 이 콩으로 두부를 쑤어 먹었다. 지역마다 두부 쑤는 방법이 조금씩 다른데, 콩을 물에 불려 갈아 끓인 후 비지를 빼낸 콩물에 응고제를 넣어 굳히는 게 일반적이다.

예전에는 동네마다 두붓집이 있었다. 밤새 두부를 쑤어 새벽이면 자전거나 수레에 싣고 골목길을 누비며 이렇게 외쳤다. "두부 사려어~." 이 두부는 따뜻했다. 갓 만들었기 때문이다. 콩향이 짙고 보들보들 부드러워 간장만으로도 맛있게 먹었다. 날이 밝으면 구멍가게가 문을 열고, 두부장수는 여기에 두부를 놓고 갔다. 구멍가게 판매가격의 절반이 두부장수의 몫이었다. 구멍가게 주인은 두부의 절반을 팔고 나면 그다음부터는 자신의 수입이었다. 문 닫을 때에 몇 모 남은 두부는 단골에게 싸게 주거나 공짜로 주기로 하였다. 그래도 남은 것은 구멍가게 식구의 저녁 반찬이 되고. 다음 날 새벽에 두부장수는 또 골목을 돌고 구멍가게에 두부를 내려놓았다. 두부는 하루에 한 번 배달하는 셈이고, 이런 식품을 '일배 식품日配食品'이라 하였다.

1980년대 중반에 들면서 두부는 일배 식품에서 벗어났다. 두부를 물과 함께 케이스에 넣고 살균처리를 한 포장 두부가 등장하였다. 이렇게 하여 두부의 유통기간을 14일씩이나 확보하게 됐다. 대형 두부 공장이 서고 일배 식품의 두부를 생산하던 동네 두붓집은 하나둘씩 문을 닫았다. 새벽 골목길의 두부장수 목소리도 사라졌고, 동네 구멍가게의 저녁 두부 반찬도 사라졌다. 무엇보다 갓 쑤어 콩 향이 짙고 보들보들한 두부가 사라졌다.

포장 두부가 위생적으로는 더 안전할 수는 있다. 그러나 관리만 잘하면 일배 두부도 안전하다. 어쨌든 한국 소비자는 포장 두부를 선택하였고 맛있는 일배 두부는 먹기 힘들게 되었다. 이런 일이 이웃 일본에서도 똑같이 있었다. 포장 두부에 일배 두부가 밀린 것이다. 소설가 무라카미 하루키가 이 일에 대해 한마디한 적이 있다. 파리에 사는 주부들이 빵을 사 와서 먹다가 남으면 버리는 것처럼, 두부 또한 갓 사 온 것을 먹어야지 날을 넘긴 두부를 먹어선 안 된다는 얘기였다.

하루키의 생각에 전적으로 동의한다. 갓 나온 두부를 먹어야지 어찌 밤을 넘긴 두부를 먹을 수 있다는 말인가! 그러나 현실은, 독자 여러분이나 나나 그런 세상에 살고 있지 않다. '말'만 그렇다는 것이다.

도시에 살자면 일배 두부를 버릴 수밖에 없는 형편이나, 등산을 가거나 시골로 여행을 가면 어딘가 '촌 두부'나 '시골 두부', '옛날 두부' 간판이 없는지 찾아본다. 도시의 집에서 먹는 두부와 맛이 다르다는 것을 경험으로 아는 까닭이다. 그 식당들이 특별난 방법으로 두부를 쑤는 것은 아니다. 아침에 쑨, 그러니까 밤을 넘기지 않은 두부를 가지고 있을 뿐이다. 전국 등산로 입구나 관광지에 두붓집이 하나둘 들어서기 시작하는 시기와 포장두부가 전국의 마트에 깔리는 시기가 겹친다. 입맛을 못 속이는 것이다. 강릉 초당두부가 이름을 얻게 되는 것도 그 즈음이다.

사대부가 두부를 쑤겠는가

강원도 강릉시 초당동은 경포호 옆에 있는 조그만 마을이다. 《홍길동전》의 저자 허균의 부친 허엽이 한때 이 마을에 살았으며 허엽의 호인 초당에서 따온 이름이라는 설이 있다. 허엽이 살았던 집이라는 조선시대의 고가도 이 동네에 있다. 이 때문에 초당두부의 기원을 허엽에 두는 이야기가 있다. 허엽이 이 마을에서 처음 바닷물로 두부를 만들었고, 그 전통이 지금도 이어지고 있다는 것이다.

그러나 조선의 사대부가 두부 만드는 '잡일'을 하였을 것이라는 발상은 무리이다. 한국전쟁으로 가장을 잃은 아녀자들이 밤새 두부를 만들어 대야에 이고 강릉 시내에 나가 팔다가 차츰 이름을 얻어 지금처럼 유명해진 것이 초당두부의 바른 역사이다. 초당동은 특히 몽양 여운영 선생이 일제강점기에 야학을 했던 곳으로 동네 남자들이 '빨갱이'로 몰려 피해가 컸다.

1951년도의 기억을 가지고 있는 초당동 토박이에 의하면 그때는 두어 집이 두부를 쑤었다고 한다. 한국전쟁 후 두붓집이 급격히 늘었는데, 1954년에 무려 90여 가구가 집에서 두부를 쑤어 팔았다. 1983년에는 집에서 두부를 만드는 57명이 모여 초당두부협동조합이 만들어졌으나 운영상의 어려움으로 '주식회사 강릉초당두부'로 바뀌었다. 초당동에 공장이 있으며, 도시의 슈퍼마켓 등에서 팔리는 초당두부는 이 공장의 것이다.

현재 초당동에는 두붓집이 20여 곳에 이른다. 두부를 만들어 내다파는 집은 이제 없으며 모두 식당으로 운영된다. 1970년대 후반에 처음 생긴 변화인데, 1980년대 강릉이 관광지로 인기를 끌면서 두부 식당이 부쩍 늘었다. '원조'라고 간판을 단 곳이 많지만 초당두부가 유명해지면서 외지인이 들어와 차린 몇 곳 빼고는 다들 토박이들이며, 따라서 그 식당들의 역사는 고만고만하다.

콩이 바닷물과 만나다

초당두부는 바닷물을 응고제로 쓴다. 보통의 두부는 끓인 콩물에 마그네슘 또는 칼슘을 넣어 두부로 굳힌다. 옛날에는 바닷물과 황산칼슘을 썼다. 천일염을 오래 두면 그 아래로 약간 탁한 액체가 빠진다. 이를 간수라 한다. 여기에 마그네슘과 칼슘이 많이 들어 있어 한때는 이 간수를 이용한 두부 제조법이 흔하였다. 간수 응고법을 오랜 전통의 두부 제조법으로 말하고 있으나 천일염 제조법이 일제강점기에 전래된 것을 감안하면 그리 오래된 것은 아니다. 황산칼슘은 광산에서 얻어지는 것이어서 고려와 조선시대에 귀하였을 것이다. 그러니 바닷물을 이용한 두부 제조법이 조선시대 때까지 일반적이었을 것으로 추정할 수 있다. 바닷물 그 자체로는 응고력이 떨어지고 운송과 보관에도 힘이 들므로 바닷물을 농축한 함수를 썼다. 지금도 염전에서 소금으로 굳히기 전 농축된 바닷물, 즉 함수를 퍼서 두부 응고제로 쓴다. 이 함수를 생간수라고 부른다. 초당두부는 바닷물 그대로를 응고제로 쓰는데 동해의 바닷물, 좁혀서는 강릉 초당의 바닷물은 농축 없이도 콩물을 두부로 굳힐 수 있을 정도로 마그네슘과 칼슘이 많기 때문에 가능한 일이다.

지구의 바닷물은 다 짜지만 지역마다 구성물에는 차이가 있다. 큰 강과 맞닿아 있는 바다나 빙하 근처의 바다는 염도가 낮고, 적도 근방의 바다는 물의 증발로 인해 염도가 높다. 한반도의 바다도 지역마다 차이가 있는데, 서해와 남해의 바닷물보

초당두부는 한국전쟁 후 가장을 잃은 마을 여자들의 생계수단으로 시작되었다.
지금은 2대, 3대로 대물림을 하였다.

다 동해의 바닷물이 염도가 높고, 따라서 마그네슘과 칼슘 등의
비중도 높다. 그래서 농축 없이 바닷물 그 자체로 두부가 응고될
수 있다.

두부 쑤는 작업은 새벽 3시 즈음부터 한다. 안날에 불려둔
콩을 가는 것이 처음의 일이다. 기계식 맷돌을 쓴다. 맷돌에서 콩
물과 비지를 바로 분리하여 콩물을 끓이는 방식도 있고, 콩물과
비지를 함께 끓인 후 비지를 걸러내어 콩물을 얻는 방식도 있다.
후자의 방식이 전통적이며 이렇게 쑨 두부의 맛이 더 풍성하다.

초당동에서는 콩물을 가마솥에 끓인다. 두부 공장에서는
스팀 기계를 쓴다. 콩물을 끓일 때에 가마솥을 떠날 수 없다. 바
닥에 콩물이 눌어붙지 않게끔 커다란 주걱으로 저어야 한다. 콩
물이 끓으면 거품을 내는데 이때에 들기름을 뿌려 넘치지 않게

해야 한다. 불 조절도 해야 한다. 30분 정도 지나면 콩이 본디 가지고 있던 비린내는 흐릿해지고 고소함이 점점 강해진다.

콩물이 파르르 끓고 나면 불을 끄고 잠시 기다린다. 콩물의 숨을 죽이는 것이다. 바닷물을 바로 넣으면 두부가 거칠어진다. 한숨 죽은 콩물에 바닷물을 조심스럽게 붓고 휘휘 저어준다. 이내 콩물 안에 있던 콩의 것들이 순두부로 엉기고 물은 밀어낸다. 이때의 순두부가 가장 맛있다. 아침 6시 즈음이면 새벽에 만든 이 순두부를 맛볼 수 있다. 초당동 순두부 맛을 아는 사람들은 새벽같이 이 시간에 식당 문을 연다. 간장양념을 더하여 훌훌 마시듯이 순두부를 먹는다. 순두부를 틀에 넣고 꾸욱 눌러서 물을 짜내면 두부가 된다. 초당두부 식당들은 이 두부도 낸다. 두부도 맛있으나 사람들은 다들 순두부를 먹기 위해 초당동에 간다.

초당동은 커다란 해송에 둘러싸여 있는 아름다운 마을이다. 특히 아침이면 향기까지 고운 마을이다. 멀지 않은 곳에서 바닷바람이 불고 그 바람을 타고 솔향이 온 동네에 번진다. 아침으로 순두부 한 그릇 하고 산책하기에 이만한 곳이 없다.

함경도 아바이는 모르는
속초 오징어순대

오래전 아바이마을에 찾아간 적이 있다.

중앙동에서 갯배를 타고 아바이마을로 들어갔다. 뱃삯이 편도 150원이다. 좁은 골목길과 낮은 지붕의 낡은 집들. 1960년대의 가난한 동네를 보는 듯하다. 횟집이 하나 보이고 그 옆으로 방송에 출연했다고 간판을 단 '단천식당'이 있다. 마을길을 따라 걸었다. 분식집이 두어 곳, 중국집이 두어 곳... 그것이 전부이다. 횟집 간판에 냉면을 한다고 적고 있기는 하지만 북한 음식을 낼 만한 곳으로 여겨지는 집은 단천식당뿐이다.

2000년에 나온 졸저 《맛따라 갈까보다》에 등장하는 아바이마을 풍경이다. 취재는 1999년에 하였다. 요즘의 아바이마을과는 완전히 다른 얼굴이다. 지금은 마을 전체가 음식점이고, 주말이면 발 디딜 틈이 없이 관광객이 밀려든다. 20년 만에 뽕나무밭이 바다로 변한 것이다.

> 강원 속초시 청호동 아바이마을은 함경도 사람들이 1·4 후
> 퇴 당시 남하하는 국군을 따라 내려왔다가 고향에 가지 못
> 하고 모여 이룬 동네이다. 석호인 청초호 바닷가쪽 모래톱
> 위에다 나지막한 '따개비집'을 짓고 고기잡이를 주업으로
> 생계를 유지해오고 있다. 세월이 지나면서 함경도 외 사람
> 들도 마을에 꽤 터를 잡았지만 그래도 아직까지는 주민의
> 60% 정도가 함경도 출신들이다.

동네의 시작이 이랬다. 당시는 주민의 60%가 함경도 출신이었는데, 요즘은 아닐 것이다. 외지인들이 많이 들어와 장사를 하고 있다고 들었다. 아바이마을에 두 번의 '핵탄두급 폭발'이 있었다. 처음은 2000년 방영된 KBS 드라마 〈가을동화〉였다. 내가 취재를 하고 나서 이듬해의 일이었다. 몇 년이 흘러 아바이마을에 갔을 때 동네는 완전히 달라져 있었다. '아바이마을'이 아

니라 '드라마마을'을 같았다. 내 관심사는 그때나 지금이나 음식이다. 아바이마을이니 순대가 확실히 많이 놓여 있었다. 아바이마을에 왔으니 아바이순대를 먹어야 한다는 관광객의 심리가 수요로 작동한 것이다. 그 옆에는 오징어순대가 있었다. 두 번째 폭탄은 KBS 예능 〈1박2일〉이었고 2010년에 떨어졌다. 10년 지난 〈가을동화〉의 낡은 간판 위에 〈1박2일〉이 덧칠되었다. 관광객은 더 많아졌고 식당들도 더 번창하였다.

이후에도 가끔 아바이마을에 간다. 관광객은 여전하다. 아바이마을의 골목길을 걸을 때이면 1999년의 일을 떠올린다. 그때 취재를 하며 속초시 공무원을 만났었는데, 그분께 이런 말을 하였었다. "아바이마을이 너무 낡았고 주민들이 가난하잖아요. 돈벌이가 필요한데, 그래서 이런 기획을 해보면 어떨까 싶어요. 북한음식 테마 마을을 만드는 것이지요. 마을 분들이 요리하는 북한음식들이면 관광객이 오지 않을까요." 드라마나 예능 방송을 유치하면 끝나는 일을, 내가 오지랖이 넓었다.

오징어찜 혹은 이카메시

1999년 아바이마을에는 오징어순대가 없었다. 〈가을동화〉 이후에 등장하였다. 오징어순대가 아바이마을의 가정집에서 먹던 음식이냐 하면, 그렇지 않다. 에전에 함경도에서 먹던 것이냐 하면, 그것도 아니다. 이는 아바이마을의 함경도 할머니들의 증언이다. 여러 어른들께 들었다.

"그 맛있는 것으로 왜 순대를 만들어?" 오징어순대라는 말을 처음 들었을 때에 나는 분명 이랬다. 내 미각 기준으로는 오징어는 순대보다 서너 단계 위에 있었다. '오징어는 오징어로 먹어야 맛있지' 하였다. 그때가 1980년대 중반이었을 것이다. 속초에서였다. 관광음식으로 팔리고 있었다.

오징어순대는 조리법으로 보면 오래전부터 있었을 음식이다. 오징어의 몸통에다 다리며 기타 재료를 다져 넣고 찌는 음식 정도는 누구든 쉽게 상상할 수 있기 때문이다. 1964년 〈동아일보〉에 '살림의 아이디아'라는 제목으로 오징어순대 조리법이 등장한다. 서울 동대문구 보문동에 사시는 김계숙이라는 분의 투고이다.

흔히들 순대는 돼지나 소의 내장으로 하는데 물론 맛도 좋지만 이것은 값이 비싸고 쉽게 할 수 없습니다. 그런데 여기 만들기도 쉽고 값이 싸며 맛도 좋은 '오징어순대'가 있답니다. 오징어는 칼질은 하지 마시고 속내장만 빼내어 깨끗이 씻은 다음 다리는 떼어내 4센티 정도 잘라놓고 된장과 김치를 송송 썰어 조미료 갖은양념(파 마늘 깨소금 참기름)에 준비된 것(쌀 다리 조미료 등)을 함께 골고루 섞은 다음 이것을 주머니 같은 오징어 배 속에 넣어서 바늘에 실을 꿰어 새나오지 않을 정도로 꿰매어놓고 오징어가 잠기도록 물을 붓고 두어 시간 정도 푹 끓이면 됩니다.

요즘의 조리법과 비슷하면서 조금 다르다

그런데 이보다 이르게 오징어찜이라는 음식이 보이는데 형태로
보자면 지금의 오징어순대다. 1959년 〈경향신문〉의 기사이고
김제옥이 썼다. 김제옥은 당시 유명 요리선생이었다.

1959년 〈경향신문〉에는 당시 유명 요리선생이던 김제옥이 소개한 오징어찜이 등장한다. 요즘의 오징어순대와 유사하다.

재료는 오징어에 두부, 우엉, 당근, 은행, 달걀, 흰살 생선,
당면 등이다. 오징어발은 잘게 썰어서 정종과 간장의 양념에
20분간 재우고 여기에 여러 재료를 더하여 오징어 배에 채우는
데, 이후의 양념도 정종과 간장으로 일관한다. 그 맛을 머리로
그리니 일본음식이다. 이카메시이다. 오징어 배에 두부, 우엉,
당근, 쌀 등등의 재료를 넣고 간장의 양념으로 찌는 요리인데,
홋카이도 지방의 향토음식이다. 하코다테선 모리역의 한 식당
이 1941년 개발한 음식으로 알려져 있다.

여기에서 더 올라가면 또 다른 자료들이 있지 않을까 싶지만, 안 보인다. 그렇다고 예전에는 한국에 오징어순대 같은 음식이 없었다는 뜻은 아니다. 이 정도의 조리법은 오징어만 있으면 누구든 할 수 있다. 그러나 집에서 해 먹는 일과 상업적으로 판매하는 일은 성격이 전혀 다르다. 특히 그 음식의 이름이 민중에 의해 붙여지는 과정을 통하여 그 음식의 의미는 확연해진다고 할 수 있다.

강원도만의 오징어순대를 위하여

이름이란 널리 퍼졌을 때에야 비로소 생명을 가진다. 한두 명이 나서 오징어찜이니 오징어순대니 해보았자 아무 의미가 없다. 많은 사람들이 그 이름을 불러주어야 그때에야 의미를 지니는 것이다. 조리법으로 보면 오징어찜이 적당하다 하여도 오징어순대라고 다들 부르면 오징어순대로서의 의미를 가지게 되는 것이다.

강원도가 관광지로 개발되기 시작한 시기는 1970년대다. 관광지면 관광지만의 음식이 필요하다. 그 지역만의 토속적인 음식을 찾는 관광객의 수요에 맞추어야 하는 것이다. 그때 등장한 음식이 오징어순대다. 동해의 오징어를 모양 좋게 요리로 내놓기에 적당하다 생각한 것이다. 여기에 순대라는 이름이 붙은 것은 강원도의 실향민 정서가 옮겨간 까닭으로 보인다.

실향민의 정서가 가장 강한 동네가 아바이마을이다. 함경도 아바이들이 순대를 잘 만드는지 여부와 관계없이, 돼지 대창의 순대를 아바이순대라고 하는 관습이 있으므로 함경도 실향민은 그 어떤 것으로든 순대를 잘 만든다고 생각하기 마련이다. 아바이마을 관광객은 자연스럽게 순대를 찾게 되고 덩달아 오징어순대도 번창하게 되는 것이다.

아바이마을에서 가끔 오징어순대를 먹고, 또 강원도 해안의 여러 횟집에서 서비스로 나오는 오징어순대를 먹는다. 싱싱한 오징어로 조리한 것이니 그 내용물이 어떻든 맛있다. 그러나 그 내용물과 양념에서 강원도만의 특성을 찾기가 어렵다. 한국이든 일본이든, 아니 저 서양이든, 향토음식의 역사는 다 같이 짧다. '전래'는 중요하지 않다. 맛있는 오징어순대를 위해 다양한 시도들이 있었으면 한다.

한국 향토음식의 대표선수
전주비빔밥

"전주 사람들은 전주비빔밥을 안 먹어요." 전주에만 가면 전주 사람들에게서 이 말을 듣는다. 이어지는 말은 이렇다. "전주에 맛있는 게 얼마나 많은데, 굳이 전주비빔밥을 먹을 필요가 없지요." 결국은 전주 음식이 맛있다는 자랑이다.

전주는 도시다. 바다가 있고 산이 있는 지역이 아니다. 도시가 관광지로 떴다. 그것도 핫하게 떴다. 주말이면 전국의 젊은이들이 전주로 밀려든다. 한국에서 도시가 관광지로 유명해지는 일은 정말 드물다. 그들을 유혹하는 강력한 관광 자원이 있는데, 한옥마을이다.

젊은이들이 한국의 전통을 사랑해서 한옥마을에 가는 것일까 싶지만, 가서 보면 전혀 그런 것이 아니다. 예쁜 한옥들이 다른 지역에서는 볼 수 없는 풍경을 만들어주기는 한다. 그 사이를 신나게 다니는 젊은이들에게 한옥은 일종의 배경일 뿐이다. 화려하고 위트 넘치게 개량한 한복을 입고 한옥을 배경으로 셀카를 찍는다. 자신을 별나 보이게 만드는 도시로 전주가 선택된 것이다. 젊은이들 손에 들린 것은 길거리 음식이다. 문어꼬치에 지팡이아이스크림에 바게트에 초코파이 등이다. 놀이동산 음식 같다. 비빔밥집에도 물론 간다. 전주에 왔으니 일단 전주비빔밥을 먹어야 하는 것이다. 그들을 관찰하면 전주비빔밥을 먹는 게 아니다. 찍는다. 비빔밥은 또 다른 배경이다.

관광음식 소비심리가 원래 이렇다. 누구든 어떤 지역에 가면 그 지역에서 제일 유명한 음식을 먹어봐야 한다고 생각한다. 그러고 보면, 문득 전주비빔밥의 미래가 불안하다. "전주 사람들은 전주비빔밥 안 먹어요" 하는 말이 사실이기 때문이다. 전주가 관광지로서 더 이상 인기를 끌지 못하게 되면 전주비빔밥의 인기도 위험해질 수 있는 것이다. 전주비빔밥을 내는 식당 주인들도 이를 알아차리고 걱정하고 있다. 전주비빔밥이 '맛있는 음식'으로 인식될 수 있게 홍보하는 작업에 열심이다. 그러기 위해서는 무엇보다 먼저 전주 사람들이 즐겨 먹는 비빔밥이 되어야 할 것인데.

비빔밥의 계통도

전주비빔밥은 전주 사람들이 가정에서 먹는 비빔밥이 아니다. 전주에 있는 외식업체의 비빔밥이다. 한반도에서의 근대 음식점 발달 역사로 보아 1800년대 말에 한양과 평양 등의 식당에서 처음 비빔밥이 팔렸을 것이다. 1929년 〈별건곤〉이란 잡지에 진주 비빔밥에 대한 기록이 있는데, 전주에서도 그 즈음에 비빔밥을 내는 식당이 있었을 것이다. 한국학중앙연구원 주영하 교수의 전주 현지조사에 의하면 1930년대 남문시장 일대 간이식당에서 비빔밥을 판매했었다고 한다. 전주비빔밥의 명성은 해방 직후 개업한 것으로 알려진 옴팡집, 옴팍집이라고도 불렸던 옹팡집의 영향이 컸다. 당시 행정관료, 정치인, 문인 등 유명인사들이 들락거리면서 옹팡집은 전국적인 '맛집'으로 이름이 났었다.

옹팡집에 대한 옛 기사를 보면 비빔밥이라면서도 조기찌개, 전어구이 등 여러 반찬들이 따라 나오는 것으로 묘사한다. 전주에는 10여 가지가 넘는 음식을 내는 한정식집이 많은데, 옹팡집도 그런 식당 중의 하나일 것이며, 밥을 흰밥이 아닌 비빔밥으로 내면서 비빔밥집이란 이름을 얻었던 것으로 보인다. 한정식에 비빔밥이 결합한 이 식단 구성은 요즘도 전주비빔밥집에서 면면히 이어지고 있는데, 차려진 상에서 비빔밥 대신 흰밥을 내놓아도 훌륭한 상차림이다. 현재 전주의 비빔밥 식당 중 가장 오래된 곳은 한국집이다. 1952년 떡집으로 시작하여 1953년부터 비빔밥을 내었다. 한국집의 주순옥 씨는 그 당시 남문시장 좌판에서 파는 비빔밥은 나물에 날달걀을 넣고 비비는, 소박한 음식이었다고 증언한다.

전주의 식당에서 팔리는 비빔밥은 크게 세 종류로 나눌 수 있다. 미리 비벼서 내는 비빔밥과 손님이 비비게 내는 비빔밥, 그리고 돌솥비빔밥이다. 몇몇의 기록과 전주 어른들의 증언에 의하면, 애초 비빔밥은 밥과 반찬을 미리 비벼서 내었다. 때깔을 내기 위해 밥 위에 예쁘게(?) 반찬을 돌려 올리고 손님이 비비게 하는 비빔밥은 근래에 몇몇 식당들에 의해 창작된 것이다. 식당에서 미리 비벼 내는 일을 멈춘 데에는 단지 때깔만을 위한 것이 아니다. 주방에서 일일이 밥과 반찬을 비비자면, 이도 일이다. 미리 넉넉히 비벼놓으면 밥이 삭기 때문에 손님이 주문하는 대로 즉시 비벼야 하는데, 그러자면 적어도 일손이 하나 더 필요하게 된다. 결국 주방의 편의성 확보를 위해 '비비지 않은 비빔밥'이 필요했던 것으로 추측할 수 있다.

전주의 일부 식당에서는 손님 앞에서 직접 비비는 퍼포먼스를 보이기도 한다. 일단은 때깔 좋게 비빔밥을 차려내고는 여주인이 식탁 옆에 앉아 비벼주는 것이다. 이 퍼포먼스는 의외로 퍽 재미가 있는데, 비빔밥을 젓가락으로 비벼야 한다는 항간의 말을 무색하게 만든다. 숟가락으로 밥과 나물과 고추장양념이 골고루 섞이게 밑에서 위로 뒤집듯이 비빈다. 힘을 주는 것이 아니고 가볍게, 그리고 아주 잽싸게 비비는데, 밥알이 뭉개지지 않게 하려는 동작이다. 그리고 생각보다 꽤 긴 시간 골고루 비빈

본래 비빔밥은 밥 위에 예쁘게 찬이 둘러진 채로 나오지 않았다. 애초에 비벼서 나오거나 주인이 식탁으로 와 직접 비벼주기도 했다.

다. 양념이 밥에도 배게 하려는 의도로 읽힌다. 그 솜씨는, 쉽게 따라 할 수 있는 게 아니다. 오랫동안 이 일을 한 여주인의 팔뚝은 천하장사급이다. 전주에서 '전주스런 비빔밥'을 먹겠다면, 여주인이 비벼주는 이런 비빔밥을 추천한다. 다른 지역에서는 이런 퍼포먼스를 볼 수 없다는 것만으로 특별나기 때문이다.

돌솥비빔밥은 1960년대에 전주의 한 식당에서 개발되었고, 1970년대에 서울에 올라와 히트를 치면서 전국으로 번졌다. 해외 한식당의 인기 메뉴에 대한 조사를 보면 비빔밥이 단연 돋보이는데, 그게 그냥 비빔밥이 아니라 돌솥비빔밥이라 되어 있다. 일본에서 특히 인기며 일본식으로 변형된 돌솥비빔밥이 번지고 있다는 소식도 있다.

돌솥비빔밥은 보통의 비빔밥과 맛의 포인트가 다르다. 뜨거운 돌솥에서 음식이 덖어지면서 내는 지글지글하는 소리와 강렬한 냄새에서 오는 즐거움이 있다. 이를 먹는 모습을 보아도 여느 비빔밥에 비해 확연히 다른 쾌락적 요소를 발견할 수 있다. 입 안에 음식을 넣고 이리저리 돌리면서 바람을 빨아들여서 식힌다. 후루룩 쓰읍 씩씩 등등 여러 입소리가 나고 그 뜨거움에 한쪽 눈이 감기면서 표정이 일그러진다. 식당에서 이를 관찰하고 있으면 사람들이 통증을 즐기고 있는 것이 아닌가 싶기도 하다. 통증도 경우에 따라 큰 즐거움이 되기도 한다.

관광객만이 아니라 전주 사람들도 즐겨 찾는 비빔밥이 되려면 좀 더 다양한 변주가 있어야 하는 것이 아닌가 싶다. 비빔밥은 그 위에 올리는 반찬에 따라 얼마든지 맛의 변화를 줄 수 있는 음식이다. 일단 계절별 변화를 줄 수 있다. 가운데에 육회를 올리는 것이 기본인데 봄가을이면 주꾸미나 낙지로 대체할 수도 있고, 여름이면 닭고기, 겨울이면 꿩고기도 가능할 것이다. 이건 그냥 예를 든 것이다. 계절 별미 비빔밥을 말하는 것이다.

일본에 다카마쓰라는 작은 도시가 있다. 사누키 우동으로 유명하다. 온통 우동집이다. 관광객을 위한 우동집이 아니다. 다카마쓰 주민들이 찾는다. 집집이 우동의 변주가 실로 다양하다. 그 작은 도시에서 내는 우동을 다 맛보려면 넉넉잡아 1년은 거주해야 할 듯싶었다. 전주비빔밥의 창의적 변주를 기대한다.

그리운 충무김밥
할매들

내가 충무김밥을 처음 먹은 때는 1977년이다. '고삐리'였을 때다. 그때 나는 마산에 살았고 여름이면 친구들과 어울려 거제도를 중심으로 남해안 일대를 헤집고 다녔다. 새벽에 마산항에서 배를 타면 거제도의 여러 포구 마을을 구비구비 돌아 점심 때쯤 통영에 이른다. 여기서 잠시 정박을 하는데 계속해서 여행을 하는 사람은 배에서 내리지 못하게 한다. 이때 김밥 할머니들이 나타난다. 뚱뚱한 몸매에 커다란 고무 '다라'를 머리에 이었지만 배 위로 잽싸게 뛰어올라 손님들 사이로 잰걸음 하는 그네들의 동작은 맥가이버 저리 가라였다. 배 하나에 서넛의 김밥 할머니들이 올랐던 것이 기억난다.

"할머이, 여거 김밥 좀 주이소" 하면 고무 '다라'를 내려놓고 신문지나 비료포대 찢은 종이 위에 밥만 만 김밥과 무김치, 꼴뚜 기홍합꼬치를 차려준다. 꼴뚜기 대신에 갑오징어를 쓰거나 주꾸미를 쓸 때도 있었다. 무김치는 지금보다 서너 배를 크게 비져 1인분이면 무김치 두 조각 정도 나왔다. 얼마나 맛있었던지 1인분만 먹고 만 적이 없었다.

할매들은 창의적이었다

김밥은 일제강점기에 일본의 김초밥이 들어와 한국화한 것이다. 일본 김초밥과 한국 김밥의 차이점을 들자면 김밥 속으로 무엇을 넣는가도 중요하겠지만 무엇보다 초밥인가 그냥 밥인가가 둘을 나누는 기준이 된다. 시고 달고 짠 초밥에 적응하지 못한 우리 민족이 그냥 밥으로 김밥을 싼 것까지는 좋았으나 그렇게 함으로써 초밥의 큰 장점 하나를 놓쳐버리고 말았다. 바로 식초의 부패 방지 효과다. 초밥은 맛뿐만 아니라 오랫동안 음식을 보존하기 위한 한 방법으로 발달한 것이다.

통영항의 김밥 할머니들은 처음엔 보통의 한국식 김밥을 말아 팔았다. 그런데 한국식으로 김밥을 싸면 금방 상한다. 특히 여름철에는 한나절이면 맛이 간다. 관광객이 부쩍 늘어나는 때인데 김밥이 한나절 만에 상하면 할머니들 입장에서는 여간 큰 손해를 보는 것이 아니다. 그렇다고 김초밥을 만들자니 맛없어할 것이고… 이런 궁리 끝에 충무김밥이 탄생한 것이다. 김밥 부패의 원인인 김밥 속을 없애고 대신 우리 입맛에 맞는 반찬을 내놓은 것이다. 낚시광이었던 선친의 증언에 의하면 1960년대 초반부터 통영항에서 충무김밥을 팔았다고 한다.

1981년 문득 충무김밥이 떴다. 그것도 서울에서! '국풍 81' 이란 행사였다. 1981년 5월 28일부터 6월 1일까지 닷새간 여의 도 광장에서 열렸다. 그 전해 5월 광주에서의 일을 생각하면 전 두환의 자축연일 수도 있었다. 그러나 서울 시민들은 그런 것을 생각할 여력이 없었다. 잔치가 벌어졌으니 놀아야 했다.

나도 그때 여의도 광장에 있었다. 흙바닥의 그 허허벌판에 봄바람이 심하게 일었었다. 뿌연 먼지 속에 사람들은 꾸역꾸역 모여들어 인산인해를 이루었다. 그들은 먹고 마시며 놀았다. 그 행사장의 음식 중에 향토음식이 여럿 있었다. 지방에서는 유명 하지만 서울에는 아직 없는 음식들이었다. 여기에 충무김밥이 있었다. 불티나게 팔리었다. 당장에 서울 명동 한복판에 충무김 밥집이 문을 열 정도였다. 그렇게 순식간에 충무김밥은 전국 음 식이 되었다.

통영은 요즘도 자주 간다. 그러나 배를 타고 가는 것이 아니 라 고속도로로 휙 가니 배 위에서 충무김밥을 파는지 어떤지 알 수가 없다. 근자에 통영시청에 전화를 해보았다.

"혹시 배 위에서 파는 충무김밥 아직 있어요?"

"허허, 그때 그 할머니들 지금은 돈을 크게 벌어서 가게가 몇 개씩 되는데 아직까지 그러고 있겠어요? 없어진 지 오래됐습니다."

통영 여객터미널 근처에는 충무김밥집이 참 많다. 예전에 배 위에서 충무김밥을 팔던 할머니들이 하는 집이라고 간판이 붙은 곳도 있다. 갈 때마다 먹기는 한다. 맛있기는 하지만 옛날의 그 맛은 아니다. 눈부신 햇살이 쏟아지는 뜨거운 갑판에 둥글게 모여 앉아 비료포대 종이 위의 김밥을 손으로 집어 먹던 그 시절의 친구들이 없는 까닭이다. 이럴 때는, 맛의 99%가 추억이다.

종이의 추억

충무김밥은 이제 통영에만 있지 않다. 전국의 여러 도심에도 있고 고속도로 휴게소에서도 판다. 전국의 충무김밥에 공통점이 하나 있다. 충무김밥을 내는 그릇 위에 종이가 깔린다. 하다못해 비닐이라도 깐다.

그릇에 그냥 담으면 될 것을 굳이 종이를 깐다. 이런다고 설거지가 쉬워지는 것도 아니다. 종이 아래로 국물이 스미어 어차피 그릇은 씻어야 한다. 종이를 깔고 버려야 하는 번거로움만 생긴다. 음식이 더 맛나게 보이는 것도 아니다. 종이의 질이 좋지 않으면 종이 냄새가 음식에 배기도 한다. 그럼에도 종이를 까는 까닭이 있다.

충무김밥 아래에 깔리는 종이는 이 음식의 유래와 전통을 담고 있다.

충무김밥은 원래 배 위에서 먹던 음식이다. '다라'에 김밥과 반찬까지는 담아도 그릇까지 챙기기는 어려웠다. 승객의 손에다 음식을 올려줄 수는 없는 노릇이니 종이로 그릇을 대신하였다. 옛날에는 누런 비료포대 종이를 썼다. 질기고 두꺼워 반찬과 김치의 국물이 바닥까지 스미지 않는다. 승객들은 이 종이에 불만이 없었다. 그때는 위생 관념이 그랬다.

김밥 할매들이 가게를 차리면서 이렇게 종이를 깔아주던 버릇 혹은 전통을 버리지 않았다. 그릇에 담아낼 수 있음에도 그릇 위에 종이를 깔았다. 비료포대 종이는 민망하니 흰 종이로 대체하였다. 1980년대 초반의 일이다. 충무김밥이 식당의 음식으로 변모하였지만 배 위에서 먹던 음식이라는 기억을 이 종이로 유지하겠다는 의지가 무의식적으로 작동한 결과이다. "종이 왜 깔아요?" 하고 물으면 "옛날부터 그랬어" 하는 답이 돌아올 뿐이다. 옛날부터 그랬던, 배 위에서의 그 힘겨웠던 행상의 일이라 하여도 그때의 그 삶을, 추억하고 나아가 당당히 여기겠다는 심중이 그 종이 한 장으로 깔려 있는 것이다.

북한에서 유명한
진주냉면과 그 재탄생기

진주냉면을 낸다는 식당이 제법 생겼다. 평양냉면, 함흥냉면과 더불어 조선의 3대 냉면이었다는 말도 돈다. 한국인 대부분은 냉면을 북녘의 음식이라 여기는데 남녘 중에서도 아주 먼 남쪽에 있는 한 도시의 냉면이 예부터 유명하였다 하니 사람들의 관심을 부쩍 끌고 있는 것이다.

사실 평양냉면이나 함흥냉면도 먼 조선시대부터 유명하였던 것은 아니다. 그때에 냉면을 팔았던 식당조차 없었다. 일제강점기에 들어서야 평양냉면이 맛있다는 소문이 돌았고, 함흥에도 그 시절에 냉면집이 있기는 하였으나 함흥냉면이라는 고

유명사를 만들지는 못하다가 한국전쟁 이후 남녘의 땅에서 함흥냉면이라는 이름을 얻었다. 먼 조선에서부터 있었던 것은 아니었다 하지만, 일천한 한국 외식문화 역사에서 그 정도만으로도 전통이 깊다 할 수 있을 것이다.

그러면, 진주냉면은? 어느 날 갑자기 나타났다. 진주에 냉면집이 있기는 하였지만 어느 누구도 진주의 어떤 냉면을 두고 진주냉면이라 부른 적은 없다. 진주냉면의 탄생 스토리는 이런 것이었다.

이름은 있고 레시피는 없다

2000년대 초 한 음식 연구자가 진주에 나타났다. 그는 진주 사람들에게 이때까지 들어본 적이 없는 놀라운 이야기를 했다. "진주냉면이란 것이 있었는데, 평양냉면만큼 유명하였다. 그 내용이 북한의 과학백과사전에 실려 있다." 진주의 음식문화 관련 인사들은 이 말에 솔깃하였다. 그 유명한 평양냉면과 어깨를 나란히 하는 진주냉면이 자신들의 지역에 있었다니 무척 고무되었을 것이다.

그들은 북한에서 말한 그 진주냉면의 흔적을 찾기로 하였다. 그러나 어느 누구도 어떤 냉면을 진주냉면이라 하는지 알고 있는 사람은 없었다. 진주냉면 조리법이 나와 있는 문헌도 없었다. 그렇다고 진주냉면이라는 이름만 덜렁 내버려둘 수가 없었다. 기왕 이렇게 된 것, 진주냉면을 개발하기로 하였다. 평양냉면은 소고기국물을 기본으로 하고 있으니 이와 차별화되고 진주라는 지역의 특징을 살릴 수 있는 해물육수를 기획하였다. 말린 멸치, 말린 새우, 말린 문어 등으로 국물을 내어 식힌 후 메밀국수를 말았다. 언제부터인지는 알 수 없으나 진주와 그 근처의 도시에서는 냉면 또는 밀면 등에 흔히 육전을 올리는데 진주냉면에도 이 육전을 올리기로 하였다. 그렇게 하여 진주냉면을 복원하였다 하고 외부에 알리었다.

진주냉면 개발 이후에 문제가 생겼다. 그 조리법대로 냉면을 내는 식당이 없었던 것이다. 처음 개발한 음식이니 당연한 일이었다. 다른 이름으로 냉면을 내고 있는 식당을 섭외하여 그 조리법을 알려주고 진주냉면이라 간판을 달자 하고 설득하였다. 간판 비용은 물론 그 식당에서 낸 것은 아니었다. 개발된 진주냉면 조리법이 전수되었으나 조리에 대한 이해 부족으로 육수 내는 방법이 중간에 바뀌었다. 그러나 이런 것은 중요하지 않았다. 이내 여러 매체에 대대적으로 진주냉면을 보도하였는데, 중간에 바뀐 그 조리법이 오히려 특징적인 것으로 알려지면서 그 묘한 조리법은 되돌릴 수 없는 것이 되고 말았다. 그렇게 하여 아주 잠깐 만에 진주냉면은 한반도를 대표하는 냉면으로 자리를 굳혔다.

진주에서 느낀 것인데, 처음 '진주냉면 발굴 작업'에 나서게 한 북한의 그 책을 진주 사람들은 마치 신비의 서적이나 되는 듯이 여기고 있는 것이 아닌가 싶었다. 북한 서적이니 쉽게 구할 수 없을 것이라는 착각에 더하여 평양냉면을 문화자산으로 가지고 있는 북한의 과학백과사전이라고 하니 그 책의 내용에 신비의 권위를 입혀버린 것이다.

진주냉면이 거론되어 있다는 그 책은 1994년 북한에서 낸 《조선의 민속전통》이다. 한민족의 전통문화를 총 7권으로 엮은 책이다. 제1권이 식생활 풍습이며, 그 책에 딱 한 줄 이런 구절이 있다. "랭면가운데서 제일로 일러주는 것이 평양랭면과 진주랭면이였다." 이 문장 외는 아무것도 없다.

진주냉면 육수도 소고기 국물이었을 것이다

지역마다 향토음식 개발에 힘을 쏟고 있다. 관광산업에 큰 도움이 되기 때문이다. 없는 것도 만들어내어야 하는 형편인데 진주냉면은 굴러들어 온 복인 셈이다. 냉면 하면 평양인데, 북한에서 진주냉면이 평양냉면만큼 유명하다고 하였으니 이의 복원 개발에 나서야 하는 것은 지자체나 지역 문화인사들의 의무라고 할 수 있다.

그런데 아쉬움이 있다. 진주의 역사를 냉면 안에 담을 수 있을 것인데, 그걸 놓쳤다. 그리고 한국음식문화에 대한 이해가 부족하여 개발된 조리법에도 문제가 있다. 이 이야기를 현재 진주에서 진주냉면을 내는 식당 주인에게 하였고 내 의견에 긍정하였다. 그리고 조리법에도 변화를 주어 진주냉면이 점점 맛있어지고 있다는 평가를 듣고 있다. 그러니 여기에 그 자세한 내용을 적어도 진주냉면을 내는 가게의 영업에는 지장을 주지 않을 것이다. 이런 일은 늘 조심스럽다.

냉면의 면은 메밀을 기본으로 하는 것이고 진주냉면도 그러하다. 문제는 육수이다. 진주냉면 개발 과정에서 해산물 육수를 선택하였다. 특징적인 맛을 내기는 할 것이다. 진주냉면이 이름을 얻기 시작하였을 일제강점기의 사정을 보면 진주냉면의 육수는 소고기로 내는 것이 타당하다. 진주에 소가 흔하였기 때문이다.

먼저, 식민지의 조선인이 해산물 육수를 썼는가 하는 점을 검토하여야 한다. 그러지 않았다. 조선과 일제강점기에 조선인은 해산물 육수를 내어 쓰지 않았다. 물론 일제강점기에 어쩌다가 쓰는 사람도 있었겠으나 기본적으로 조선음식에 해산물 육수를 내어 더하는 일은 없었다. 해산물 육수는 일본음식의 전통이다. 그들의 조리법이 뛰어나서 해산물 육수를 내었던 것은 아니다. 일본은 불교국가였고 메이지유신 이후에나 가축의 고기를 먹었다. 그들에게는 소 돼지 닭 등으로 하는 육수가 없었다. 대신에 해산물 육수를 기본으로 음식을 해서 먹었다.

해산물 육수의 중심에는 말린 멸치가 있다. 멸치를 삶아서 말린 것이다. 그래서 자건 멸치라고도 부른다. 이 말린 멸치는 일본침략으로 일본인이 한반도에 진출하면서 우리 음식에 이식된 것이다. 일본 어부들이 남해안에서 멸치를 잡아 이를 삶아서 말린 후 일본으로 가져갔다. 일제강점기에 이 말린 멸치로 국물을 내었던 조선인이 있었을 수도 있으나 지금처럼 일상의 음식으로 쓰이지는 않았다. 광복 후 일본인의 멸치어장을 이어받은 한국인이 말린 멸치를 만들었다. 비린 것에 익숙한 해안지방 사람들은 이 말린 멸치 맛에 쉽게 적응하였으나 내륙의 사람들은 긴 시간이 필요하였다. 서울 지역에서는 1970년대에 들어서야 멸치육수가 일상화되었다.

말린 멸치가 조선에서도 존재했다는 주장이 있다. 정약전의《자산어보》에 등장한다는 것이다. 그 말린 멸치는 그냥 그대로 말린 멸치이다. 멸치의 내장을 제거하고 씻어서 말린 것이다. 멸치포라고 부르는 것이 적당하다. 이 멸치포로는 멸치육수를 내지 못한다. 부산 기장 등 멸치 산지에서는 이 멸치포가 아직 가공된다. 양념을 하여 반찬으로 쓴다.《자산어보》의 멸치국도 생멸치로 끓인 국이니 말린 멸치로 하는 육수와는 다르다.

조선에서 왜 말린 멸치의 가공이 없었냐 하면 첫째는, 어민들이 그런 일을 할 만큼 해산물 시장이 형성되지 못하였기 때문이다. 말린 멸치를 만들려면 솥도 있어야 하고 연료도 있어야 하고 채반도 있어야 한다. 돈이 많이 든다. 인력도 든다. 말린 멸치를 생산하여 팔 곳이 없는데 그 일을 왜 하겠는가. 둘째는 말린 멸치 아니어도 육수를 낼 거리가 있기 때문이었다. 조선은 일본처럼 육식을 금지하지 않았다는 사실을 생각해야 한다.

그러면 이제 일제강점기 진주냉면의 육수는 무엇으로 내렸는지 다시 상상해보자. 그러기 전에 평양과 서울 등 다른 지역의 냉면 육수는 그 재료가 무엇이었냐 살펴야 한다. 소고기이다. 일제강점기는 '소고기의 시대'였고, 그래서 소고기 육수가 기본이었다. 진주는 어땠을까. 마찬가지다. 진주에는 소가 흔하였고 진주냉면도 소고기 육수로 말아 내었다고 보는 것이 합리적이다.

진주는 함양, 산청, 의령, 하동, 함안, 남원, 고성, 등 서부 경남은 물론 전북권까지 아우르는 시장을 가지고 있었다. 일제강점기에 우시장도 컸다. 얼마나 컸는지 여기에서 백정의 신분 해방 운동이 일어난다. '형평사운동'이다. 1923년의 일이다.

갑오개혁으로 신분제가 없어졌다 하지만 실제의 삶에서는 그러지 못하였다. 백정은 최하의 신분으로 취급되었다. 신분증에 '도한'이라고 도장을 찍어 따로 관리하였다. 백정의 동네를

1928년에 제작된 형평사 전국대회 포스터이다. 형평사운동은 진주 지역 백정 문제가 시발이었다. 진주에 소 잡는 일이 많았다는 뜻이고, 그러니 진주 냉면의 육수는 소고기국물이었다고 추정하는 것이 합리적이다.

왼쪽은 전주냉면, 오른쪽은 진주밀면이다. 둘 다 고명으로 육전을 올렸다. 전주는 예부터 소가 흔하였다. 따라서 소고기 음식이 발달하였다

벗어나 살지 못하게 하였다. 그러니 돈을 모아도 그럴듯한 집을 마련할 수 없었다. 자식들 학교도 못 보내었다. 당시 진주의 백정들이 겨우 입에 풀칠할 정도로 가난하였으면 자신의 신분에 대한 자각과 이를 개선할 의지를 내보이는 것은 힘들었을 것이다. 진주 우시장이 번창하여 백정들에게 경제적 여유가 생겼고, 그 힘으로 신분 해방 운동을 일으킨 것이다.

평양에 큰 우시장이 있었다. 평양냉면이 맛있는 이유가 맛있는 평양우 때문이라는 말이 있다. 냉면에 소고기도 넉넉하게 넣어주었다고 한다. 진주에도 큰 우시장이 있었다. 진주냉면도 평양냉면처럼 소고기 육수를 내었을 것이라고 생각하는 것이 합리적이다. 진주우도 평양우만큼 맛있을 수도 있었고 진주냉면에 소고기도 듬뿍 올렸을 수 있다. 진주시장에서는 예부터 육전이 맛있기로 유명하였고, 진주의 또 다른 향토음식인 밀면에 육전이 올라가는 것도 그 연유가 같다.

훅 나타났다 훅 사라져간
안동찜닭

1990년대 말이었다. 안동찜닭이 한국 외식시장에 뜨거운 아이템으로 떠올랐다. 프랜차이즈 업체들이 일시에 안동찜닭 시장에 뛰어들었다. 2000~2001년에는 젊은이들이 붐비는 곳이면 전국 어디든 안동찜닭집을 볼 수가 있었다. 봉추찜닭, 이귀남원조 안동찜닭, 고수찜닭, 고추찜닭, 다래 안동찜닭, 찜닭 영계소문, 찜닭웰, 김대감 찜닭, 다기야, 단가마, 신안동찜닭, 당추찜닭, 안동 참찜닭, 하회 안동찜닭, 원조 안동찜닭, 안동 봉황찜닭, 와룡 안동찜닭, 와룡봉추찜닭, 왕추찜닭, 안동 민속 찜닭, 닷컴찜닭.... 그 당시 성행하던 안동찜닭 프랜차이즈들이다. 그러나 안동찜닭 붐은 오래 가지 못하였다. 닭을 소재로 하는 외식업은 대체로 적은 창업비로 인해 진입장벽이 낮아 그 아이템이 수시로 바뀌는데, 안동찜닭도 영향 아래에 있었던 것이다.

치킨에 밀린 닭집 골목의 생존 아이템

재래시장 상권의 몰락으로 지금은 많이 줄었지만, 한때 닭집 골목은 시장의 '메인 스트리트'였다. 골목 양옆으로 닭집들이 어깨를 나란히 하고 붙어 있는데, 닭튀김과 백숙이 주요 메뉴고 한쪽에선 생닭과 폐백닭 등이 진열되어 있었다. 생닭이나 조리된 닭을 싸가는 고객들이 대다수이고 가게 안에 식탁이 두엇 놓여 있어 닭튀김이나 백숙에 술을 한잔하거나 끼니를 때우는 이들도 있었다. 경북 안동 구시장에도 이런 닭집 골목이 있었고, 여기에서 찜닭이 만들어졌다. 그러니까, 안동 구시장의 닭집 골목이 지금의 찜닭 골목으로 변한 것이다.

안동 찜닭도 언제 누구에 의해 발명되었는지는 불분명하다. 1990년대 말 안동시 위생계에서 취재한 내용은 이랬다.

예전부터 해 먹던 음식은 아닙니다. 닭집 골목이야 예전부터 있었구요. 80년대 중반쯤부터인가 찜닭을 하는 집이 생겼습니다. 누가 원조인지는 모릅니다.

안동 구시장 내 찜닭집 주인들의 증언도 이와 비슷하다. 한

때 자신의 이름으로 안동찜닭 프랜차이즈 사업을 제법 크게 일구었던 이귀남 씨는 자신이 원조라고 주장한 적이 있다. 1990년대 말에 한 그의 말이다.

> 남편 도박에 가정 경제가 말이 아니었습니다. 시장 안 조카 집을 빌려 생닭과 튀김닭을 팔았는데 집세도 못 낼 만큼 장사가 안 되었지요. 가게 이름은 매일통닭이었습니다. 학교 선생님인 듯한 분들이 단골이었는데 닭을 찌개처럼 끓여 달라는 주문을 자주 했어요. 처음엔 고춧가루 넣고 찌개를 하다가 이 손님들의 요구에 따라 채소가 들어가고 감자와 당면도 넣기 시작했지요. 그러다가 차츰 지금의 안동찜닭이 만들어지게 된 것입니다. 그 후로 손님이 늘어나 하루에 80~100마리씩 팔았고 주변에도 이 음식이 번져나갔지요.

시장 통닭이 미국식 프라이드 치킨에 밀리자 새로운 닭 요리가 필요하였고, 그렇게 하여 탄생한 것이 찜닭이다.

골목에 동일한 음식을 파는 업소들이 몰려 있을 경우, 조리법이 서로 영향을 주고받아 비슷해지게 되어 있다. 이웃의 장점을 모방하면서 만들어지는 현상이다. 현재의 안동찜닭 조리법도 그런 식으로 정립되었을 것이니 어느 한 업소나 사람을 두고 원조라 단정하기는 어렵다고 본다.

안동 구시장 내의 오래된 안동찜닭들은 상호를 '○○통닭'이라 달고 있다. 다들 통닭을 팔다가 찜닭으로 메뉴를 바꾸었음을 나타내는 흔적이다. 조리 기구에서도 예전에는 통닭집이었음을 확인할 수 있다. 찜닭을 조리하는 냄비는 밑이 깊은 튀김용 솥이다. 불도 튀김 기름을 고온으로 올리기 위해 사용하던, 화구가 큰 업소용 가스 버너를 그대로 사용하고 있다. 1980년대 중반이면, 미국식 프라이드 치킨 프랜차이즈 업체들이 시장을 크게 넓힐 때이다. 프라이드 치킨으로 인해 시장 골목의 통닭집들이 고전을 하였는데, 그때 안동 구시장의 닭집들 역시 어려움이 있었을 것이다. 통닭을 버리고 찜닭을 선택한 것으로 당시 시장 환경에서는 어쩔 수 없는 선택이었을 수도 있으며, 생각하기에 따라 블루오션을 찾아 나선 지혜로 읽을 수도 있다.

33조각의 닭고기

안동찜닭 맛은 단순하다. 양념이 전혀 되지 않은 생닭을 살짝 익혀 소스에 버무려 음식을 하며, 그 소스라는 것도 간장 맛과 단맛, 매운맛의 조화만 있을 뿐 뒤에 숨어 있는 맛이 없다. 이런 음식은 금방 싫증을 느끼게 되어 있다. 맛이 복잡하지 않다는 것이 오히려 아직 섬세한 미각을 가지고 있지 않은 젊은이들에게는 크게 환영받을 만한 요소가 될 수도 있으며, 그래서 한때 젊은이들의 거리에서 크게 번창하였기는 하지만, 다 아는 바와 같이 그리 오래 지속되지 못하였다.

안동 구시장 내 상인들은 이 찜닭 맛의 한계를 어렴풋하게 눈치를 채고, 그의 개선책의 하나로 닭을 더 잘게 나누는 방법을 선택하였다. 통닭이나 닭도리탕은 닭 한 마리를 26~27조각으로 나누는데, 찜닭도 그렇게 하였었다. 그러다 최근에는 이를 33조각으로 나누기 시작하였다. 닭고기에 양념을 더 많이 배게 하기 위한 것이다. 맛이 더 좋아졌는지는 모르겠는데 33조각이라 하니 먹으면서 조각을 세게 되고, 그 재미가 은근 있다.

부자 동네의 흔적
수원갈비와 안의갈비찜

한국 대표 음식으로 흔히 불고기를 거론하지만 외식시장에서는 그리 인기 있는 메뉴가 아니다. 옛날에 소고기가 귀하였던 시절에 먹었던 음식 정도로 인식되고 있다. 그도 그럴 것이 소고기 음식이기는 한데 소고기를 덩어리로 먹지 않기 때문이다. 얇게 썬 소고기에 국물이 자작하게 잡힌 불고기는 전골 같기도 하여 소고기 요리로서는 매력이 떨어지는 것이 사실이다.

1980년대 등심이나 안심, 특수부위 등 소고기를 제법 두툼하게 구워 먹을 수 있는 식당이 등장하기 전에는 소갈비가 가장 맛있는 소고기 구이로 인기를 끌었다. 특히 1970년대 서울 강남 개발로 한국 신흥 부유층이 형성되면서 소갈비는 부를 상징하는 음식으로 등극하였다. 잔디가 깔려 있는 정원을 지나면 분수가 있는 연못이 나오고 계단을 오르면 좌식의 호화로운 홀이 펼쳐졌던 '가든'에서 소갈비를 뜯었다.

소갈비가 가장 먹을 만했던 이유

갈비의 사전적 뜻은 "소나 돼지, 닭 따위의 가슴통을 이루는 좌우 열두 개의 굽은 뼈와 살을 식용으로 이르는 말"이다. 갈비의 뼈는 동물의 주요 장기를 보호하기 위해 있는 것이다. 이 뼈에 살이 붙어 있는데, 우리는 이를 갈비라는 이름으로 먹는다. 그런데 보통은 갈비라 하면 소갈비를 말한다. 또 그 소갈비의 구이를 특히 갈비라 칭한다. 갈비뼈를 7센티미터 정도 되게 잘라 살을 너붓너붓하게 발라 편 후 양념을 하여 구워 먹는 음식이다.

고기는 대체로 찌거나 삶기보다 구워야 맛있다. 소고기도 그렇다. 한반도의 조상들도 오래전부터 소를 잡아 구워 먹었을 것이다. 그런데 옛날 농경시대의 소고기는 질겼을 것이다. 그때의 소는 일소였기 때문이다. 일을 하지 못할 정도로 늙었거나 발육이 빈약하거나 병든 소를 잡아먹었을 것이니, 현재 한국인이 먹고 있는 곡물 사육 30개월령 소의 부드러운 고기는 상상할 수가 없었다. 그런데, 갈비는 이 질김이 다소 덜하다. 갈비에 붙은 살은 운동량이 거의 없기 때문이다. 또 기름도 적당히 붙어 있다.

소갈비를 구워 먹는 방법에 대한 기록은 1890년대 책인

《시의전서》에 '가리구이'라는 이름으로 처음 등장한다. 살을 바르는 방법은 지금과 비슷해보이며, 양념을 하여 구웠다. 일제강점기의 근대적 조리서에도 소갈비구이가 나온다. 이 무렵에는 갈비는 흔해졌다. 일제가 조선우 사육을 적극 권장하였기 때문이다. 불고기, 냉면, 설렁탕 등의 소고기 음식이 크게 번창하였고, 이때에 갈비도 널리 팔렸다. 갈비 가격도 쌌다. 1930년 〈동아일보〉에 강릉 지역 음식 가격이 나오는데, 국밥, 떡국, 비빔밥이 15전씩이고 갈비는 5전이다.

태평양전쟁이 일어나자 한반도의 소는 군수용으로 쓰이면서 그 수가 급격히 줄었다. 해방 후 한국전쟁을 거치면서 그 사정은 더욱 악화되어 축산 기반을 거의 잃었다. 소갈비는 물론이고 불고기도 귀하였던 시기였다.

수원은 잘살았다

1950년대에, 그 빈곤의 시기에, 수원에서 갈비를 구워 파는 식당이 있었다. 수원 영동시장의 화춘옥이라는 식당이다. 1945년 개업할 당시에는 해장국갈비우거지탕을 팔았으며, 1956년에 갈비구이를 내놓았다. 그때부터 화춘옥은 수원에서 유명하였다. 1960년대 박정희 대통령이 수원의 농업연구기관을 수시로 다니면서 이 식당에 들러서 갈비를 먹고 갔다. 대통령이 먹는 갈비이니 이 수원의 갈비가 한반도에서 제일 맛있는 갈비가 되었고 '수원 갈비'라는 명칭이 만들어졌다. 현재 수원의 갈비집들은 화춘옥의 명성에 기대어 문을 연 식당이라 할 수 있는데, 1970년대에 개업한 식당들이 많다.

수원에 화춘옥 같은 갈비집이 영업을 할 수 있었던 것은 그 당시에 수원에 큰 우시장이 있었기 때문이라고 말한다. 소가 많으니 소고기 먹는 일도 잦았을 것이라는 추측이다. 물론 수원 우시장이 큰 규모였기는 하지만, 그렇다고 소고기까지 흔하거나 쌌을 것이라는 생각은 잘못이다. 소는 도축되고 발골, 정육 과정을 거친 후에나 먹을 수 있기 때

제일 위는 수원 갈비이고, 아래는 안의 갈비찜과 갈비탕이다. 갈비는 부자가 뜯는 음식이라는 관념이 아직도 강하게 남아 있다.

문이다. 그 당시에 수원에 갈비를 먹을 수 있는 부자들이 많았다고 보는 것이 맞다.

수원은 한반도 남부에서 서울로 올라오는 길목에 있어 조선시대부터 큰 장이 섰고 부유한 상인이 많았다. 또한, 1960년대 이전까지 한국은 농업사회였는데, 그 중심에 수원이 있었다. 농업연구기관이 수원에 있었고, 서울대 농대도 수원에 있었다.

한반도가 급속히 산업화하면서 수원이 주변부로 밀려났지만, 한때 수원은 갈비를 넉넉하게 뜯을 수 있는 부자 동네였다.

화춘옥의 갈비는 컸다. 뼈 길이가 17센티미터나 되었다. 살은 한쪽으로 발랐다. 양념은 소금간을 기본으로 하였다. 가게 앞에 커다란 화덕을 두었는데, 그 화덕에서 갈비를 구워 양재기에 담아내었다. 손님은 그 갈비를 손에 들고 뜯었다. 비료 포대 찢은 종이를 따로 주었는데, 그 누런 종이로 갈비의 양옆을 잡고 먹었다.

1970년대 들어 수원에 여러 갈빗집이 개업을 하였다. 서울의 강남 개발 바람이 불면서 수원 갈빗집 요리사들이 강남의 '가든'으로 이직을 하였다. 이 시기에 갈비는 한국의 대표 외식 메뉴가 되었다. 그러면서 갈비에도 변화가 왔다. 식당 앞의 큰 화덕이 사라지고 손님 식탁 위에 숯불 또는 가스불이 올랐다. 갈비 길이가 7센티미터로 작아졌다. 살을 양옆으로 바르고 다이아몬드 모양의 칼집을 내는 방식이 유행을 하였다. 무엇보다도, 소금 양념법이 사라지고 간장 양념법이 일반화되었다.

안의도 잘사는 동네였기는 했다

1990년대 말에 수도권을 중심으로 '안의갈비찜'이라는 간판이 우후죽순으로 생겼다. 설이나 추석, 잔치, 제사 때에 집집이 하는 그 갈비찜이었다. 손님들은 가게에 앉아 갈비찜을 먹으며 서로 이렇게 물었다. "그런데 안의가 어디야?" 경남 함양에 있는 조그만 면 단위의 지명이니 다들 그 식당 간판에서 안의라는 단어를 처음 보았을 것이다.

경남 함양군 안의면에는 소갈비찜 식당이 일고여덟 곳 있다. 안의 것이라 하여도 여느 갈비찜과 맛이 크게 다른 것은 아니다. 간장을 기본 양념으로 소갈비를 조리듯 푹 삶고 채소와 버섯 따위를 더한 음식이다. 그럼에도 안의에 갈비찜을 먹으러 오는 타지 손님이 많다. 안의 사람들 말로는 안의에서 예부터 쇠고기를 많이 먹었다고 하였다. 그러면 안의도 수원처럼 부자가 많은 동네였을까.

안의는 지금은 면 단위의 작은 지역이지만 조선에서는 제법 큰 행정구역이었다. 거창의 일부까지 포함하여 안의현이라 하였다. 북쪽으로는 덕유산이 있고 남쪽으로는 지리산을 두고 있는데, 서쪽으로는 전북 장수, 임실, 남원으로 통하고, 동쪽과 남쪽으로는 합천, 산청, 진주로 통한다. 영남 서북부의 경계이면서 교통 중심지 노릇을 하였을 것이다. 1970년대만 하더라도 안의에는 오일장이 제법 크게 섰다. 그 오일장 한편에 우시장도 있었다. 안의 안에 도축장도 있었다. 그러나 수원처럼 아주 잘사는 동네는 아니었다. 안의에는 1967년에 개업했다는 갈비찜집이 있는데, 그게 사실이라면 그 당시 이 식당이 유일한 갈비찜집이었을 것이다. 1980년대 중반만 하더라도 두 곳의 식당에서 갈비탕과 갈비찜을 내었다. 장소는 안의 시외버스 터미널 인근이었다. '안의갈비찜'이라는 말도 없었다. 갈비탕이 더 많이 팔렸다.

안의갈비찜이 전국의 외식시장에서 급부상을 한 것은 1990년대 말이었다. 도시 곳곳에 '안의갈비찜'이란 간판이 붙었다. 그런데, 그 소갈비는 대부분 수입 갈비였다. 당시 IMF 구제금융 상황에서 소비자 주머니 사정이 좋지 않은 틈을 타 수입 소고기가 급격하게 시장을 잠식하고 있었다. 그 수입 소고기 중에 갈비살이 특히 인기가 있었다. LA갈비는 가정용으로, 갈비살구이는 식당에서 불티나게 팔렸다. 여기에 갈비찜이 외식 아이템으로 한 발을 들여놓았다. 수입 갈비는 한우에 비해 기름기가 적고 특유의 누린내가 짙다. 그래서 외식업체들은 갈비찜에 고추장을 더하였다. 안의갈비찜도 고추장으로 버무려져 나왔다. 진작에 안의에는 없는 매운 갈비찜이었으나 도시 소비자는 여기에 신경 쓰지 않았다. 수입 갈비이기는 하지만, '안의'라는 시골의 지명이 붙었으니 향토성 짙은 어떤 음식으로 여기고 이를 즐겼다.

도시에서의 안의갈비찜 붐이 역으로 안의 지역에 영향을 주었다. 안의에서 갈비찜이 유명하게 된 스토리가 필요하였다. 물론 지자체가 이 스토리텔링에 앞장섰을 것이다. 안의에 우시장이 있었다는 것이 강조되었다. 또, 안의에 양반이 많이 살아 그 갈비찜에 조선의 양반문화가 곁들여 있는 듯이 꾸몄다. 그 스토리 중의 백미는 거창 군수(부군수라는 말도 있다) 퇴출 사건이라 할 수 있다. 30여 년 전 거창 군수가 안의의 갈비찜 맛에 반하여 매일같이 안의를 들락거리다가 거창군민들이 들고일어나 그를 쫓아냈다는 일화이다. 거창 식당을 이용하지 않았다는 것이 이유이다. 이 일은 실제로 있었던 것으로 보이지 않는데, 어찌 되었든 간에 안의갈비찜이 맛있다는 증거로 이 말은 유용하게 쓰이고 있다.

안의 사람들이 갈비찜 먹는 일은 흔치 않다. 가격이 비싸기 때문이다. 특별히 어느 식당의 것이 맛있다 여기지도 않는다. 안의면사무소 등 여러 곳에서 맛있는 식당을 확인하려 하였으나 갈비찜 그 자체에 크게 관심을 두지 않았다. 가격이 저렴한 갈비탕은 자주 먹는다고 하였다. 식당들도 안의 사람들을 대상으로 하는 장사보다는 외지 관광객을 대상으로 하는 장사에 더 집중을 하고 있었다. 특히 여름이면 자동차로 면소재지에서 10분 정도 거리에 있는 용추계곡에 사람들이 가득하고, 이들이 안의 갈비찜의 주요 고객이 된다. 그렇게 '스토리' 한 그릇씩 먹고 가는 것이지만 다들 맛있었다는 말을 아끼지 않는다. 말이 맛을 만드는 까닭이다.

앵두나무 우물가에는
아무도 없다

음식은 지역마다 다르다. 자연의 산물이 다르고 인간의 기호가
다르기 때문이다. 그러니 지역의 여러 음식들은 제각각으로 향
토음식이기도 하다. 그러나 현실에서 향토음식으로 분류하는
기준은 조금 다르다. 보통은, 다른 지역의 사람들이 관광 상품
으로 호출한 지역 음식을 두고 향토음식이라고 한다.

　　한국 사회에서 지역의 여러 음식을 향토음식이라는 이름으
로 호출을 한 시기는 1980년대부터이다. 마이카를 탄 핵가족이
주말에 여행을 다니게 되면서 관광 상품으로서의 향토음식 시
장이 형성되었다. 향토음식 수요자는 도시에 살았고, 그러니 향

토음식이 도시의 여느 식당에서 먹는 것과는 차이가 나기를 바랐다. 1980년대 이전의 시대, 그러니까 전통적 농촌 사회의 흔적이 남아 있는 음식이 맛있는 향토음식으로 여겨졌다.

1980년대 이후 근 40여 년 만에 한국인은 한반도의 거의 모든 지역 음식은 죄다 향토음식으로 호출하여 소비하였다. 도시의 식당들도 웬만한 향토음식은 죄다 팔고 있어 향토음식을 먹으러 굳이 향토에까지 가지 않아도 된다. 향토음식은 더 이상 새로울 것이 없다.

두 번 열렸다 만 앵두축제

충남 서천군 문산면 북산리는 북쪽에 천방산을 두고 남쪽으로 좁은 논밭이 펼쳐져 있는 산촌이다. 집들이 여기저기 흩어져 있다. 논이 좁아 울력을 할 일이 없는 산촌의 가옥은 대체로 이렇게 뚝뚝 떨어져 있다. 이 마을에는 온통 앵두나무가 심어져 있다. 집 앞이며 뒤, 길가마다 앵두나무이다. 둥치가 여러 갈래로 굵직하게 잡혀 있는 것으로 보아 수령이 수백 년은 되었음직한 나무들도 있고, 논 가장자리에는 심은 지 5~6년 되었을 것으로 보이는 어린 나무들도 있다. 소득을 바라고 과수원으로 조성되었다기보다 마을 조경수로 심다가 크게 번졌을 것으로 보였다. 왜성화하지 않아 키가 6미터는 족히 되어 보이는 나무도 있다.

북산리는 2000년대 중반에 앵두마을로 소문이 났다. 2004년과 2005년 두 차례 앵두축제를 열었다. 그 작은 마을에 난리가 났다. 밀려드는 자동차로 인해 마을길이 막혔다. 관광객들이 앵두를 마구잡이로 따고 가지를 꺾었다. 마을 사람들의 마음이 크게 상하였다. 축제는 다시 열리지 못하였다. 지자체도 손을 놓았다. 마을의 앵두나무는 여전하여 6월이면 앵두를 가지마다 가득 달지만 이 마을에 찾아오는 관광객은 없다. 호출 여부에 따라 지역 음식의 운명이 달라지는 것이다.

공동체 과일

"앵두나무 우물가에 동네 처녀 바람 났네."

'앵두나무 처녀'라는 노래다. 1957년에 김정애라는 가수가 불렀다. 앵두는 4월에 하얀 꽃이 핀다. 우물가에 봄바람이 불고 하얀 꽃이 날리니 처녀의 마음이 달뜰 수밖에 없는 화사한 봄을 그리는 듯하지만, 뒤에 이어지는 노랫말은 뜻밖에 서글픈 농촌 현실을 담고 있다. 이 다음의 가사는 "물동이 호매자루 나도 몰라 내던지고 / 말만 들은 서울로 누굴 찾아서 / 이뿐이도 금순이도 담봇짐을 쌌다네"이다. 2절 가사는 이뿐이와 금순이를 따라 동네 총각인 복돌이와 삼용이도 서울로 향하고, 3절에서는 복돌이가 서울에서 '빨간 입술에 웃음 파는 에레나' 이뿐이를 만나 "고향에 가자" 한다.

하얀 꽃이 지고 두 달 정도 지나면 빨간 앵두가 달린다. 옛날에 농촌에는 마을마다 이 빨간 앵두를 단 나무들이 듬성듬성 있었다. 앵두나무는 마을 주변에 아무렇게나 심어져 있어서 이 앵

322

두의 주인은 정해져 있지 않았다. 나그네가 앵두 몇 알 따먹는다고 나무라는 일은 없었다. 앵두는 빨갛게 익은 후 단 이레 만에 다 떨어진다. 이때가 딱 모내기철인데 논일에 바빠 날 잡아 앵두 거두는 일이 쉽지 않다. 이때에 비라도 오면 앵두는 터져버린다. 그래서 주인이 있는 앵두나무도 앵두 딸 시간이 없으면 이웃에게 그냥 따가라고 할 수밖에 없다. 앵두는 욕심을 부릴 수 없는 과일이고, 그래서 마을의 누구든 딸 수 있는 공동체의 과일이다.

'앵두나무 처녀'에 등장하는 앵두나무 우물가는 전통적인 농촌 공동체를 의미한다. 이뿐이와 금순이를 달뜨게 한 바람은 산업화의 바람이며 공동체 파괴의 바람이다. 3절에서 "고향에 가자" 하지만, 복돌이도 삼용이도 도시에 눌러앉았을 것이다. 힘들어도 밥벌이할 수 있는 일이 도시에 더 많은 까닭이다. 도시에 살게 된 우리의 이뿐이와 금순이, 그리고 복돌이와 삼용이는 어느 해 초여름 도심의 좌판에서 앵두를 발견할 수도 있을 것이고, 두고 온 고향 우물가의 앵두나무를 떠올릴 것이다. 한국인에게 향토음식이란 고향 우물가에서 따먹던 앵두 같은 것일 수도 있다.

변해갈 한국 음식

앵두마을 북산리에는 젊은이가 없다. 다들 나이가 들어 앵두 따는 일을 버거워한다. 키 높이까지는 겨우 따고, 높이 달린 앵두는 외지 나간 자식들이나 와야 딸 수 있다. 어쩌다 관광객이 오면 얼마간의 돈을 내고 직접 따게 한다. 앵두를 따다가 시장에 파는 일도 없다. 금방 물러 보관과 운송이 어려운 까닭이다. 서천군 관계자는 북산리의 앵두나무가 베어지고 있다고 말하였다.

2020년대에 이른 오늘날, 한국인은 대부분 도시에 산다. 1960년대 이전 태생의 한국인은 농어촌에 살았던 부모 덕에 지역 정서가 담긴 향토음식에 대한 애착이 있다. 그다음 세대는 도시에서 태어나 도시에서 자랐다. 전통의 지역 정서 같은 것은 경험한 바가 없다. 향토음식에 대한 애착도 없다. 이들은 세계화 시대에 산다. 먹고살기 힘들다 해도 다들 외국 여행을 한다. 그들이 SNS에 올리는 외국음식 중 지역성이 강한 것에는 '로컬'이라는 수식어를 붙인다. 이들 젊은 세대에 의해 세계 각국의 음식이 '세계인의 향토음식'으로 소비되고 있다.

한국의 농어촌은 급속하게 쪼그라들고 있다. 멈출 수 있는 방법이 없다. 정부의 귀농귀어정책도 별 도움을 주지 못한다. 몇몇 향토음식 타운 외에는 지역 소도시의 중심지는 프랜차이즈 음식으로 점령당하였다. 한국 전체가 한 동네처럼 여겨질 정도로 음식이 유사해졌다. 나의 첫 저작물이 2000년에 나온 《맛따라 갈까보다》이다. 향토음식을 본격적으로 다룬 책이라 하여 당시에는 의미 깊다는 평가를 들었다. 2020년 현재에 똑같은 기획으로 책을 내면 시대에 뒤떨어진 생각이라고 핀잔을 들을 것이다.

한국음식에서 새롭게 취재할 영역을 굳이 찾는다면 1980년대부터 진행된 '세계화하는 한국음식'일 것이다. 외국으로 진출하고 있는 한국음식이 아니라, 세계의 여러 음식을 받아들이면서 변화하고 있는 한국음식에 관심을 두고 있다. 언제

동네 우물가의 앵두는 공동체의 과일이었다. 누구든 따서 먹을 수 있었다. 이제는 딸 사람이 없다.

책이 나온다고 장담할 수는 없지만, '한국화한 세계음식'을 다루는 책으로 이 책에서의 생각을 이어갈 예정이다.

참고 문헌

〈'불고기' 이야기〉, 이기문, 2006

〈권업모범장 보고〉, 1908

〈별건곤〉, 1929

〈상률가〉, 윤여형

〈쌍화점〉

〈여성〉, 1939

〈조선토지농산조사보고〉, 1905

《경마장 가는 길》, 하일지, 민음사, 2005

《고사기(古事記)》

《고사통》, 최남선, 1943

《규합총서》, 빙허각 이씨, 1809

《남한산성》, 김훈, 학고재, 2017

《농민독본》, 윤봉길, 1927

《도문대작》, 허균, 1611

《동국세시기》, 홍석모, 1849

《라면을 끓이며》, 김훈, 문학동네, 2015

《맛따라 갈까보다》, 황교익, 디자인하우스, 2000

《산림경제》, 홍만선

《성호사설》, 이익, 한국고전번역원

《세종실록》, 한국고전번역원

《수문사설》

《수신기(搜神記)》, 간보

《승정원일기》, 한국고전번역원

《시의전서》, 1890

《아름다운 한국음식 100선》, 한국전통음식연구소, 한림출판사, 2007

《연희식(延喜式)》

《열하일기》, 박지원

《오주연문장전산고(五洲衍文長箋散稿)》, 이규경

《우동 한 그릇》, 구리 료헤이·다케모노 고노스케, 청조사, 2015

《음식디미방》, 장계향, 1670

《임원경제지》, 서유구

《자산어보》, 정약전, 1814

《제민요술(齊民要術)》

《조선 수산지》

《조선무쌍신식조리제법》, 이용기, 1924

《조선요리제법》, 1939

《조선의 민속전통》, 1994

《조선총독부 농사시험장 25주년 기념지》, 1931

《하늘밥도둑》, 심호택, 창비, 2000(개정판)

《한국민족문화대백과사전》, 한국학중앙연구원

수다쟁이
미식가를
위한
한국음식
안내서

ⓒ 황교익

2020년 12월 18일 초판 1쇄 인쇄
2020년 12월 23일 초판 1쇄 발행

지은이 | 황교익
발행인 | 윤호권 박헌용
책임편집 | 신수엽

발행처 | (주)시공사
출판등록 | 1989년 5월 10일(제3-248호)

주소 | 서울시 성동구 상원1길 22(우편번호 04779)
전화 | 편집(02)2046-2850·마케팅(02)2046-2800
팩스 | 편집·마케팅(02)585-1755
홈페이지 | www.sigongsa.com

ISBN 979-11-6579-333-3 03300